AF465017

EXPOSITION UNIVERSELLE DE 1900
GROUPE DE L'ÉCONOMIE SOCIALE
CONGRÈS ET CONFÉRENCES

CONGRÈS INTERNATIONAL DE LA PARTICIPATION AUX BÉNÉFICES

Tenu à Paris, au Palais de l'Économie sociale et des Congrès du 15 au 18 juillet 1900

COMPTE RENDU
IN EXTENSO
DES SÉANCES

PARIS
IMPRIMERIE ET LIBRAIRIE CENTRALES DES CHEMINS DE FER
IMPRIMERIE CHAIX
SOCIÉTÉ ANONYME AU CAPITAL DE TROIS MILLIONS
Rue Bergère, 20
1901

CONGRÈS INTERNATIONAL

DE

LA PARTICIPATION

AUX BÉNÉFICES

EXPOSITION UNIVERSELLE DE 1900

GROUPE DE L'ÉCONOMIE SOCIALE

CONGRÈS ET CONFÉRENCES

CONGRÈS INTERNATIONAL

DE

LA PARTICIPATION AUX BÉNÉFICES

Tenu à Paris, au Palais de l'Économie sociale et des Congrès du 15 au 18 juillet 1900.

COMPTE RENDU

IN EXTENSO

DES SÉANCES

PARIS

IMPRIMERIE ET LIBRAIRIE CENTRALES DES CHEMINS DE FER

IMPRIMERIE CHAIX

SOCIÉTÉ ANONYME AU CAPITAL DE TROIS MILLIONS

Rue Bergère, 20

1901

CONGRÈS INTERNATIONAL

DE LA

PARTICIPATION AUX BÉNÉFICES

Tenu à Paris, au Palais de l'Économie sociale et des Congrès du 15 au 18 juillet 1900.

Le 3 octobre 1898, la Société pour l'étude pratique de la participation aux bénéfices *a adressé à M. le Commissaire général de l'Exposition universelle de 1900 la lettre suivante :*

Monsieur le Commissaire général,

La Société pour l'étude pratique de la participation aux bénéfices, *reconnue d'utilité publique par décret du 12 mars 1889 et dont le siège social est à Paris, 20, rue Bergère, a voté, dans son Assemblée générale du 24 avril 1898, la réunion d'un Congrès international lors de l'Exposition de 1900.*

Conformément au Règlement pour les Congrès à l'Exposition de 1900 établi par l'arrêté ministériel du 11 juin 1898, notre Société a l'honneur de vous demander l'inscription de ce Congrès sur la liste qui, en vertu du paragraphe premier de l'article 7 du Règlement, sera dressée par la Commission supérieure des Congrès.

Notre Société a tenu, lors de l'Exposition de 1889, à la suite d'une décision favorable du Ministre du Commerce et de l'Industrie, un Congrès qui s'est réuni au palais du Trocadéro et à l'esplanade des Invalides. Un arrêté en date du 26 décembre 1888 a nommé les membres du Comité chargé de l'organisation de ce Congrès.

Aux termes de l'article 16 du Règlement, « les Congrès qui sont » la suite de Congrès antérieurs peuvent être autorisés à faire » partie de la série des Congrès internationaux, en conservant inté- » gralement l'organisation qu'ils possèdent. Ils sont représentés » auprès de l'administration par une commission d'organisation » agréée par le Commissaire général. »

Le Congrès international, dont la Société pour l'étude pratique de la participation aux bénéfices *demande la réunion en 1900 sous le patronage du Gouvernement français, est la suite de ce Congrès de 1889; il rentre donc dans la catégorie de ceux dont parle l'article 16 précité.*

Nous devons, conformément à l'article 11 du même règlement, vous indiquer le programme général de ce Congrès, le but qu'il se propose d'atteindre, et ses promoteurs.

La lettre était accompagnée d'une note indiquant le programme général et le but du Congrès.

Un accueil favorable a été fait à cette demande par décision de la Commission supérieure des Congrès du 25 novembre 1898.

RÈGLEMENT DU CONGRÈS

Article premier. — *But du Congrès.* — Conformément à l'arrêté ministériel du 11 juin 1898 portant règlement pour les Congrès de l'Exposition de 1900, et par décision de la Commission supérieure des Congrès, en date du 25 novembre 1898, il est institué à Paris, au cours de l'Exposition universelle de 1900, un Congrès international de la participation aux bénéfices. Ce Congrès a pour but l'étude en commun, par des personnes compétentes, des questions énumérées au programme.

Art. 2. — *Date et durée.* — Ce Congrès s'ouvrira le 15 juillet 1900 dans l'une des salles du Palais de l'Économie sociale et des Congrès.

Sa durée sera de quatre jours (les 15, 16, 17 et 18 juillet).

Art. 3. — *Membres du Congrès.* — Seront membres du Congrès les personnes indiquées dans les catégories ci-dessous, qui auront adressé leur adhésion au Secrétaire de la Commission d'organisation avant l'ouverture de la session, ou qui se feront inscrire pendant la durée de celle-ci et qui auront acquitté la cotisation, dont le montant est fixé à 10 francs, savoir :

1° Les membres de la Commission d'organisation agréés par M. le Commissaire général de l'Exposition de 1900, conformément à l'article 16 du Règlement général;

2° Les membres du bureau d'honneur et du bureau effectif du Congrès;

3° Les membres de la Société pour l'étude pratique de la participation aux bénéfices, reconnue d'utilité publique par décret du 12 mars 1889;

4° Tous chefs d'industrie ou d'établissements commerciaux et agricoles, français ou étrangers, pratiquant la participation aux bénéfices, et leurs collaborateurs ou anciens collaborateurs dans la direction;

5° Les délégués des ouvriers et employés participants de toute maison ou association pratiquant la participation aux bénéfices, à raison d'un délégué par cent participants ou par fraction de cent lorsque le nombre des participants est inférieur ou supérieur à cent ;

6° Les personnes qui auront consacré des travaux à l'étude ou à la propagation du régime de la participation aux bénéfices.

Les délégués des Administrations publiques, françaises ou étrangères, jouiront des avantages réservés aux membres du Congrès.

Art. 4. — *Carte d'entrée.* — Les membres du Congrès recevront une carte qui leur sera délivrée par les soins de la Commission d'organisation. Ces cartes, qui donnent droit à l'entrée gratuite à l'Exposition pendant la durée du Congrès, sont strictement personnelles.

Art. 5. — *Comité de patronage.* – Un comité de patronage, composé de membres français et étrangers, est institué auprès de la Commission d'organisation.

Les membres du Comité de patronage acceptent la mission de faire connaître autour d'eux, en France et à l'étranger, le but et le programme du Congrès, de lui signaler les personnes qui pourraient y prendre part et contribuer à lui faire produire tous les résultats qu'il comporte. Ils n'auront à payer aucune cotisation.

Les noms des membres du Comité de patronage seront publiés avec ceux des membres du bureau et de la Commission d'organisation, en tête des circulaires, des programmes et du règlement du Congrès.

Art. 6. — *Bureau du Congrès.* — Le Président de la Commission d'organisation est de droit, en vertu du présent article, le Président du Congrès.

Les membres du bureau de la Commission d'organisation forment de droit le bureau du Congrès, sauf l'adjonction indiquée au dernier paragraphe du présent article.

En conséquence, le bureau du Congrès est dès à présent constitué et composé comme suit :

Président : M. Paul Delombre; *Vice-présidents :* MM. Laroche-Joubert et Goffinon; *Secrétaire :* M. Albert Trombert; *Secrétaire-adjoint :* M. Roger Merlin; *Trésorier :* M. Tuleu.

Le bureau du Congrès comprend en outre six vice-présidents d'honneur choisis par la Commission d'organisation parmi les membres du Comité de patronage institué par l'article 5 du présent règlement.

Art. 7. — Le bureau statue, séance tenante, sur toutes les difficultés qui peuvent se produire.

Art. 8. — *Dispositions générales relatives aux travaux du Congrès.* — La séance d'ouverture sera présidée par le Président du Congrès.

Chacune des délibérations relatives aux questions indiquées au programme et portées à l'ordre du jour des autres séances aura lieu sous la présidence d'honneur d'un des vice-présidents étrangers, assisté par le président ou, à son défaut, par l'un des vice-présidents.

Art. 9. — Chacune des questions inscrites à l'ordre du jour du Congrès sera l'objet d'un rapport sommaire imprimé et distribué avant la séance à tous les membres du Congrès. Ce rapport est suivi d'une conclusion qui sera soumise au vote de l'Assemblée.

Chaque rapport, y compris le projet de résolution par lequel il se termine, ne devra pas remplir plus de quatre pages in octavo d'impression.

Art. 10. — Nul orateur ne doit parler plus d'un quart d'heure s'il n'obtient, par un vote exprès de l'assemblée, une prolongation de ce délai.

Art. 11. — Tout membre du Congrès qui désirera traiter une question non portée à l'ordre du jour indiqué par le programme devra en prévenir le Secrétaire quinze jours avant l'ouverture du Congrès, en joignant à sa lettre le texte de la proposition qu'il a l'intention de présenter.

Une séance spéciale du matin serait consacrée, s'il y avait lieu, à l'examen des questions non portées à l'ordre du jour.

Le bureau du Congrès statue en dernier ressort sur tout incident non prévu au règlement.

Art. 12. — L'Administration de l'Exposition universelle ne prenant à sa charge que les frais du procès-verbal très sommaire des séances dressé par le Secrétaire du Congrès, le Congrès fera imprimer, dans la mesure où le lui permettront les cotisations mentionnées à l'article 3 du présent règlement, un compte rendu plus détaillé qui sera distribué à tous les membres du Congrès, et qui contiendra la liste complète de leurs noms.

Chacun des membres qui auront pris la parole sera invité à adresser au Secrétaire du Congrès, dans un délai de quinze jours, le compte rendu des observations présentées par lui. Ce compte rendu sera communiqué à une commission spéciale nommée par le bureau du Congrès, qui pourra, s'il y a lieu, avant d'en ordonner l'impression, demander à l'auteur d'en réduire le texte.

Art. 13. — Les membres du Congrès et notamment les membres étrangers sont priés d'adresser au Secrétaire les documents relatifs à la participation, à la coopération de production, au métayage et à la pêche, y compris les lois, règlements et décisions judiciaires qui peuvent être en leur possession, ou qui seraient préparés ou réunis par eux. Ces documents, s'ils sont imprimés et fournis en nombre suffisant, seront distribués aux membres du Congrès par les soins du bureau. S'il s'agit de documents étrangers, les donateurs sont priés d'y joindre, s'il est possible, une traduction ou un résumé analytique en français.

Art. 14. — Avant l'ouverture ou après la clôture du Congrès, des visites pourront être faites par ses membres, sous la direction de la Commission d'organisation, dans quelques-uns des principaux établissements qui pratiquent en France le système de la participation aux bénéfices.

MEMBRES DU CONGRÈS

COMMISSION D'ORGANISATION (1)

BUREAU

Président : M. Delombre (Paul), député, ancien ministre, président de la Société pour l'étude pratique de la participation aux bénéfices, rue de Monceau, 89, à Paris.

Vice-Présidents : * M. Goffinon (Édouard), ancien entrepreneur de travaux publics, vice-président de la Société pour l'étude pratique de la participation aux bénéfices. boulevard de Magenta, 76, à Paris.

* M. Laroche-Joubert, député, directeur de la papeterie coopérative d'Angoulême, rue Pierre-Charron, 6, à Paris.

Secrétaire : * M. Trombert (Albert), chef du service de la librairie Chaix. secrétaire de la Société pour l'étude pratique de la participation aux bénéfices, rue du Faubourg-Saint-Denis, 182, à Paris.

Secrétaire adjoint : M. Merlin (Roger), publiciste, maire de Bruyères (Vosges), rue Denfert-Rochereau, 38 *bis*, à Paris.

Trésorier : * M. Tuleu (Charles), fondeur de caractères, 58, rue d'Hauteville, à Paris.

Vice-Présidents d'honneur : * M. le docteur Böhmert (Victor). ancien directeur du Bureau royal de statistique de Saxe et professeur d'économie politique au Polytechnicum de Dresde.

* M. le colonel Carroll D. Wright, commissioner of Labor des États-Unis, à Washington.

* M. Holyoake (George-Jacob), historien des pionniers de Rochdale, président de la Société dite *Labour Association*, à Brighton (Angleterre).

---

(1) Les membres dont les noms sont marqués d'un * faisaient partie du Comité d'organisation ou du Comité de patronage du Congrès de 1889.

* M. Levasseur (Émile), membre de l'Institut, professeur au Collège de France, rue Monsieur-le-Prince, 26, à Paris.

* M. le commandeur Luzzatti (Luigi), ancien ministre du Trésor d'Italie, président de l'Association des Banques populaires, à Rome (Italie).

* M. Van Marken, directeur de la fabrique néerlandaise d'alcool et de levure, à Delft (Hollande).

MEMBRES

MM.

* **Barberet**, chef du bureau des institutions de prévoyance au Ministère de l'Intérieur, 35, rue Truffaut, à Paris.

* **Beudin**, ancien coassocié-gérant de la maison Leclaire (Redouly, Valmé et Cie), membre du Conseil supérieur du travail, 104, avenue de Villiers, à Paris.

* **Boyve** (Ed. de), directeur du journal *l'Émancipation*, 2, Esplanade, à Nîmes.

Buisson (Henry), directeur de l'Association d'ouvriers peintres *le Travail* et de la Banque coopérative des associations ouvrières de production, 50, rue de Maistre, à Paris.

* **Chevallier** (Émile), député de l'Oise, maître de conférences à l'Institut national agronomique, 1, rue d'Anjou, à Paris.

* **Cheysson**, inspecteur général des ponts et chaussées, professeur à l'École libre des sciences politiques, 4, rue Adolphe-Yvon, à Paris.

Fabre (Auguste), membre du conseil de perfectionnement de l'école pratique d'industrie et de commerce de Nîmes, rue Bourdaloue, à Nîmes.

MM.

Hussenot de Senonges (Hubert), ancien manufacturier, membre du Conseil d'escompte de la Banque de France, 10, rue de Phalsbourg, à Paris.

Izoulet (J.-J.), professeur de philosophie sociale au Collège de France, 2, boulevard Saint-Germain, à Paris.

* **Lalance** (Auguste), administrateur de la Société anonyme d'éclairage du secteur de la place Clichy, membre du Conseil d'administration de la Société pour l'étude pratique de la participation aux bénéfices, 195, boulevard Malesherbes, à Paris.

* **Lami** (E.-O.), directeur de la Société du *Dictionnaire encyclopédique de l'industrie et des arts industriels*, 82, route de Saint-Leu, à Montmorency (S.-et-O.)

Mabilleau (Léopold), correspondant de l'Institut, directeur du Musée social, professeur suppléant au Collège de France, 5, rue Las-Cases, à Paris.

* **Plat** (Albert), fondeur-mécanicien, membre du Conseil d'administration de la Société pour l'étude pratique de la participation aux bénéfices, 85, rue Saint-Maur, à Paris.

MM.

* **Siegfried (Jules)**, sénateur, ancien ministre, 226, boulevard Saint-Germain, à Paris.

Thibaudeau (Paul), électricien, rédacteur au *Moniteur des syndicats ouvriers*, 19, rue d'Orsel, à Paris.

* **Veyssier**, administrateur du *Moniteur des syndicats ouvriers* 11, rue Madame, à Paris.

MM.

* **Villey (Edmond)**, correspondant de l'Institut, doyen de la Faculté de droit de Caen, président de la Société de solidarité sociale pour l'amélioration du sort des classes ouvrières, 28, rue Bicoquet, à Caen.

COMITÉ DE PATRONAGE (1)

MM.

Bartholony (F.), vice-président de la Compagnie du chemin de fer d'Orléans, 12, rue La Rochefoucauld, à Paris.

Bertrand (Frédéric), président du Conseil des chambres syndicales de la ville de Paris et du département de la Seine, 100, avenue de Clichy, à Paris.

* **Böhmert (le professeur Victor)**, ancien directeur du Bureau royal de statistique de Saxe, à Dresde (Allemagne).

* **Carroll (le colonel D. Wright)**, commissioner of Labor des États-Unis, à Washington (États-Unis d'Amérique).

Cerise (le baron), directeur de la Compagnie d'assurances contre l'incendie *l'Union*, 105, boulevard Haussmann, à Paris.

Colin, administrateur-gérant de l'ancienne maison Godin, à Guise (Aisne).

Crouzel (A.), docteur en droit, bibliothécaire de l'Université, à Toulouse.

Engel (Alfred), ancien manufacturier, administrateur de l'ancienne maison Dollfus, Mieg et Cie, à Mulhouse (Alsace).

MM.

Fillot, administrateur des magasins du Bon Marché, 11, avenue Marceau, à Paris.

Fontaine (Arthur), ingénieur en chef des mines, directeur du travail au Ministère du Commerce, 64, rue des Mathurins, à Paris.

Freese, fabricant de stores et de jalousies, à Berlin.

* **Gautier**, ingénieur civil, ancien maître de forges, inspecteur régional de l'Enseignement industriel, à Saint-Martin-du-Tertre (Seine-et-Oise).

* **Gilman (le Rév. Nicolas P.)**, à Meadville (Pensylvanie).

Grey (lord), à Londres.

* **Holyoake (Georges Jacob)**, à Brighton (Angleterre).

* **Levasseur**, membre de l'Institut, professeur au Collège de France, 26, rue Monsieur-le-Prince, à Paris.

* **Luzzati (le commandeur)**, ancien ministre du Trésor, à Rome (Italie).

Liesse (André), professeur au Conservatoire des arts et métiers, 18, rue Denfert-Rochereau, à Paris.

(1) Les noms précédés du signe * ont figuré sur la liste du Comité de patronage du Congrès de 1889.

MM.

Marnéjouls, ancien ministre du Commerce, président du Comité de la classe 102 de l'Exposition de 1900, 28, rue du Luxembourg, à Paris.

Masson (Georges), président de la Chambre de commerce de Paris, 120, boulevard Saint-Germain, à Paris.

* **Naeyer (de)**, manufacturier, à Willebroek (Belgique).

* **Picot (Georges)**, membre de l'Institut, 54, rue Pigalle, à Paris.

* **Portevin**, ancien élève de l'École polytechnique, ingénieur civil, secrétaire général du Comité départemental de la Marne pour l'Exposition de 1900, à Reims (Marne).

Pulligny (de), ingénieur des Ponts et Chaussées, attaché à l'Office du travail au Ministère du Commerce, au Vésinet (Seine-et-Oise).

Raffalowich, membre correspondant de l'Institut, 19, avenue Hoche, à Paris.

Reynaud, conseiller d'État, 66, rue de Miromesnil, à Paris.

* **Sedley-Taylor**, professeur au Trinity college, Cambridge (Angleterre).

* **Steinheil (G.)**, ancien membre de l'Assemblée nationale, manufacturier, à Rothau (Alsace).

* **Trélat (Émile)**, directeur de l'École spéciale d'architecture, 17, rue Denfert-Rochereau, à Paris.

* **Van Marken junior (J. C.)**, directeur de la Société anonyme de la fabrique néerlandaise de levure et d'alcools, à Delft (Pays-Bas).

DÉLÉGUÉS ÉTRANGERS

MM.

Le Docteur Akos de Navratil, délégué du gouvernement de la Hongrie.

W. H. Tolman, délégué du gouvernement des États-Unis.

Le Professeur N. P. Gilman, délégué du gouvernement des États-Unis.

F. J. Patterson, délégué du gouvernement des États-Unis.

Lucio Suttor, délégué du gouvernement de l'Équateur.

Manuel Stampa, délégué du gouvernement du Mexique.

A. Bec, délégué du gouvernement du Mexique.

J. Lèbre, délégué du gouvernement du Mexique.

A. Raffalovich, 19, avenue Hoche, à Paris, délégué du gouvernement de la Russie.

Le Docteur Pogojeff, 9, rue de Bagneux, à Paris, délégué du gouvernement de la Russie.

MEMBRES ADHÉRENTS

MM.

Balas (Gustave), de la maison Tassart, Balas et Barbas, entrepreneurs de couverture et de plomberie, 85, boulevard de Strasbourg, à Paris.

Barré (Raphaël), délégué de la Banque coopérative des associations ouvrières de production, 27, boulevard Saint-Martin, à Paris.

Berge (René), ingénieur civil, 12, rue Pierre-Charron, à Paris.

Billy (Edouard de), ingénieur au corps des mines, 73, rue de Courcelles, à Paris.

Boel (Pol), à La Louvière et 43, boulevard du Régent, à Bruxelles (Belgique).

MM.

Boissière (Henri), entrepreneur de plomberie et de couverture, 39, rue de l'Hôpital, à Rouen.

Bon Marché, maison Aristide Boucicaut, 135, rue du Bac, à Paris.

Bouchant (Gaston), directeur général de *la Foncière*, Compagnie d'assurances contre l'incendie et sur la vie, 17, rue Louis-le-Grand, à Paris.

Bourger (Eugène), directeur de l'Association coopérative des ouvriers tailleurs de glaces, 119, rue Saint-Maur, à Paris.

Cazalet et fils, négociants en vins et spiritueux, 8, rue Reignier, à Bordeaux.

Cazalet (Benjamin), négociant en vins et spiritueux, 8, rue Reignier, à Bordeaux.

Chaix (Alban), administrateur-directeur de l'Imprimerie Chaix, 20, rue Bergère, à Paris.

Chambre de commerce de Paris, 2, place de la Bourse, à Paris.

Chapon, de la maison Gounouilhou, imprimeur, à Bordeaux.

Chaumelin, chef de l'exploitation de la Compagnie universelle du canal maritime de Suez, 9, rue Charras, à Paris.

Civet-Pomméller, carrier, 5, rue de l'Aqueduc, à Paris.

Coignet (Edmond) et Cie, bétons agglomérés, 20, rue de Londres, à Paris.

Colcomb (R.), propriétaire, délégué de la Chambre française de commerce de Bruxelles, 5, impasse du Parc, à Bruxelles.

Compagnie d'assurances sur la vie « l'Union », 15, rue de la Banque, à Paris.

Compagnie générale des Omnibus, 155, rue Saint-Honoré, à Paris.

Daltroff (Julien), industriel, 17, rue de Cléry, à Paris.

David (Léon-André), fondé de pouvoirs de la Société des générateurs Belleville, 60, boulevard Félix-Faure, à Saint-Denis.

Decugis (Omer), fruits et primeurs, 6, rue Pierre-Lescot, à Paris.

De Angeli (Ernesto), sénateur, à Milan (Italie).

Dreyfus-Crémieux, administrateur délégué de la Société anonyme des Galeries parisiennes, 15, place de la République, à Paris.

Dufour (Charles), administrateur délégué de la Société des usines de Pied-Selle, à Fumay (Ardennes).

Favre, à Paris.

François (L.), Grellou (A.) et Cie, manufacture de caoutchouc, 43, rue des Entrepreneurs, à Paris.

Gauchet (A.). ingénieur, délégué de la Chambre française de commerce de Bruxelles, 5, impasse du Parc, à Bruxelles.

Greening (Edw. Owen), manager director Agricultural et Horticultural Association ltd, 92, Long Aire. à Londres, W. C.

Guerlin (Léonce), administrateur délégué de la maison A. Mame et fils, imprimeurs-éditeurs, 18, rue des Halles, à Tours.

Guey (Auguste), président de l'Union syndicale des employés représentants de commerce parisiens, 3, rue Allard, à Saint-Mandé (Seine).

György Endre, József-Körut, 10, à Budapest (Hongrie).

Happey (Lucien), directeur de la Société des ouvriers casseurs de pierres de la Seine, 159, rue de la Chapelle, à Paris.

Henrivaux (Jules), ingénieur-chimiste, directeur de la manufacture de glaces de Saint-Gobain (Aisne).

Jeanjaval (Félix), ingénieur, 5, boulevard de La Tour-Maubourg, à Paris.

MM.

Joubert (Louis), ingénieur des arts et manufactures, 46, boulevard Magenta, à Paris.

Kilford (George William), actuaire d'assurances, 2, rue Grétry, à Paris.

Laberan (Paul-Joseph), directeur de la Société coopérative d'ouvriers peintres *le Travail*, 54, rue d'Arès, à Bordeaux.

Lamarche (Lucien), directeur de l'Union des ouvriers afficheurs de Paris et de la Seine, 7, rue de Jarente, à Paris.

Laurent (Charles), administrateur délégué de la Société anonyme des papiers Abadie, 132, avenue Malakoff, à Paris.

Leverdier (Georges), Société anonyme de la filature d'Oissel, à Oissel-sur-Seine (Seine-Inférieure.)

Lyon-Caen (Charles), membre de l'Institut, professeur à la Faculté de droit, 13, rue Soufflot, à Paris.

Maneuvrier (Édouard), sous-directeur général de la Société des mines et fonderies de zinc de la Vieille-Montagne, 19, rue Richer, à Paris.

Marin (Louis), 13, avenue de l'Observatoire, à Paris.

Mauban (Georges), directeur de la Société anonyme des papeteries du Souche, 73, rue de Reuilly, à Paris.

Mercet (Émile), vice-président du Comptoir national d'escompte, 2, avenue Hoche, à Paris.

Monduit (Philippe-Ernest), entrepreneur de couverture et de plomberie, 31, rue Poncelet, à Paris.

Muller (Alph.), de la maison Muller et Roger, fondeurs en bronze, 108, avenue Philippe-Auguste, à Paris.

Nickholls (Clarke) **et Coombs, ltd**, Manufacturing confectioners, Hackney Wick, à Londres.

Office du Travail, Ministère de l'Industrie et du Travail, à Bruxelles.

Pantz (Ernest), ingénieur-constructeur, 38, rue Sibuet, à Paris.

Parent (Louis), directeur des ateliers de la Compagnie de Fives-Lille, rue des Ateliers, à Fives-Lille (Nord).

Pavin de Lafarge (Joseph), gérant de la Société J. et A. Pavin de Lafarge, pour fabrication de la chaux hydraulique du Teil, 16, place Vendôme, à Paris.

Peignot (Georges), fondeur en caractères, 68 et 70, boulevard Edgar-Quinet à Paris.

Périer (Louis), gérant de la maison Lefranc et Cie, 18, rue de Valois, à Paris.

Pétillat (Antoine), constructeur, à Vichy (Allier).

Plummer (John), journaliste, P. O. Box 413, à Sydney (Australie).

Prévost (Achille), chocolats, 15, rue d'Hauteville, à Paris.

Redouly (Durand-François), de la maison Leclaire, entreprise de peinture, 11, rue Saint-Georges, à Paris.

Reece, à Bridgetown (Barbade) Antilles.

Roger (Paul), ingénieur des arts et manufactures, de la maison Muller et Roger, fonderie de bronze, 108, avenue Philippe-Auguste, à Paris.

Roland-Gosselin (Alexandre-Eugène), agent de change, 62, rue de Richelieu, à Paris.

Royer (Louis), entrepreneur de serrurerie, 38, rue Claude-Vellefaux, à Paris.

Sahler (Léon), filateur, à Audincourt (Vosges).

Schneider et Cie, fonderies du Creusot, 1, boulevard Malesherbes, à Paris.

MM.

Scheurer-Lauth et Cie, manufacturiers, à Thann (Alsace).

Shilogo, 57, avenue Malakoff, à Paris.

Simon (Édouard), ingénieur civil, 89, boulevard du Montparnasse, à Paris.

Simon (Frédéric), manufacturier, 15, rue Fontaine-au-Roi, à Paris.

Société d'Éclairage du secteur de la place Clichy, 53, rue des Dames, à Paris.

Société Industrielle de Mulhouse (Alsace).

Société de prévoyance et de secours mutuels de la maison Leclaire, entreprise de peinture, 11, rue Saint-Georges, à Paris.

Soulé (Lucien), président de la Chambre syndicale des entrepreneurs de couverture et de plomberie, 5, rue Debelleyme, à Paris.

Steinheil (Gustave), fabricant, à Rothau (Alsace).

Taillardat (Louis-Henri), directeur de la Société des peintres-plâtriers, *le Travail*, 223, rue Duguesclin, à Lyon.

Thuillier (Alfred), sénateur, entrepreneur de plomberie, 20, rue de Paradis, à Paris.

Thomson (William), fabricant de draps, à Huddersfield (Angleterre).

Treub (Dr), directeur du Central bureau voor sociale Adviesen, professeur d'économie politique à l'Université d'Amsterdam, Weesperzijde, 38, à Amsterdam.

Valmé (Jules-Victor), de la maison Leclaire, entreprise de peinture, 11, rue Saint-Georges, à Paris.

Vermorel (Victor), constructeur d'appareils viticoles, à Villefranche (Rhône).

Vernes (Adolphe), banquier, 29, rue Taitbout, à Paris.

Weyer (Eugène), président de la Compagnie d'éclairage électrique du secteur des Champs-Élysées, 13, rue des Saussaies, à Paris.

Yssel de Schepper (H.), directeur de la Manufacture royale de *Stearine-kaarsen fabrick Gouda*, à Gouda (Hollande).

PROGRAMME DU CONGRÈS

QUESTIONS PORTÉES A L'ORDRE DU JOUR

1° RÉSOLUTIONS VOTÉES PAR LE CONGRÈS DE 1889

La Commission d'organisation a pensé qu'un certain nombre des résolutions votées par le Congrès de 1889 devaient être inscrites à l'ordre du jour des délibérations et des discussions du Congrès de 1900, pour que celui-ci constate si elles ont reçu la sanction de l'expérience.

1° La convention librement consentie, par laquelle l'ouvrier ou l'employé reçoit une part déterminée d'avance des bénéfices, est conforme à l'équité et aux principes essentiels du droit positif.

Rapporteur : M. Lyon-Caen, membre de l'Institut, professeur à la Faculté de droit de Paris, membre du Comité de la classe 104 (groupe de l'Économie sociale).

2° La participation aux bénéfices ne peut pas être imposée par l'État; elle doit résulter uniquement, suivant les circonstances, de l'initiative du patron ou d'un vœu des ouvriers librement accepté par lui, au même titre que toute autre convention relative à la rémunération du travail.

Rapporteur : M. E.-O. Lami, auteur du *Dictionnaire encyclopédique de l'industrie et des arts industriels,* rapporteur du Comité de la classe 108 (groupe de l'Économie sociale).

3° Dans la mesure du possible, et sous les réserves commandées dans certains cas, il conviendra, pour augmenter les garanties offertes aux bénéficiaires de la participation contractuelle, d'adopter des règles déterminées pour la confection de l'inventaire.

Rapporteur : M. Baille-Lemaire, fabricant de jumelles, membre du Conseil d'administration de la Société pour l'étude pratique de la participation aux bénéfices.

4° Il peut être juste et utile, dans la répartition des bénéfices, de créer des catégories soit d'après l'importance des fonctions des principaux employés, chefs de service ou contremaîtres, soit d'après l'ancienneté des services.

Rapporteur : M. Tuleu, ancien élève de l'École polytechnique, fondeur en caractères, membre du Conseil d'administration de la Société pour l'étude pratique de la participation aux bénéfices.

5° Tous les modes d'emploi du produit de la participation sont légitimes, comme résultant d'une libre convention ; mais il est sage, surtout au début, de consacrer à l'épargne une partie aussi forte que possible du surcroît de rémunération que la participation aux bénéfices rapporte au personnel.

6° La capitalisation sur livrets individuels, formant un patrimoine transmissible à la famille, est préférable aux rentes viagères.

Rapporteur pour les 5e et 6e résolutions : M. Albert Piat, fonderies, ateliers de construction, membre du Conseil d'administration de la Société pour l'étude pratique de la participation aux bénéfices.

7° Si le produit de la participation doit être consacré à une assurance sur la vie, l'assurance mixte est préférable à toute autre.

8° Les retraites et rentes viagères constituées doivent toutes se rapporter à des tarifs établis d'après des tables de mortalité.

Rapporteur pour les 7e et 8e résolutions : M. le comte Ch. de Montferrand, ancien inspecteur des finances, directeur de la Compagnie d'assurances sur la vie *l'Union*.

9° Le produit de la participation peut être très utilement employé à stimuler l'épargne individuelle, ou à faire des avances aux ouvriers pour leur faciliter l'acquisition, par annuités, d'une maison.

Rapporteur : M. Auguste Lalance, administrateur de la Société anonyme d'éclairage du secteur de la place Clichy, membre du Conseil d'administration de la Société pour l'étude pratique de la participation aux bénéfices.

10° Dans les établissements où la répartition entre tous ne donnerait à chacun qu'une très faible somme, et où le personnel est stable, la participation collective affectée à des services de mutualité, de secours, d'instruction ou à des avances pour maisons ouvrières, est préférable, en principe, à la participation individuelle.

Rapporteur : M. Alfred Engel, ancien manufacturier, administrateur de la maison Dollfus, Mieg et Cie, vice-président de la Société industrielle de Mulhouse, membre du Comité de la classe 106 (groupe de l'Économie sociale).

11° Le contrôle des comptes par un arbitre-expert, nommé chaque année en assemblée générale par les participants pour l'année suivante, donne toute sécurité aux participants comme au chef de la maison.

Rapporteur : M. Goffinon, vice-président de la Société pour l'étude pratique de la participation aux bénéfices, membre du Comité de la classe 102 (groupe de l'Économie sociale).

12° L'organisation du travail avec la participation aux bénéfices constitue un élément d'instruction professionnelle et d'éducation économique pour tout le personnel, qui est ainsi préparé à devenir successeur du patron, soit sous la forme de commandite simple, soit comme association coopérative de production.

13° Si le participant est admis à avoir une part au capital, il devient, par ce fait, un véritable associé, participant aux pertes comme aux bénéfices, ce qui prépare d'autant mieux l'avènement de la coopération proprement dite, dans laquelle tout propriétaire d'actions est en même temps ouvrier ou employé.

Rapporteur pour les 12e et 13e résolutions : M. Buisson, directeur de l'association ouvrière *le Travail* et de la Banque coopérative des Associations ouvrières de production, vice-président du Comité de la classe 103 (groupe de l'Économie sociale).

14° En principe, rien ne s'oppose à l'établissement de la participation aux bénéfices dans les exploitations agricoles qui emploient un nombre suffisant de travailleurs salariés, et où existe une comptabilité bien tenue.

Rapporteur : M. Goffinon, vice-président de la Société pour l'étude de la participation aux bénéfices, membre du Comité de la classe 102 (groupe de l'Économie sociale).

15° En ce qui concerne la pêche maritime, il y a intérêt à conserver le système de la navigation *à la part*, qui maintient le niveau moral et professionnel dans les familles de pêcheurs; en outre, là où s'est introduite la navigation *au mois*, il importe de combiner le salaire fixe avec l'attribution d'une part prélevée sur le produit de la pêche.

Rapporteur : M. le comte DE SEILHAC, délégué permanent du Musée social, secrétaire du groupe de l'Économie sociale.

2° QUESTIONS NOUVELLES

16° Des clauses de déchéance dans la participation aux bénéfices.

17° La participation aux bénéfices et les grèves.

Rapporteur pour les 16ᵉ et 17ᵉ questions : M. CHEYSSON, inspecteur général des ponts et chaussées, professeur à l'École libre des sciences politiques, président du Comité de la classe 109 (groupe de l'Économie sociale).

18° L'adoption dans les Sociétés coopératives de production et de consommation de la participation aux bénéfices en faveur du personnel n'est-elle pas conforme aux vrais principes de la coopération ?

N'est-elle pas de nature à servir au plus haut degré les intérêts des sociétés, en développant le zèle et la stabilité du personnel ?

Rapporteur : M. DE BOYVE, directeur du journal *l'Émancipation.*

19° Quels sont les principaux avantages économiques et sociaux du contrat de métayage ?

Rapporteur : M. Roger MERLIN, publiciste, membre du Conseil d'administration de la Société pour l'étude pratique de la participation aux bénéfices.

20° Avantages des Comités d'employés et d'ouvriers appelés, dans un certain nombre de maisons, à délibérer avec la direction sur la gestion des institutions alimentées par la participation aux bénéfices, ou, sous le nom de *Conseil d'usine*, à donner leur avis sur des questions intéressant la marche même de l'entreprise.

Quelles conditions essentielles sont à observer pour que ces Comités ou Conseils ne créent pas d'entraves à l'exercice de l'autorité patronale ?

Rapporteur : M. BEUDIN, ancien coassocié de la maison Leclaire (Redouly, Valmé et Cie), membre du Conseil supérieur du travail.

COMPTE RENDU DES SÉANCES

SÉANCE D'OUVERTURE

DIMANCHE 15 JUILLET 1900

La séance est ouverte à 3 heures et demie, sous la présidence de M. Paul DELOMBRE.

M. LE PRÉSIDENT. — Je déclare ouvert le Congrès international de la Participation aux Bénéfices, institué conformément à l'arrêté du 11 juin 1898 portant règlement sur les Congrès de l'Exposition Universelle de 1900 et à la décision de la Commission supérieure des Congrès du 25 novembre 1898.

MM. LEVASSEUR et LYON-CAEN sont désignés comme assesseurs et prennent place au bureau.

M. TROMBERT, secrétaire général, donne les noms des congressistes qui se sont excusés. M. le professeur Victor Böhmert exprime tout particulièrement ses vifs regrets de ne pouvoir, en raison de l'état de sa santé, prendre part aux travaux du Congrès.

M. LE PRÉSIDENT. — Nous sommes réunis pour organiser les travaux du Congrès international de la Participation aux Bénéfices ; vous ne serez pas surpris si, avant de procéder à cette organisation, je vous adresse quelques mots pour vous remercier d'être venus à ce Congrès.

Il y a tant d'attractions en ce moment à l'Exposition, qu'on a, vraiment, un grand mérite à quitter toutes ces merveilles si tangibles. aux séductions si diverses et si directes, pour se rendre dans une salle qui n'offre rien de curieux aux yeux et où l'on n'a guère à contempler, si je puis dire, que des choses immatérielles : notre exposition est en quelque sorte une exposition idéale.

Mais ce caractère en fait, précisément, l'originalité et la rare valeur.

Nous sommes dans le palais consacré aux œuvres de l'économie sociale. Il n'y a pas si longtemps, on s'occupait surtout des produits du travail. Reportons-nous par la pensée aux premières expositions : ce qu'on y cherchait, ce qu'on songeait à étudier, ce sont des machines, des outils, des denrées agricoles, des tissus, des vêtements, des bijoux, des objets d'art. Et, à supposer que, aujourd'hui encore, on ne voulût rien voir d'autre, quel vaste champ pour l'admiration devant cet entassement de richesses, devant cette accumulation de prodiges ! Je crois que nulle part, dans aucune exposition, on n'a réuni pareilles splendeurs ; mais elles ne suffisent plus à nous éblouir et elles ne nous satisferaient qu'à demi. Nous avons d'autres exigences : Il y a l'homme qui crée ces richesses ; il y a l'ouvrier, instrument de cette production. Quelle situation lui est faite ? Quel sort lui est réservé ? A sa condition est intimement liée la paix sociale : Quelle est-elle ? Quels efforts a-t-on réalisés ou peut-on faire pour l'améliorer ? Ces questions, naguère presque dédaignées ou qui semblaient négligeables, paraissent, désormais, les plus pressantes, les plus graves. Ce sont celles que permet d'examiner scientifiquement le vaste champ d'expériences que nous avons ici sous les yeux. Si bien que, malgré vôtre mérite d'avoir su vous détacher des merveilles qui sont là-bas, j'oserais presque dire que vous êtes venus à la véritable exposition, à la plus originale du moins, celle des idées, celle des tentatives grâce auxquelles nous marchons dans notre société (je ne parle pas de la France en particulier, je parle de toute notre société humaine), avec plus de bonheur et plus de justice. *(Applaudissements.)*

L'œuvre que nous poursuivons a un caractère tout particulier. Il fut un temps où l'on cherchait à fonder la science sociale à l'aide de pures spéculations de l'esprit ; de là bien des mécomptes. On a compris peu à peu que les sciences économiques et sociales sont des sciences d'application, d'observation et de faits, et que, plus on grouperait des faits, plus on s'habituerait à les bien voir et à les coordonner, plus sûrement on arriverait à savoir dans quelles conditions s'effectue le progrès et peut s'assurer la paix sociale.

A l'exposition d'économie sociale, nous avons une multitude de sujets d'observation. Nous ne sommes, quant à nous, qu'une petite partie de cette exposition : il ne faut pas exagérer notre œuvre; cependant elle est assez intéressante en soi, car elle s'occupe de la rémunération du travail. Elle s'efforce d'améliorer le salaire; elle tâche de le définir; elle dégage, des expériences répétées dans le monde entier, comment on peut tirer parti des bénéfices pour faire que la condition ouvrière soit rendue de plus en plus satisfaisante conformément à l'intérêt solidaire de l'ouvrier et du patron.

Vous connaissez les importants travaux de Charles Robert, ce généreux esprit que nous regrettons, que nous pleurons, et vers qui se tourne, dès le début de ce Congrès, notre pensée la plus reconnaissante : je suis sûr d'être votre interprète à tous. *(Applaudissements.)*

Charles Robert a donné plusieurs définitions de la participation aux bénéfices. Je ne vous en rappellerai que deux, mais elles suffiront pour montrer exactement sur quel terrain nous nous avançons. Il disait : « La participation aux bénéfices est une convention légitime, propre à améliorer, à perfectionner le contrat de travail. »

Et ailleurs :

« En modifiant le contrat de travail par l'adjonction au salaire fixe d'un élément éventuel, elle fournit le moyen, quand elle est organisée dans un esprit d'équité, de rendre la rémunération du travail proportionnelle autant que possible au concours donné et aux risques subis par les facteurs de la production. »

Et le maître qui, près de moi, est en train d'écouter ces déclarations, sait comme elles répondent à son propre sentiment : dans un rapport, qui est un pur chef-d'œuvre, sur la participation aux bénéfices, mon éminent voisin et ami, M. Levasseur, disait :

« Quelques économistes ont manifesté la crainte que la propagande de la participation aux bénéfices ne semât, au lieu de l'harmonie, des idées fausses, lesquelles sont toujours dangereuses, sur les rapports des salariants et des salariés. Cette crainte se justifierait si la participation aux bénéfices se présentait comme ayant la mission de réparer dans le monde une injustice logiquement inhérente au contrat de salaire; mais elle n'est pas motivée quand la participation se présente avec le caractère véritable que le rapporteur lui reconnaît, qui est celui d'un contrat libre et volontaire de part et d'autre, ayant pour objet le salaire perfectionné, et pour but une productivité meilleure par le salarié intéressé. »

Voilà exactement ce qu'est le salaire et ce qu'est la participation aux bénéfices. La participation aux bénéfices ne remplace pas le salaire, elle ne détruit pas le régime général de la production ; mais, tirant un meilleur parti des ressources de l'industrie, elle fait que le salarié, mis en mesure de produire mieux ou davantage, a son plein salaire, son salaire approprié aux conditions meilleures de l'industrie et cela par la liberté, — toujours par la liberté, — des contrats.

Si nous regardons ainsi la participation aux bénéfices, il est certain que, par cela même qu'elle améliore le salaire, elle va devenir pour le patronat un élément de sécurité ; il est évident qu'ayant un personnel intéressé à la prospérité des industries, le patronat va pouvoir compter sur une élite, et, à mesure que la participation s'étendra, sur une masse croissante de salariés qui, voyant leur rémunération liée au sort de leur entreprise, s'attacheront de plus en plus aux patrons ; de là une nouvelle affirmation de cette solidarité si souvent niée. Et, dès lors que l'ouvrier sera intéressé aux résultats de l'entreprise, il va avoir une éducation économique perfectionnée ; il va comprendre les difficultés de l'industrie ; il va devenir autre que l'ouvrier qui touche son salaire fixe et qui, une fois ce salaire fixe perçu, n'a pas à voir au delà ; il va sentir combien est difficile la réalisation d'un bénéfice. On ne le sait pas assez : on s'imagine que les patrons gagnent beaucoup d'argent. D'une statistique récente, il résulte que la plupart des industries vivotent, que beaucoup périclitent, et qu'il en est peu de pleinement prospères. On ne sait pas cela ; eh bien ! le jour où, la participation aux bénéfices se développant, l'ouvrier se sera habitué à regarder comment les bénéfices naissent, se maintiennent et grandissent, ce jour-là un élément nouveau de paix sociale apparaîtra, car alors, au lieu de tant d'exigences non motivées qui déconcertent, au lieu de ces agitations et de ces grèves condamnées à rester stériles étant donnée la situation des industries, on aura les travailleurs au courant de cette situation, intéressés à sauvegarder l'industrie ; cette éducation sociale se faisant peu à peu, des mœurs nouvelles s'introduisant, des habitudes meilleures se créant, nous aurons contribué à cette harmonie sociale qui est indispensable au plein essor de la démocratie. *(Applaudissements.)*

Lorsqu'on regarde en fait (c'est sur le terrain des faits surtout qu'il faut se placer), où en est la participation aux bénéfices, pourquoi voit-on qu'elle ne s'est pas considérablement développée ? Certes, elle a fait des progrès, mais enfin il y a beaucoup d'industries qui hésitent à l'accepter, beaucoup de grandes industries même (dans les industries moyennes on la voit peu); à moins de fausser le sens des mots « participation aux bénéfices » (et je ne crois pas qu'on puisse le faire après la définition que je vous donnais tout à l'heure), on remarque combien ses applications sont encore rares.

D'où vient la lenteur avec laquelle elle se propage? C'est, d'abord, qu'elle est imparfaitement connue; elle rencontre des préjugés, elle éveille des craintes, on a peur qu'elle suscite des contrôles ; on redoute que les ouvriers n'interviennent dans la gestion de l'administration. Il y a là un scrupule extrêmement légitime et dont il serait puéril de ne pas tenir le plus grand compte. D'autre part, abstraction faite de toutes ces hésitations, de tous ces tâtonnements du début, il faut bien reconnaître que, pour beaucoup d'industriels, la participation aux bénéfices, quelque désir que nous puissions avoir de l'étendre, n'est pas encore mûre ou, du moins, qu'elle est très difficile à faire entrer dans les usages. Les conditions de l'industrie sont infiniment variables; ce n'est pas à des patrons comme vous qu'il le faut dire, à des personnes venues des contrées les plus lointaines pour nous apporter leur expérience de la participation aux bénéfices. Ces conditions diffèrent d'entreprise à entreprise, suivant les temps, suivant les circonstances, suivant la concurrence, suivant les lois, hélas, qu'on fait quelquefois pour protéger les industries et dont elles se passeraient peut-être volontiers.

Et j'admire, devant cette complexité, que l'on puisse songer à demander à l'État d'imposer par une loi la participation aux bénéfices à tout le monde. J'avoue qu'il y a de ces conceptions qui m'échappent. Je ne parviens pas à comprendre comment, même théoriquement, on peut admettre qu'une loi intervienne pour décider, ignorante ou dédaigneuse de cette complexité si grande de toutes les industries, de tous les commerces : « A partir du 1er janvier de telle année il y aura sursalaire et participation aux bénéfices ».

Ce que je comprends, ce que nous comprenons, c'est une propagande incessante afin que la participation aux bénéfices, étudiée dans ses conditions pratiques, soit répandue partout où elle peut l'être, Ce que nous concevons, c'est que, grâce à des efforts analogues à ceux de la Société pour l'étude pratique de la participation aux bénéfices, une action éclairée, incessante, ait lieu par l'initiative individuelle parce que celle-là est féconde qui fait appel à la liberté et ne se confie point à l'arbitraire de l'État.

Je crois que si nous savons nous enfermer dans ce domaine qui semble modeste, qui ne s'annonce pas comme devant révolutionner le monde, nous aurons en réalité fait une œuvre bonne, une œuvre saine; nous aurons préparé des éléments d'accord et d'entente entre les principaux facteurs du travail. Nous n'aurons pas jeté dans les esprits des utopies (il y en a toujours trop); nous aurons, au contraire, mis en garde contre des illusions. Nous n'aurons pas fait croire que nous allons appliquer la participation aux bénéfices du jour au lendemain partout, mais nous aurons montré que tous ceux qui ont intérêt à la paix sociale (et c'est tout le monde, ouvriers, patrons ou intermédiaires, quels qu'ils soient) ont avantage à se prêter de toute leur force à l'amélioration du salaire, au perfectionnement du salaire, pour reprendre l'expression de Charles Robert et celle de M. Levasseur.

Je crois que sur ce terrain il est facile d'aboutir à des travaux utiles.

Il y a quelques années, lorsqu'un homme éminent, un philanthrope, dont je salue aussi la mémoire, M. le comte de Chambrun, instituait le concours dont je parlais tout à l'heure, il se trouva que, pour l'étude de la participation aux bénéfices, l'auteur du mémoire récompensé fut un étranger, un délégué de l'Office international de Bruxelles. Il avait pris pour épigraphe ces paroles de Victor Hugo, dans *les Misérables :* « Créez de la richesse et sachez la répartir, vous aurez tout ensemble la grandeur morale et la grandeur matérielle. » Je me suis reporté au passage d'où cette phrase est extraite, et, justement, dans la même page je lis : « Ajustez fraternellement et méthodiquement le salaire au travail. »

C'est ce que nous faisons; nous essayons d'opérer cet ajustage, cette œuvre de mécanique sociale. Seulement nous l'essayons par la liberté, par la libre initiative, par les efforts généreux de tous ceux qui pensent à la paix sociale.

Je vous remercie de vous associer à cette œuvre. Je suis persuadé que de ce congrès sortiront des résolutions pratiques. Il a été distribué un certain nombre de rapports, il n'en manque plus que deux, nous pouvons par conséquent nous mettre facilement à la besogne. Lecture sera donnée des rapports avant que la discussion ne s'engage; je crois que c'est la véritable méthode, car on a ainsi l'exposé même de celui qui a étudié la question. Puis, après débat, nous émettrons des conclusions qui pourront être considérées comme enregistrant l'état actuel de l'opinion sur la participation aux bénéfices à la fin du XIXe siècle. Il n'est nullement prouvé que, dans vingt-cinq ou trente ans, on ne sera pas arrivé à des idées différentes, mais, au moins, des gens de bonne foi, réunis par un égal désir de bien faire, mettant en commun ce qu'ils savent, auront constaté ce qu'ils croient exact à ce moment du développement économique. Rien que cela sera un service rendu au monde du travail; et si, à travers les âges, on arrivait de bonne foi à s'entendre pour qu'il y eût, à des dates fixes, à des intervalles plus ou moins rapprochés, de ces constatations et de ces accords, je suis persuadé que bien des malentendus sociaux se dissiperaient, en même temps qu'on aurait un nouvel élément de progrès raisonné, scientifique.

Au fond, pourquoi ne s'entend-on pas mieux? C'est parce qu'on ne cause pas assez les uns avec les autres, parce qu'on ne se voit pas, parce qu'on ne sait pas tout le bien qui a été fait ou tenté déjà. Que de créations, que d'entreprises philanthropiques, quels sentiments généreux depuis un demi-siècle et même, pour ne prendre qu'une période infime, depuis un quart de siècle! Que de transformations heureuses dues, je ne dirai pas seulement à l'initiative patronale, mais parfois aussi à l'initiative des Chambres (pourquoi nier qu'elles puissent avoir d'excellentes inspirations) ou encore aux leçons de maîtres éminents comme ceux que nous voyons à côté de nous. Ces progrès sont incommensurables!

Quelquefois on entend dire : « Nous ne faisons plus rien », ou même: « On n'a rien fait encore ». On est injuste pour le passé. C'est qu'on n'a pas pris la peine de l'étudier. Et, cependant, sans cette connaissance, comment peut-on savoir de quels éléments on dispose pour travailler utilement à de nouveaux progrès? Le congrès va dire ce qui existe, et, avec cette lumière, nous pourrons progresser plus sûrement dans la voie de l'humanité améliorée par la justice, la bonté et la charité générale qui est la solidarité. *(Applaudissements prolongés.)*

Maintenant, si vous le voulez, nous allons procéder à l'organisation de nos travaux. Vous savez que nous devons avoir, à partir de demain, deux séances par jour, une le matin et une l'après-midi. Il y a vingt questions inscrites à l'ordre du jour. La lecture de chaque rapport prenant dix minutes environ, il nous faudrait arriver à ce que quatre ou cinq questions au moins pussent être rapportées par séance. Comme j'espère que des discussions intéressantes s'engageront, et quoique le règlement interdise aux orateurs, sauf exception, de parler plus d'un quart d'heure (j'ai essayé de me renfermer dans ces limites, vous m'excuserez si j'ai enfreint un peu le règlement), vous voyez tout de suite que si nous ne sommes pas bien assidus aux séances, si elles ne s'ouvrent pas exactement et si nous nous laissons déborder, nous aurons la plus grande peine à achever nos travaux dans le laps de temps qui nous est imparti.

Nous pourrions nous réunir, à partir de demain, chaque matin, à 9 heures. On prendrait dans leur ordre d'inscription les questions, c'est ce qu'il y a de plus simple. J'espère que tous les rapporteurs seront présents quand leur question sera appelée ; si, par hasard, quelques-uns d'entre eux ne pouvaient pas assister aux séances, M. le secrétaire général donnerait lecture de leurs rapports ; puis, chaque rapport lu, on pourrait commencer la discussion. Je crois que nous arriverions ainsi assez facilement à déblayer le terrain. Personne ne demande la parole sur ces propositions ? Elles sont acceptées.

D'autre part, le désir nous a été exprimé de voir discuter une question non portée à l'ordre du jour du Congrès ; voici en quels termes nous a écrit, à ce sujet, M. Balas :

« J'ai l'honneur de vous informer, conformément au règlement, que j'ai l'intention de soumettre au Congrès une proposition relative à la réorganisation des conférences qui avaient été fondées et avaient fonctionné en 1893 et 1894 sous le patronage du Musée-Bibliothèque.

» La proposition que j'aurais à présenter serait ainsi conçue :

» La Société pour l'étude pratique de la Participation du personnel aux bénéfices,

» Appréciant l'intérêt qu'il y aurait à vulgariser les questions d'économie sociale se rapportant aux institutions patronales et ouvrières,

» Estime

» Qu'il y a lieu de reprendre, avec le concours du Musée social et sous sa direction, les Conférences populaires qui avaient été organisées en 1893 et 1894 sous le patronage du Musée-Bibliothèque, de la Participation aux bénéfices, et des syndicats professionnels, et de soumettre ce projet au comité de direction du Musée social. »

Voilà un vœu qui, évidemment, mérite qu'on l'examine ; par conséquent, après avoir décidé, comme vous venez de le faire, que nos premières séances seront consacrées à la lecture et à la discussion des rapports, nous pourrions réserver la séance de mercredi matin, par exemple, à l'examen des questions régulièrement ajoutées à toutes celles que nous avons déjà à notre ordre du jour. L'après-midi du dernier jour nous permettrait, d'abord, de faire un résumé rapide de l'œuvre du Congrès; puis, ainsi qu'il a été décidé, l'assemblée générale de la Société pour l'étude pratique de la Participation aurait lieu, et j'espère bien que tous les membres du Congrès nous feront le grand honneur d'y assister.

Pour la séance de demain matin arrive en tête l'une des questions les plus importantes, celle qui touche à la définition même de la participation aux bénéfices. Le rapport a été rédigé par M. Lyon-Caen. Nous savons tous combien M. Lyon-Caen est occupé ; il me disait tout à l'heure qu'il n'était pas sûr de pouvoir assister à la séance ; nous ne pouvons que le remercier en votre nom du rapport qu'il a bien voulu nous faire, de la marque de sympathie qu'il nous donne en assistant aujourd'hui au Congrès, et nous émettons le vœu que, demain matin, il ait sa liberté.

Vous vous rappelez qu'en 1889, lors du premier Congrès international que M. Levasseur a présidé avec tant de compétence et d'une façon si brillante, il a été formulé un certain nombre de vœux ou plutôt de constatations qui déjà marquaient l'état de l'opinion sur les questions diverses de la participation aux bénéfices. C'est ce même travail que nous allons reprendre, et si les membres du Congrès pouvaient, à propos de chaque question, nous présenter, non point en théorie mais en fait, des explications, des observations, des exemples, nous arriverions à dresser ainsi une sorte d'inventaire des idées et des expériences relatives à la participation aux bénéfices en 1900; je crois qu'il s'en dégagerait un enseignement inestimable ; nous aurions préparé ainsi une œuvre excellente. *(Vive approbation.)*

Je donne la parole à M. Levasseur, qui a bien voulu nous indiquer qu'il avait une communication à faire au Congrès.

M. LEVASSEUR. — J'avais apporté, pour le remettre sur le bureau, un exemplaire de ce rapport auquel M. le Président a bien voulu faire allusion tout à l'heure ; et, puisque vous avez eu la complaisance de citer mon nom, je dirai que vous me faites un très grand honneur et un très grand plaisir en m'appelant votre maître; s'il y a entre nous des relations de ce genre, c'est uniquement à cause de la chaîne des temps ; je pourrais être votre père, j'ai dû par conséquent vous précéder dans la voie des études économiques.

Il y a longtemps, en effet, que je m'intéresse à la participation aux bénéfices ; je n'ai pas pris part à ses premiers débuts d'une façon active, mais je me rappelle avoir écrit sur cette question en 1867; car c'est à l'Exposition de 1867 qu'a paru pour la première fois l'économie sociale qui occupe une si large et si légitime place aujourd'hui dans une exposition. Dans ce temps-là on commençait à s'occuper de la participation aux bénéfices, qui était restée pour ainsi dire obscure et inconnue dans notre pays pendant le règne de Louis-Philippe et dans le commencement du Second Empire. Je m'en suis occupé à l'occasion de l'Exposition de 1889; comme vous le disiez, j'ai eu l'honneur d'être un des présidents du Congrès de la participation aux bénéfices; je m'en suis occupé quand le comte de Chambrun a mis au concours la question: c'est alors que j'ai composé le rapport que je dépose sur le bureau.

Je suis tellement, mon cher président, du même avis que vous que je ne puis que répéter ce que vous venez de dire. Je suis tout à fait de votre avis: grand partisan de la participation aux bénéfices mais ne comprenant la participation aux bénéfices que comme une des formes du contrat libre entre des travailleurs libres qui contractent dans leur intérêt réciproque. Le salariant et le salarié ont un intérêt réciproque à ce que la combinaison qu'on appelle la participation aux bénéfices puisse se former entre eux: j'en suis convaincu, je n'ai jamais cessé de le dire, et je crois que je le redirai jusqu'à la fin de ma vie.

Je profite de l'occasion pour saluer ici des hommes que je connais depuis longtemps, qui sont des apôtres dévoués de la participation aux bénéfices et qui lui rendent un très grand service, celui d'être des fidèles pratiquants. La participation aux bénéfices est-elle possible? On a pu se le demander. Eh bien, elle a prouvé sa possibilité par son existence et par conséquent la démonstration de ce côté-là est faite: la participation aux bénéfices est possible.

C'est une œuvre très utile là où elle peut être pratiquée, très méritoire, d'autant plus méritoire qu'elle est difficile à pratiquer.

J'y vois trois difficultés qui ne sont pas pour arrêter les tentatives, mais qu'il faut bien faire comprendre parce qu'on ne résoud les questions économiques que quand on les envisage d'une façon claire dans leurs avantages comme dans leurs difficultés.

La première difficulté provient des ouvriers, la seconde provient des patrons, la troisième provient de la nature même des opérations commerciales.

Pour que la participation aux bénéfices dans un établissement soit réelle, sérieuse et ait de l'efficacité, il faut que cette industrie fasse des bénéfices d'une certaine régularité et d'une proximité de réalisation suffisante. Il y a des opérations à long terme dont les bénéfices ne sont bien connus que trois ou quatre ans après l'événement ; il est difficile d'établir la participation aux bénéfices dans un établissement de ce genre. Il y en a qui donnent des bénéfices tellement aléatoires, très grands à un moment, très petits à d'autres, que là encore la participation aux bénéfices est difficile à établir et qu'il est difficile aussi de trouver des ouvriers comprenant les bénéfices aussi variables ; la variabilité de certains grands bénéfices corrompt plus qu'elle ne moralise, et les gains accidentels ne sont pas ce que nous devons chercher pour la moralisation générale. C'est par conséquent surtout dans des établissements déjà bien constitués, suffisamment établis par la solidité de leur capital, avec des bénéfices à peu près réguliers, que la participation aux bénéfices a son siège le plus sûr et le plus efficace au point de vue matériel comme au point de vue moral.

Il faut pour cela des patrons et des ouvriers je dirai d'élite dans une certaine mesure ; il faut que le patron qui établit la participation aux bénéfices ait naturellement l'idée d'un gain supérieur que la participation aux bénéfices lui procurera un jour ou l'autre, peut-être pas immédiatement, mais il faut aussi qu'il ait cette conviction morale que la participation aux bénéfices est une bonne chose, parce qu'il doit être bien certain qu'il rencontrera des difficultés pour l'établir.

M. Leclaire lui-même a été un certain nombre d'années avant de convaincre ses ouvriers que la participation aux bénéfices n'était pas une manière de les leurrer. L'ouvrier en général est défiant ; d'ailleurs tous les hommes quand ils contractent les uns avec les autres. les marchands entre eux, ont une certaine défiance relativement au prix d'achat et au prix de vente; les ouvriers qui vendent leur travail, ont la même défiance vis-à-vis de l'acheteur qui est le patron, et le patron lui-même se défie quelquefois de la marchandise qu'on lui vend, il a des doutes sur la conscience de l'ouvrier à faire son travail. Il doit donc y avoir, de la part du patron, des qualités morales, non pas des qualités d'apostolat, mais de la persévérance ; il doit y avoir un certain dévouement, la conviction profonde que, si l'on arrive à réussir malgré les difficultés, on fera une bonne affaire.

A côté de cette qualité, Messieurs, il y a celle de la persévérance dans la peine qu'il faut prendre et qui s'ajoute aux opérations déjà si laborieuses du commerce et de l'industrie. Il faut des qualités spéciales pour avoir cette double vertu de faire bien ses affaires et en même temps de travailler à cette opération accessoire qui finit par devenir très importante, qui est celle de lier la destinée et l'intérêt des ouvriers à la destinée et à l'intérêt particulier de la maison.

Ce sont des opérations parallèles à poursuivre et la plupart des industriels sont trop absorbés par l'une, c'est-à-dire par la poursuite de l'affaire industrielle pure, pour s'occuper de l'ouvrier.

Voilà une difficulté. Cette difficulté, vous pouvez la faire disparaître en faisant connaître le bien que la participation aux bénéfices peut opérer. Peu à peu. nous modifierons les idées d'un certain nombre de personnes qui se disent : Si j'essayais? je vois qu'avec de la persévérance on arrive, car un tel a réussi et s'en trouve bien.

Nous, nous pouvons par la propagande arriver à transformer quelque peu les mœurs de l'entrepreneur industriel et faire quelque chose, mais nous ne ferons rien d'utile si nous ne donnons des exemples, si nous ne disons : Oui, la participation peut exister puisqu'elle existe. La théorie ne suffit pas, il faut l'exemple.

La difficulté, c'est de trouver des patrons qui comprennent la participation aux bénéfices et qui, après l'avoir comprise, aient la persévérance suffisante pour en poursuivre l'exécution malgré les difficultés qu'ils rencontreront et le labeur considérable que donne la création d'une pareille œuvre.

Chez les ouvriers, il y a une défiance grande de la participation aux bénéfices parce que tout d'abord ils se disent : « Le patron veut nous enjôler! » Il suffit que cette idée soit entrée dans leur esprit pour qu'il y ait chez eux un certain éloignement.

De plus, je dirai qu'il y a beaucoup d'ouvriers qui ne sont pas aptes à comprendre la participation aux benéfices ni à être des participants. Un mauvais ouvrier ne fera jamais un bon participant, et un bon patron qui veut établir la participation aux bénéfices renverra le mauvais ouvrier parce que ce serait une brebis galeuse dans le troupeau et qu'il apporterait la désorganisation. Tout ouvrier n'est pas apte à la participation aux bénéfices, il faut des ouvriers d'élite, et parmi les ouvriers d'élite il peut se faire (c'est dans la nature humaine) que justement les meilleurs viennent un jour ou l'autre à vous échapper parce que, après avoir pendant quelques années bien marché, ils veulent eux-mêmes s'établir. Nous n'avons pas à les en blâmer, ce sont des forces nouvelles dans l'industrie, mais ces forces nouvelles sont une difficulté pour la constitution de ce noyau d'ouvriers.

Vous connaissez le mode d'institution de la maison Leclaire et l'idée du noyau est une chose excellente. Pour qu'il y ait dans les meilleurs ouvriers de la consistance et de la solidité. il faut qu'il y ait un certain nombre d'ouvriers qui soient le vrai noyau constitué légalement et moralement, c'est-à-dire qui comprennent le patron, qui comprennent la participation et qui fassent auprès de leurs camarades ce genre de propagande que le patron, quoique bienveillant, n'est pas apte à faire parce qu'il y a toujours une certaine distance entre le patron et l'ouvrier tant qu'ils sont dans l'atelier.

Pour que la participation aux bénéfices se maintienne et s'établisse chez l'ouvrier, il faut qu'il y ait aussi chez les ouvriers une certaine foi dans la participation; on ne fait presque rien en matière d'institution et surtout de transformation sociale si on n'a une certaine foi; la foi est une force dans la participation aux bénéfices. Il faut que cette foi soit, non pas une foi aveugle (celle-là, je la combats au nom de la science), mais une foi raisonnée, une foi qui puisse voir les difficultés, qui puisse s'en rendre compte, qui puisse voir en même temps l'avantage qu'il y aurait à atteindre le but, et qui marche par conséquent à travers les obstacles, les pieds ensanglantés quelquefois par le chemin, pour arriver au but.

Je dis donc que nous faisons ici une œuvre utile et qui aura ses fruits, en ce que nous aidons à faire comprendre comment la participation aux bénéfices par la liberté et dans la liberté du travail est une institution utile et profitable, quels sont les écueils qu'il faut éviter, les difficultés à travers lesquelles il faut passer, et comment il faut voir, après avoir la conviction et la foi, que la participation est une bonne chose, pour essayer de la faire mouvoir dans la société.

C'est ce que votre Congrès essayera de faire. *(Applaudissements.)*

M. LE PRÉSIDENT. — Les applaudissements unanimes du congrès montrent à M. Levasseur le plaisir qu'il nous a fait. Nous ne protesterions que contre un mot qui lui a échappé : il a parlé de la brièveté possible de ses jours. Nous l'aimons trop pour que nous ne fassions pas des vœux pour le conserver longtemps. *(Applaudissements.)*

Du reste, forts des indications qu'il nous a fournies, nous sommes persuadés que la participation aux bénéfices arrivera rapidement à prendre, suivant l'une des expressions de Charles Robert, une large place au grand soleil de l'économie politique. *(Applaudissements.)*

Vous avez décidé tout à l'heure que nous nous réunirions le matin à 9 heures et demie ; l'après-midi nous pourrions venir à 2 heures et demie.

UN MEMBRE. — A la même heure tous les jours.

M. LE PRÉSIDENT. — D'une manière générale tous les matins à 9 heures et demie et l'après-midi à 2 heures et demie.

M. LAROCHE JOUBERT. — A cause du quart d'heure de grâce, il vaudrait mieux fixer l'heure du matin à 9 heures. Si nous venons à 9 heures, on commencera à travailler utilement à 9 heures et demie et cela permettra aux séances du matin d'être un peu plus complètes.

M. LE PRÉSIDENT. — Vous entendez la proposition de notre collègue : vous avez toujours le droit de changer vos résolutions. L'observation de notre collègue me paraît assez juste.

A l'unanimité nous décidons donc : le matin 9 heures, l'après-midi 2 heures et demie.

Permettez-moi d'adresser, en votre nom et au mien, de vifs remerciements à M. Garriel, qui est l'organisateur de tous nos congrès, et j'y joindrai nos bien sincères félicitations. *(Applaudissements.)*

Nous avons ici plusieurs membres de la presse ; je les remercie de leur appui : ils nous aideront à faire pénétrer la participation aux bénéfices un peu partout. Je me permets d'adresser notamment nos remerciements à l'une des rédactrices de *La Fronde*, qui a bien voulu nous faire l'honneur d'assister à ce congrès. *(Applaudissements.)*

M. BEUDIN. — Vous avez dit tout à l'heure que, si les rapporteurs n'étaient pas là, la lecture des rapports serait faite par notre secrétaire général. N'y a-t-il pas là un inconvénient ? M. le secrétaire donnera lecture des rapports, c'est très bien ; mais les observations ne pourront pas être fournies avec autant de fruit que si elles étaient faites par les rapporteurs. Ne pourrait-on pas remettre les rapports des absents à la fin des travaux ? En somme il y aurait intérêt à ce que les rapporteurs lisent eux-mêmes leurs rapports, parce qu'ils pourraient nous fournir des explications que le secrétaire ne pourrait peut-être pas nous donner avec autant de fruit.

M. LE PRÉSIDENT. — Il y a le plus grand avantage évidemment à ce que les rapporteurs assistent aux réunions dans lesquelles seront discutés leurs rapports ; d'autre part il est à désirer que les rapporteurs eux-mêmes puissent, grâce à l'ordre adopté pour les débats, être avisés en temps utile que la discussion de leurs rapports aura lieu à tel ou tel moment ; dès lors, il serait à souhaiter que, conformément à la décision prise tout à l'heure, si le rapporteur est absent, le secrétaire pût donner lecture du rapport ; mais il va de soi que le congrès aura toute latitude pour exprimer le désir que toute discussion ne s'engage qu'en présence du rapporteur.

M. BERTRAND. — Dans les congrès de ce genre, les rapports étant distribués à tout le monde, on ne les lit même pas en congrès : le rapporteur vient lui-même donner quelques explications. Chacun est censé avoir lu les rapports qu'il a reçus et cela fait gagner beaucoup de temps.

M. LE PRÉSIDENT. — Votre observation semble très juste. Je vous demande cependant la permission d'y répondre, d'un mot. Vous l'avez fait, d'ailleurs, vous-même en faisant justement remarquer qu'on était « censé » avoir lu les rapports. En fait laissez-moi vous le dire avec une vieille expérience, il est rare qu'on les ait lus : aussi qu'arrive-t-il le plus souvent dans les congrès où l'on n'a pas donné lecture des rapports ? De tous côtés, des personnes demandent la parole pour présenter des observations, et lesquelles ? Celles qui précisément sont dans le rapport. De sorte que, si on avait commencé par cette lecture publique, on aurait fait l'économie de longues discussions.

Voilà pourquoi nous avons pensé, au comité d'organisation, qu'il valait mieux procéder comme je vous l'ai proposé.

M. GUEY. — Nous avons aussi reçu les rapports un peu tard.

M. LE PRÉSIDENT. — D'autres ont pu ne pas les recevoir du tout. Si vous le voulez, comme ils sont très courts, nous en donnerons lecture, ce qui nous épargnera des pertes de temps.

(Adopté).

La séance est levée à 4 h. 30 m.

DEUXIÈME SÉANCE

LUNDI 16 JUILLET 1900 (MATIN)

Présidence de M. GOFFINON, assisté de MM. PAUL DELOMBRE et BEUDIN

La séance est ouverte à 9 heures et demie du matin.

M. LE PRÉSIDENT. — La parole est à M. Lyon-Caen pour la lecture de son rapport.

M. LYON-CAEN donne lecture de son rapport.

PREMIÈRE QUESTION

La Convention librement consentie, par laquelle l'ouvrier ou l'employé reçoit une part déterminée d'avance des bénéfices, est conforme à l'équité et aux principes essentiels du droit positif.

RAPPORTEUR : M. LYON-CAEN

Membre de l'Institut, professeur à la Faculté de droit de Paris, membre du Comité de la classe 104, groupe de l'Économie sociale.

Dans tout louage de services ou contrat de travail, l'ouvrier ou l'employé doit recevoir un salaire. Ce salaire peut être fixe et c'est là, en fait, le cas de beaucoup le plus fréquent. Mais il n'y a, en droit, aucun motif pour qu'il n'ait pas ce caractère, pour qu'il ne soit pas variable avec l'importance des bénéfices réalisés par celui qui emploie l'ouvrier ou l'employé. La participation aux bénéfices a précisément pour effet de rendre le salaire variable avec les bénéfices du patron. Il pourrait assurément en être ainsi pour la totalité du salaire. *A fortiori* peut-il en être ainsi seulement pour une partie du salaire, comme cela a lieu le plus souvent, l'ouvrier ou l'employé recevant outre un salaire fixe, un salaire éventuel égal à une part dans les bénéfices convenue par avance.

Contre la validité de la convention de participation aux bénéfices qui rend la qualité du salaire indéterminé, on ne saurait se prévaloir de ce que, dans tout contrat synallagmatique, l'équivalent que chaque contractant fournit à son cocontractant. ne doit pas être laissé à la libre appréciation de chacun. (Article 1129 C. civil.) Car l'importance des sommes à toucher par l'ouvrier ou l'employé, en cas de participation aux bénéfices, ne dépend pas de la volonté ou du caprice du patron, mais du résultat de ses opérations, qui est indépendant de cette volonté.

Du reste, il y a longtemps que la participation aux bénéfices est consacrée par nos lois et pratiquée dans l'usage. L'engagement des gens de mer, qui n'est qu'une sorte de contrat de travail ou de louage de services, est, selon une distinction bien ancienne, soit à salaire fixe, soit à profits éventuels (1). Il est à salaire fixe quand il est déterminé à une somme indépendante des résultats de l'expédition pour laquelle les gens de mer s'engagent. Il est à profits éventuels dans le cas opposé. Ainsi, il arrive souvent que les gens de mer sont engagés à la part du fret. c'est-à dire moyennant une portion du fret, ou au profit, c'est-à-dire moyennant une portion des bénéfices de l'expédition. Ce dernier mode d'engagement se pratique spécialement dans la navigation à la pêche.

Seulement il faut remarquer que, dans les engagements à profits éventuels, aucun salaire fixe n'est stipulé à côté de la part des gens de mer dans les profits, tandis que, sur terre, les ouvriers et les employés ne consentent pas à courir le risque d'un salaire purement éventuel qui pourrait se réduire à presque rien ou à rien. Il n'y a là qu'une différence de fait, du plus au moins.

Si, en droit, la participation aux bénéfices n'a rien de contraire aux principes, on ne peut nier qu'elle peut être conforme à l'équité. Grâce à elle l'ouvrier ou l'employé reçoit, à titre éventuel, un complément de salaire alors que le salaire fixe ne serait pas une rémunération égale aux services rendus. Grâce à elle aussi, le patron n'assume pas, à raison de l'élévation des salaires, une charge qui l'écrase, mais, au moins pour partie, une charge proportionnelle aux bénéfices qu'il réalise.

---

(1) Le Code de commerce français fait allusion dans de nombreuses dispositions (articles 250 à 272) à ces deux espèces d'engagements des gens de mer.

Ainsi, la loi ne condamne pas la participation aux bénéfices, elle ne peut y voir qu'un mode de rémunération, une forme spéciale de salaires, et l'*équité* peut parfois la recommander.

M. LE PRÉSIDENT. — Messieurs, vous venez d'entendre la lecture de ce rapport. Je donnerai la parole à celui d'entre vous qui la demandera.

M. PAUL DELOMBRE.— Il serait à désirer que des échanges de vues pussent avoir lieu sur cette question qui fait l'objet du premier rapport. Il s'agit de déterminer la nature juridique du contrat qui intervient entre le salarié et le salariant, pour savoir comment la participation aux bénéfices fonctionne et quel caractère elle aura. Par conséquent il serait utile que des membres du Congrès vinssent, nous dire si l'opinion exposée par le rapporteur est celle qui est admise, notamment dans les milieux patronaux.

Personnellement j'approuve les conclusions de M. le rapporteur, mais, puisque nous avons le plaisir de posséder ce matin M. Lyon-Caen, il serait tout à fait utile de voir apparaître des objections, de façon qu'on y pût répondre, s'il y a lieu.

M. LYON-CAEN. — L'idée à laquelle M. le Président Delombre veut bien adhérer, qui n'est pas du reste nouvelle et que j'ai exprimée dans ce rapport, est simplement la suivante. c'est que le contrat de participation aux bénéfices n'est pas, en réalité, un contrat d'une nature nouvelle, distincte du contrat de louage de services ou de louage d'ouvrage. C'est un louage de services ou un louage de travail avec un mode de rémunération ayant pour la totalité ou plus souvent pour partie un caractère particulier, en ce que pour la totalité ou le plus souvent pour partie, comme je l'ai expliqué, le salaire se trouve être éventuel.

Voilà l'idée très simple du rapport, idée qui est généralement admise, mais qui pourrait cependant ne pas être adoptée par tout le monde. Ainsi que le disait M. le Président, nous serions très heureux que quelques objections fussent faites, que quelques contradictions fussent même élevées, ou que quelques explications fussent demandées.

M. TULEU. — M. Delombre connaît mieux que nous les objections qu'on peut faire à ce sujet. Voudrait-il les exposer?

M. PAUL DELOMBRE. — Je vais soumettre à M. Lyon-Caen ces objections, pour répondre au désir exprimé par M. Tuleu.

Il y a des personnes qui considèrent que le salariat est un système défectueux et que, toutes les fois qu'intervient, pour rémunérer un ouvrier, un salaire, il y a en quelque sorte un droit qui est violé, l'ouvrier n'ayant pas la rémunération légitime de son travail. Les personnes qui expriment cette idée voient dans la participation aux bénéfices une sorte de révolution et disent : grâce à la participation aux bénéfices, peu à peu le salariat va disparaître et nous allons arriver à un régime nouveau. Ce régime nouveau va permettre à l'ouvrier d'être coassocié avec le patron, en attendant la disparition du patronat lui-même. En un mot, nous nous acheminons vers des temps dans lesquels l'administration et la gestion des industries auront passé graduellement, par une évolution toute naturelle, sans secousse violente, du patron à l'ouvrier. La participation aux bénéfices serait l'aveu que le système du salariat, tant prôné par l'économie politique qui y voit un progrès apporté à la civilisation humaine, doit, en réalité, faire place à une organisation tout autre, seule conforme à la justice, et dans laquelle le bénéfice ira exclusivement à celui qui le crée, c'est-à-dire à l'ouvrier.

Est-ce ainsi qu'on doit entrevoir la participation aux bénéfices? Est-il bon qu'on s'imagine que désormais la gestion des entreprises doit passer des patrons aux ouvriers? Le salariat mérite-t-il les critiques que, parfois, on formule contre lui d'une façon plus ou moins rude? Voilà toute une série de questions qui se trouvent nettement soulevées par le rapport de M. Lyon-Caen, où le salariat apparaît consolidé, hautement reconnu comme moyen de juste rémunération, mais, cependant, dont la modification par la participation aux bénéfices serait proclamée conforme à l'équité.

Il s'agit de savoir si, réellement, le congrès international est de l'avis des adversaires du salariat, ou bien s'il estime, au contraire, que le salariat a émancipé l'individu, que le salariat est la juste rémunération du service rendu à l'industrie par l'ouvrier, et que, néanmoins, il comporte divers modes d'application; l'on peut concevoir, à côté d'une part fixe, qui répond au salaire normal, un supplément éventuel, lequel n'est pas imputable sur le salaire normal; en raison même de la plus-value des bénéfices que la participation pourra créer, un sursalaire est légitime, et cette nouvelle rémunération attribuée à l'ouvrier constitue encore du salaire : ce sera tellement du salaire qu'il n'y aura pas participation aux risques ni, par conséquent, aux pertes ; en d'autres termes le salaire, même amélioré par la participation aux bénéfices, garde toujours son caractère propre, ainsi que le rapport de M. Lyon-Caen l'établit.

Voilà sur quels points un échange d'idées pourra, sans doute, avoir lieu, si M. Lyon-Caen, avec sa grande compétence, veut bien défendre un peu plus son rapport, bien qu'il ne soit pas attaqué.

M. LYON-CAEN. — Après ce que vient de dire si bien M. le Président, il me semble qu'il est nécessaire de faire plusieurs distinctions. Il paraît que M. le Président... il ne sera pas fâché de ce que je le critique...

M. PAUL DELOMBRE. — A la demande du Congrès, je me suis fait un peu l'avocat du diable !

M. LYON-CAEN. — Il me semble que M. Delombre a confondu un peu des questions de différents ordres...

M. PAUL DELOMBRE. — Voulez-vous me permettre de vous interrompre ?

M. LYON-CAEN. — Vous voyez que la discussion naît, même entre personnes qui voudraient s'accorder.

M. PAUL DELOMBRE. — J'ai, sur cette doctrine de la participation aux bénéfices, des idées très nettes, mais, comme personne ne provoquait de débat, j'ai, pour répondre au désir qui avait été exprimé, formulé quelques observations, mais je ne voudrais pas que vous me prêtassiez des idées qui ne sont pas les miennes.

M. LYON-CAEN. — Je vous demande la permission, si vous le voulez bien, de vous critiquer au point de vue de la manière dont vous avez posé les questions, car il me semble que vous avez confondu différentes questions...

M. PAUL DELOMBRE. — Exprès, pour vous amener à répondre.

M. LYON-CAEN. — Alors, très bien ; seulement je vous ai cru de parfaite bonne foi...

M. PAUL DELOMBRE. — J'ai été, à dessein, de très mauvaise foi, au contraire *(Rires.)*

M. LYON-CAEN. — M. Delombre, Messieurs, a paru confondre des questions différentes, et il a touché à des questions auxquelles je n'avais pas touché du tout en répondant à la question qui m'était posée.

J'avais tout simplement à justifier la solution suivante qui avait été adoptée en 1889 :

« La Convention librement consentie, par laquelle l'ouvrier ou l'employé reçoit une part déterminée d'avance des bénéfices, est conforme à l'équité et aux principes essentiels du droit positif. »

Il fallait surtout répondre à cette question : est-ce que les principes de notre législation s'opposent à la reconnaissance de ce contrat qu'on appelle contrat de participation aux bénéfices ? C'était une question purement juridique.

J'y ai répondu en disant : les principes de droit ne s'opposent pas du tout à l'admission de ce contrat, c'est un contrat parfaitement valable.

Maintenant il est certainement utile de se prononcer sur sa nature juridique. J'ai répondu, et cela n'a rien de nouveau : Le contrat de participation aux bénéfices n'est pas un contrat d'une nature entièrement nouvelle, ce n'est qu'un contrat de louage de services avec un mode de rémunération spécial ; l'ouvrier, par le contrat de participation aux bénéfices, n'est pas du tout émancipé, il ne devient pas du tout l'égal de son patron, c'est toujours un employé, un subordonné, et bien souvent dans le passé les tribunaux ont eu à se prononcer sur cette question : est-ce que le contrat de participation aux bénéfices, même en admettant qu'il n'y ait pas de salaire fixe, n'est pas un contrat de société, ce qui impliquerait l'égalité entre les parties ? Toujours on a décidé que ce n'était pas un contrat de société parce que, pour qu'il y ait un contrat de société, il faut qu'il y ait chez les contractants la volonté de s'associer et d'être les égaux les uns des autres, tandis que, quand même il y a participation aux bénéfices, l'idée de subordination reste entière au fond du contrat.

J'ai donc dit simplement : Le contrat est valable, c'est un contrat de louage de services avec un mode de rémunération spéciale. J'ai ajouté : Cela peut-être très équitable. Il faut que le salaire soit proportionné aux services ; si le salaire fixe n'est pas proportionné aux services on comprend qu'il y ait une sorte de supplément aléatoire, résultant de la participation aux bénéfices. Voilà la question sur laquelle je me suis prononcé.

Maintenant M. le Président Delombre vous a indiqué d'autres

questions qui sont évidemment extrêmement graves, mais qui ne sont plus du tout des questions juridiques et que je n'ai pas cru devoir examiner parce que je n'y étais pas invité. Les questions que M. Delombre a touchées sont celles-ci : est-ce que le contrat de participation aux bénéfices ne constitue pas un contrat qui servira de transition entre le salariat et une situation dans laquelle l'ouvrier sera complètement émancipé? Est-ce que le contrat de participation aux bénéfices n'est pas destiné à servir de passage entre le salariat au sens strict du mot, le salaire fixe qui finirait par disparaître, et une organisation nouvelle, par exemple, des sociétés coopératives de production ? Sur ces questions qui sont très graves et dont le Congrès veut peut-être s'occuper, je n'ai rien à dire du tout parce que l'on m'avait remis tout simplement la question dont je viens de donner lecture. D'après l'énoncé de cette question, il n'y avait pas du tout à s'occuper de l'avenir, tandis que dans les questions que M. Delombre a touchées on prévoit l'avenir. Cet avenir, je ne l'ai pas prévu et, à moins qu'une discussion soit ouverte, je n'ai rien à dire sur ce que je pense être l'avenir, parce qu'il s'agit là d'un ordre de questions à mon sens tout à fait différentes de la première question du programme.

M. PAUL DELOMBRE. — Vous venez d'entendre la réponse de M. Lyon-Caen. Il ne faudrait pas que M. Lyon-Caen pût croire, une seconde, qu'il y avait dans mes observations la moindre intention de critique, car lorsqu'il a traité dans son rapport comme il l'a fait la question posée, il est resté sur le terrain absolument juridique, sur le terrain où on l'avait prié de se cantonner. Aucun malentendu ne peut exister entre nous.

Aucune rectification n'est à faire au rapport; tout au plus pourrait-on souhaiter un complément destiné à indiquer combien le contrat dont M. Lyon-Caen a fait si heureusement ressortir le caractère est un contrat juste autant que juridique.

M. BEUDIN. — A la fin du rapport, je vois ceci :

« Ainsi, la loi ne condamne pas la participation aux bénéfices. elle ne peut y voir qu'un mode de rémunération, une forme spéciale de salaires, et l'équité peu parfois la recommander. »

Je me permets de trouver cette phrase un peu timide. « L'équité peut parfois la recommander », c'est d'une timidité à faire sourire les ouvriers, car nous nous occupons des ouvriers. C'est pour eux qu'il faut parler, et il faut rendre cette phrase compréhensible et claire aux ouvriers les plus ignorants. Cela a l'air de dire : Oui, vous pouvez faire de la participation aux bénéfices si vous le voulez. C'est cette forme-là qui me semble un peu molle. C'est tout ce que j'avais à dire.

M. LYON-CAEN. — Je trouve que, si le salaire fixe est suffisant pour rémunérer les services de l'ouvrier, la participation aux bénéfices n'a plus raison d'être; il me semble que la participation aux bénéfices n'est conforme à l'équité, ne s'impose pour ainsi dire, que lorsque le salaire fixe est insuffisant, car s'il reçoit un salaire fixe élevé, l'ouvrier ne peut pas dire qu'il n'a pas une rémunération correspondant aux services qu'il a rendus. Et alors j'ai écrit « l'équité peut parfois la recommander » pour indiquer tout simplement que l'équité ne recommande ce mode de rémunération que dans le cas où le salaire fixe n'est pas suffisant.

M. BEUDIN. — Le salaire fixe, pour les ouvriers, est toujours insuffisant.

M. LYON-CAEN. — Je suis enchanté d'avoir dit cela parce que, si je n'avais pas été aussi mou, je n'aurais pas provoqué une affirmation aussi claire que celle que vient de faire notre honorable collègue. M. Beudin vient de dire : Le salaire fixe n'est jamais proportionné aux services rendus...

M. BEUDIN. — Ce n'est pas cela : il parait toujours insuffisant aux ouvriers.

M. LYON-CAEN. — Alors je ne trouve pas que ce que vous venez de dire ait une signification bien précise ; car ce que vous dites de l'ouvrier qui est un contractant au point de vue du droit est vrai de toutes les personnes qui font un contrat à titre onéreux. L'avantage qu'on retire d'un contrat paraît toujours insuffisant à celui qui contracte ; est-ce que, par exemple, un marchand trouve que le bénéfice qu'il réalise est suffisant ? Non.

Alors j'avais cru comprendre que vous émettiez une autre idée qui m'intéressait beaucoup plus, à savoir que le salaire fixe n'est jamais proportionné aux services rendus et qu'il est nécessaire, pour que cette égalité entre les services rendus et le salaire soit établie, qu'il y ait à côté du salaire fixe un salaire proportionnel. Mais dire que l'ouvrier trouve toujours le salaire insuffisant, ce n'est pas dire grand'chose, car le patron trouve toujours que le salaire est trop élevé et pour n'importe quel contrat vous aurez la même observation : le propriétaire qui loue une maison trouve que le loyer n'est pas assez élevé, le locataire trouve que le loyer est trop haut. Par conséquent, je ne vois pas à quoi nous arriverons en faisant cette constatation que l'ouvrier se plaint toujours.

M. BEUDIN. — De là vient la nécessité d'établir la participation aux bénéfices, et s'il y a nécessité, pourquoi l'indiquer d'une façon aussi timide?

M. MARIN. — Les vieux arguments des économistes faisaient remarquer que, au point de vue de l'équité stricte, il pourrait y avoir dans la participation quelque chose qui heurte la conscience, puisqu'il n'y a ni participation aux pertes, ni participation aux matériaux employés; au point de vue de l'équité pure, les salariés, à cause de leur subordination, ne sont appelés qu'à la participation aux bénéfices et non à la participation aux pertes. Nous ne pouvons donc pas dire « l'équité doit *toujours* la recommander ». D'autre part, il semble que ce soit dans certains cas un véritable progrès moral, permettant d'employer la forme *impérative*. Si donc on voulait changer la formule de M. Lyon-Caen, je serais partisan, à la fois de ne pas admettre la participation toujours, *dans tous les cas*, et et aussi d'aller plus loin comme formule *impérative* et de dire : « l'équité *doit parfois* le recommander ».

M. BEUDIN. — C'est ce que je demandais.

M. LYON-CAEN. — Nous sommes ici pour rechercher la vérité et chacun de nous peut se tromper. M. Marin vient de rappeler un argument dont je n'ai pas parlé parce qu'il est trop infime et qu'il est inutile dans un travail quelconque de tenir compte de tous les arguments; quand des arguments sont infimes, on peut considérer qu'ils se réfutent d'eux-mêmes. Il est évident que, quand il y a participation aux bénéfices, l'ouvrier n'aura pas à proprement parler à payer une portion des dettes ; en ce sens, il ne participe pas aux pertes; mais il participe aux pertes en un autre sens, c'est-à-dire qu'il risque de ne pas avoir un résultat proportionné aux services qu'il a rendus, et ceci est particulièrement frappant. Si l'on suppose, comme cela a lieu pour les gens de mer, que le salaire est purement éventuel, l'ouvrier risque de ne rien toucher du tout. Il y a là une perte véritable, quoique l'ouvrier n'ait pas de dettes à payer. Véritablement, on ne peut pas dire que le contrat dont il s'agit soit contraire à l'équité, sous prétexte que l'ouvrier a des chances de gagner et pas des chances de perdre.

M. PAUL DELOMBRE. — Voici une réflexion complémentaire qui m'est suggérée par une expression que l'un des membres du congrès, M. Marin, a employée tout à l'heure, en parlant de la « subordination » des ouvriers. Je ne crois pas que cette expression puisse être tenue pour exacte et elle a certainement dépassé sa pensée...

M. MARIN. — M. Lyon-Caen l'avait employée, mais je l'abandonne tout en la croyant exacte, sa portée n'entachant pas notre discussion quant au fond.

M. PAUL DELOMBRE. — Comme les ouvriers pourront, et nous y comptons bien, consulter nos travaux et en tirer parti, je ne voudrais pas que des expressions de nature à produire certaines équivoques pussent être maintenues. Il n'y a pas de subordination pas plus du côté du patron vis-à-vis des ouvriers que du côté des ouvriers vis-à-vis du patron ; en matière économique chacun rend des services qui sont rémunérés sous des formes différentes, mais il y a équivalence en réalité entre ces formes comme il y a égalité entre ouvriers et patrons ; le propre du salaire est justement de rémunérer d'une façon complète l'ouvrier. Toute la question est de savoir si le salaire fixe, au point de vue de l'équité, rend bien compte de tous les labeurs et de tous les services ou, au contraire, s'il n'y aurait pas à y ajouter quelque chose. Il est indiscutable que, dans la théorie économique à laquelle on faisait allusion tout à l'heure, dès que le salaire fixe a été déterminé tout est dit.

Eh bien, en quoi faisons-nous un pas de plus ? En ceci : nous reconnaissons que, grâce à une convention particulière, grâce à une participation aux bénéfices, association au gain réalisé par les patrons, l'industrie doit vraisemblablement devenir plus productive. Dès lors, il est légitime que, s'il y a une amélioration à espérer de ce chef pour les patrons, le salaire aussi en tienne compte et, comme le supplément de profits est une éventualité, il est naturel que ce ne soit pas sous forme de salaire fixe que le compte soit établi pour les ouvriers.

Le Congrès sur ce terrain pourrait être unanime, et je fais remarquer que la façon dont la question était posée répond d'une façon complète aux appréhensions qui étaient émises, soit d'un côté soit de l'autre. Il n'y aurait plus à s'arrêter à la phrase du rapport qui disait : « et l'équité peut parfois la recommander ».

Voici quel est le libellé de la question :

« La convention librement consentie, par laquelle l'ouvrier ou l'employé reçoit une part déterminée d'avance des bénéfices, est conforme à l'équité et aux principes essentiels du droit positif. »

Avec ce texte, tout est simplifié. On ne risque plus de se perdre en ces nuances : est-il plus ou moins équitable? l'équité doit-elle, peut-elle commander? On constate purement et simplement que la convention librement consentie est conforme à l'équité.

M. LYON-CAEN. — M. le Président Delombre tout à l'heure protestait contre cette idée que l'ouvrier est le subordonné de son patron, il ne veut pas employer cette expression, et M. Marin faisait remarquer que je l'avais employée. Je ne voudrais pas qu'on crût que je ne suis pas partisan de l'égalité, je suis ultra-partisan de l'égalité, je ne fais pas de distinction entre les personnes suivant la condition sociale ou la condition de fortune au point de vue de la vie publique, mais quand il s'agit des rapports privés je crois qu'il en est autrement. Je ne voudrais pas employer une expression blessante, mais vous ne pouvez pas nier cependant que, dans le contrat de louage de services, l'ouvrier n'est ni le supérieur ni l'égal de son patron; il a des ordres à recevoir de lui, le patron peut le congédier, et je crois même utile, Messieurs, pour rendre plus populaire auprès des patrons le contrat de participation aux bénéfices, d'indiquer que ce contrat de participation ne dénature pas le contrat de louage de services et que cette subordination — ou un autre mot, — que l'espèce de subordination dans laquelle l'ouvrier se trouve à l'égard de son patron, subsiste même quand il y a une participation. L'ouvrier n'est pas, au sens juridique du mot, l'associé de son patron, c'est son ouvrier, c'est son employé.

Voilà tout simplement ce que je voulais dire.

Maintenant, si l'on peut substituer au mot subordination un autre mot, je ne demande pas mieux, mais l'ouvrier dans ses rapports avec son patron n'est ni son égal ni son supérieur, or, s'il n'est ni son égal ni son supérieur, il est son inférieur.

M. PAUL DELOMBRE. — C'est son collaborateur.

M. LYON-CAEN. — Ce que vous dites est vrai et c'est une idée qui est utile à répandre au point de vue de ce que l'on appelle la paix sociale; seulement, si vous vous placez au point de vue du droit, vous ne pouvez pas nier cependant que l'ouvrier soit dans une certaine situation de subordination. La participation aux bénéfices ne fait pas de l'ouvrier l'égal du patron, il reste dans la situation où il serait si le salaire était fixe. Le contrat de participation aux bénéfices n'est pas un contrat de société, c'est un contrat de louage de services dans lequel il y a le patron ou le maître d'un côté, les ouvriers ou les employés de l'autre.

M. CHAUMELIN. — Nous appuyons les observations de M. Lyon-Caen, car en somme, dans la pratique, il y a subordination de l'employé envers le patron. M. Leclaire traitait son ouvrier comme un collaborateur, il y aurait une tendance à cela, mais malheureusement les idées ne sont pas encore arrivées jusque-là, et M. Lyon-Caen est bien dans la mesure de ce qui se passe en ce moment.

M. GUEY. — En appuyant sur le rappel que M. le Président vient de faire à la question posée par M. Lyon-Caen lui-même, je demande si on ne serait pas plus correct et si on n'éviterait pas toutes les difficultés en prenant les mots mêmes qui terminent la question posée et en disant : « Ainsi la loi ne condamne pas la participation aux bénéfices, elle ne peut y voir qu'un mode de rémunération, une forme spéciale de salaire conforme à l'équité et aux principes essentiels du droit positif » ?

M. PAUL DELOMBRE. — Je voudrais qu'il n'y eût pas de malentendu. Il ne peut pas être question pour le Congrès de modifier le rapport. Il est certain que les expressions employées par le rapporteur permettent d'amorcer des débats, mais, en ce qui concerne les modifications, elles ne pourraient porter que sur la résolution qui est à soumettre au Congrès.

Les observations échangées au cours de ces séances sont extrêmement utiles parce qu'elles vont permettre au Congrès d'aboutir à des textes précis qui montreront quel était en 1900 l'état de l'opinion sur les diverses questions que soulève la participation aux bénéfices. Verriez-vous une difficulté à ce que le Congrès statuât sur notre première question en disant, conformément à ce qui avait été admis en 1889 : « La convention librement consentie, par laquelle l'ouvrier ou l'employé reçoit une part déterminée d'avance des bénéfices, est conforme à l'équité et aux principes essentiels du droit positif » ?

M. MARIN. — Au lieu de se contenter de dire, comme le fait remarquer l'honorable orateur qui est au bureau, « est conforme à l'équité », on aurait pu dire « est recommandée par l'équité »

M. PAUL DELOMBRE. — Dans ce moment-ci, nous ne nous occupons que de la première question soumise au Congrès ; elle a pour objet de déterminer le caractère juridique du contrat de participation aux bénéfices ; il ne s'agit pas de savoir si nous émettons un vœu pour que les patrons adoptent ou n'adoptent pas la participation aux bénéfices ; il ne s'agit pas de savoir si la participation aux bénéfices est plus ou moins recommandée. Nous avons demandé à l'éminent professeur de droit de nous définir le caractère du contrat de participation aux bénéfices ; eh bien, ce contrat n'est pas un contrat d'association, c'est un contrat de louage de travail, c'est un contrat conforme à l'équité et aux principes essentiels du droit positif... Maintenant y a-t-il lieu de recommander...

M. MARIN. — Pas de recommander à n'importe quel point de vue, de recommander au nom de l'équité. Je trouve en effet que « conforme à l'équité » est un peu timide.

UN MEMBRE. — Le mot « conforme » est une constatation.

M. PAUL DELOMBRE. — Il y a surtout lieu de remarquer ceci : c'est que nous allons aboutir beaucoup moins à des vœux qu'à des constatations. Il faut que, dans un certain nombre d'années, ceux qui voudront bien se reporter aux travaux du Congrès puissent voir quel était, à cette fin de siècle, l'état de l'opinion dans les diverses questions que soulève la participation aux bénéfices. Eh bien, la première question est celle de savoir si la participation aux bénéfices est conforme à l'équité et aux principes essentiels du droit.

M. MARIN. — Je demande formellement que le Congrès vote en

disant « recommandé par l'équité » au lieu de « conforme à l'équité ».

M. PAUL DELOMBRE. — C'est un amendement dont le bureau est saisi.

UN MEMBRE. — Il faut, pour les étrangers qui n'assistent pas à la séance, qu'on sache bien que ce n'est qu'une constatation juridique que nous avons voulu faire, et que l'amendement de M. Marin viendra après.

M. PAUL DELOMBRE. — Deux propositions sont soumises au Congrès. La première tend au vote du texte sans changement, texte dont déjà plusieurs fois il a été donné lecture; la seconde porte modification de ce texte, comme l'a indiqué notre honorable collègue M. Marin. Si vous n'y voyez pas d'inconvénient, M. le Président pourrait inviter le Congrès à se prononcer d'abord sur la première partie du texte, non contestée, et ensuite sur l'amendement relatif à la deuxième partie.

M. LE PRÉSIDENT. — Que ceux qui sont d'avis d'adopter cette première partie...

UN MEMBRE. — Au point de vue juridique.

M. LYON-CAEN. — Quand il y a « au point de vue du droit positif », c'est le point de vue juridique qui est visé.

M. PAUL DELOMBRE. — Il faudrait prendre garde à une erreur d'interprétation possible. Si, au lieu de comprendre dans un seul et même vote « l'équité et les principes essentiels du droit positif », on venait à isoler la question d'équité et à la viser par un vote spécial, ne s'exposerait-on pas à faire croire que, l'équité recommandant la participation aux bénéfices, là où il n'y aura pas eu participation, on ne se sera pas conformé à l'équité? Ne pourrait-on pas tirer d'un tel vote un argument faux et des conséquences erronées?

Ce serait trahir tout à la fois la pensée que M. le rapporteur exprimait dans son rapport conçu exclusivement au point de vue juridique, et celle qu'a entendu formuler l'auteur de l'amendement. Vous désiriez simplement qu'on recommandât, au nom de l'équité, la participation aux bénéfices, sans prétendre dire, en aucune façon, qu'il y aurait opposition entre les salaires aujourd'hui existants et les futurs salaires améliorés par l'adjonction de la participation aux bénéfices. Nous sommes tous d'accord sur ce point, j'en suis sûr, et je me permets de vous signaler ce scrupule.

M. MARIN. — Je n'étais pas d'avis non plus de séparer les deux vœux ; on pourrait dire : « La convention librement consentie, etc., est recommandée par l'équité et est conforme aux principes essentiels du droit positif. »

M. PAUL DELOMBRE. — Voici quelle est mon idée dans laquelle je persiste et que j'avais exprimée brièvement :

Les lois en vigueur ne se sont pas occupées de la question, il n'y a donc qu'à rechercher une chose : c'est si cette convention, qui n'a pas été visée lors de la confection de nos codes, ne heurte pas quelques principes de droit. Nous commençons par déclarer, dans cette résolution, que la participation aux bénéfices ne heurte aucun principe de droit.

Ayant dit que cette convention ne heurte aucun principe de droit positif, faut-il ajouter qu'en outre l'équité la recommande et qu'elle est conforme aux principes de justice ? Je ne trouve pas que ce soit une contradiction. Cette convention qui n'est contraire à aucun principe de droit pourrait, à la rigueur, être contraire aux principes de justice; or, elle n'est pas contraire aux principes de justice non plus, et nous pouvons aller plus loin, nous disons : « Non seulement elle n'est pas contraire aux principes de justice, mais encore, dans bien des cas tout au moins, les principes de justice veulent qu'une semblable convention soit conclue. »

S'il me fallait formuler une critique, je critiquerais la formule de 1889, je dirais : Est-il besoin d'énoncer que cette convention est conforme aux principes de notre droit positif ? Elle n'est pas contraire à ces principes, cela suffit pour qu'elle soit permise.

M. LE PRÉSIDENT. — Personne ne demande la parole sur la première partie du texte non contestée? On n'en demande pas une nouvelle lecture? Je la mets aux voix. Elle est adoptée. Sur la seconde partie, il y a un amendement, nous allons le mettre aux voix :

« La convention librement consentie, par laquelle, etc., est recommandée par l'équité et est conforme aux principes essentiels du droit positif. »

M. LYON-CAEN. — Et n'est pas contraire.

M. MARIN. — Parfaitement.

M. LE PRÉSIDENT. — Voici le texte de la seconde partie :

« La convention... est recommandée par l'équité et n'est pas contraire aux principes essentiels du droit positif. »

(Ce texte est mis aux voix et adopté.)

M. LE PRÉSIDENT. — Voici le texte complet de la résolution :

« La convention librement consentie, par laquelle l'ouvrier ou l'employé reçoit une part déterminée d'avance des bénéfices, est recommandée par l'équité et n'est pas contraire aux principes essentiels du droit positif. »

(Cette résolution mise aux voix est adoptée.)

M. LE PRÉSIDENT. — Je serai l'interprète du Congrès en remerciant M. Lyon-Caen de son savant rapport.

M. LYON-CAEN. — J'aurais désiré vous rendre un service plus considérable, mais le temps m'a fait absolument défaut.

M. PAUL DELOMBRE. — Vos services ne se mesurent pas au temps. *(Très bien !)*

M. LE PRÉSIDENT. — Nous passons à la deuxième question.

DEUXIÈME QUESTION

La participation aux bénéfices ne peut pas être imposée par l'État ; elle doit résulter uniquement, suivant les circonstances, de l'initiative du patron ou d'un vœu des ouvriers librement accepté par lui, au même titre que toute autre convention relative à la rémunération du travail.

RAPPORTEUR : M. E.-O. LAMI

Auteur du *Dictionnaire encyclopédique de l'industrie et des arts industriels*, rapporteur du Comité de la Classe 108 (groupe de l'Economie sociale).

Quelques orateurs ont exprimé, au Congrès de 1889, cette idée que l'État devrait intervenir pour inciter les patrons à adopter la participation et à l'appliquer lui-même dans ses ateliers.

Cette intervention de l'État dans l'industrie privée n'est point désirable ; l'État a la main lourde, et, quand il touche à quelque liberté, il l'endommage toujours quand il ne la brise pas.

Et puis, qu'est-ce que l'État? Jadis, c'était le roi; la Révolution détruisit l'omnipotence royale et les abus qu'elle engendrait. L'État réside-t-il aujourd'hui dans les hauteurs sereines d'une philosophie supérieure? Se manifeste-t-il par une hérédité de talents et de vertus, par une fidèle obéissance aux vœux de l'opinion? N'est-ce pas plutôt une sorte d'oligarchie ondoyante et variable, le plus souvent subordonnée à l'intérêt politique de ceux qui, momentanément, détiennent le pouvoir? C'est l'État qui interdisait à Leclaire de s'entendre avec ses ouvriers; c'est l'État qui, sous l'Empire et même sous notre troisième République, condamnait l'association; quelle garantie d'impartialité, de justice et d'équité peut-il apporter dans les conflits d'intérêts qui sont à l'état latent de la production? Ne serait-il point tenté de favoriser parfois telle catégorie de citoyens au détriment de telle autre?

L'État a des attributions nécessaires et définies: qu'il sauvegarde et protège les biens de la communauté, c'est son devoir; mais son action s'arrête à la propriété intangible des citoyens, et il ne peut mettre la main sur ce bien sacré, le gain qui résulte du labeur quotidien.

Faire intervenir le pouvoir dans la réglementation du travail, c'est en appeler au socialisme d'État qui n'est qu'une des formes du despotisme. Au-dessus de l'État, mandataire du peuple, il y a le Droit, fondement de la justice, et la Liberté, négation de la contrainte et de l'arbitraire.

Nous sommes partisans du droit commun; nous ne réclamons aucun privilège pour telle ou telle classe de citoyens; nous croyons que la participation aux bénéfices, qui donne des preuves éclatantes de son efficacité dans les rapports du capital et du travail, se développera sous l'influence de l'initiative privée et du progrès de l'instruction générale. Ce sont ces considérations qui nous amènent à combattre la participation à titre obligatoire dans les travaux publics ou marchés concédés ou adjugés par l'État, les départements ou les communes.

Outre les raisons probantes développées à ce sujet par le distingué rapporteur du Congrès de 1889, M. Gauthier, il est une objection qui s'impose à l'esprit, alors même que les entrepreneurs adhéreraient en masse au système de la participation; la voici: Comment empêcher l'entrepreneur qui se sera engagé à distribuer un pourcentage de ses bénéfices à ses ouvriers de se dédommager de ce sacrifice obligatoire au moyen d'un abaissement des salaires? Il faudrait alors recourir à une réglementation du salaire lui-même, à l'établissement d'un minimum. Il suffit d'indiquer cette conséquence pour montrer l'extrême gravité de l'objection.

Si, des entreprises de l'État, l'obligation s'étendait à l'industrie privée, nous retrouverions les mêmes dangers augmentés de la multiplicité des modes de rémunération; c'est que, contrairement au vêtement confectionné qui peut, à peu près, s'ajuster à toutes les tailles, la participation exige une étude approfondie de la conformation de l'affaire qui la doit recevoir, du caractère de ceux qui en bénéficieront, du milieu dans lequel elle devra se mouvoir; vouloir soumettre à l'uniformité d'un texte légal les combinaisons si variées et si complexes de la participation est une pure chimère; en tenter l'application, ce serait courir au-devant d'inextricables difficultés.

Dans une conférence du mois de septembre 1889, où notre vénéré maître et regretté Charles Robert nous dévoilait sa belle âme d'apôtre, il disait :

« L'intervention de l'État est certainement nécessaire et légitime dans un grand nombre de cas, mais je la condamne absolument en ce qui concerne la participation, où elle impliquerait nécessairement l'ingérence odieuse et tyrannique du Gouvernement dans les inventaires annuels de l'industrie privée. »

Sa vibrante protestation contre l'immixtion de l'État, la coercition légale dans les intérêts privés et l'absorption des individus dans une collectivité tyrannique, contient la solution de la question qui vous est soumise. La participation accomplit une œuvre sociale de la plus haute portée, mais ce n'est pas par voie d'ukase ou d'iradé que l'on décrète la sagesse et le bonheur; il faut laisser à l'éducation qui agit sur l'esprit, comme l'air pur sur la santé, le temps de faire pénétrer dans le monde du travail les idées les plus propres à vaincre les égoïsmes et à créer l'harmonie sociale; nous condamnons donc toute contrainte légale dans la réglementation du salaire, convaincus que la participation ne peut croître et pousser de profondes racines que dans un sol fécondé par la liberté.

Ces considérations conduisent le rapporteur à vous proposer le vœu suivant :

Le Congrès international est d'avis que l'État doit rester étranger aux conventions expresses ou tacites qui réglementent la participation des ouvriers et employés aux bénéfices de l'agriculture, du commerce et de l'industrie ;

Que le développement de la participation ne peut être assuré que dans l'indépendance absolue du monde du travail, à l'abri de toute contrainte ou de prescription légale.

M. LE PRÉSIDENT. — Vous avez entendu la lecture de ce rapport qui traite également d'une question très importante et très grave. Je donnerai la parole à quiconque voudra bien traiter cette question.

M. OMER DECUGIS. — Pourquoi ne pas mettre « employés » à côté du mot « ouvriers », puisque le mot a été répété à la fin de la conclusion? Je demande qu'on mette aussi « employés » pour ne pas faire croire que ce n'est qu'à l'industrie qu'on s'adresse. Du reste, le rapporteur propose une rédaction toute différente.

M. PAUL DELOMBRE. — Nullement. C'est le rapporteur lui-même qui a pris soin d'indiquer les employés.

M. OMER DECUGIS. — A la fin.

M. PAUL DELOMBRE. — L'observation de notre collègue est bien simple, mais il a satisfaction. Le libellé de la question a été emprunté aux résolutions votées en 1889, et on l'a pris pour objet du rapport ; maintenant le rapporteur a été amené à compléter ce qui avait été dit en 1889 et c'est lui qui, conformément à votre désir d'ailleurs, prend soin de viser non plus seulement les ouvriers, mais également les employés. De sorte que le texte qui sera proposé tout à l'heure au Congrès sera, non pas le texte admis précédemment, mais celui qu'a élaboré et auquel conclut notre rapporteur, M. Lami. Vous avez donc complètement satisfaction. Voici la nouvelle rédaction :

« Le Congrès international est d'avis que l'État doit rester étranger aux conventions expresses ou tacites qui réglementent la participation des ouvriers et employés aux bénéfices de l'agriculture, du commerce et de l'industrie ;

» Que le développement de la participation ne peut être assuré que dans l'indépendance absolue du monde du travail, à l'abri de toute contrainte ou de prescription légale. »

UN MEMBRE. — On aurait pu s'arrêter à « des ouvriers et employés aux bénéfices » et ne pas indiquer l'agriculture, le commerce et l'industrie.

M. LE PRÉSIDENT. — Je crois, en effet, qu'il faut supprimer ces mots.

M. PAUL DELOMBRE. — Par cette suppression, la formule gagne en précision en englobant tous les employés et ouvriers; on risque moins de paraître limitatif.

M. LE PRÉSIDENT. — Nous supprimons donc les mots relatifs à l'agriculture, au commerce et à l'industrie.

M. GUEY. — Je demande qu'on ajoute simplement ceci : qui réglementent la participation des ouvriers et employés et de tous les salariés en général.

M. PAUL DELOMBRE. — Votre amendement véritable serait ainsi conçu : « Qui réglementent la participation des salariés aux bénéfices »?

M. GUEY. — Parfaitement.

M. BEUDIN. — Le mot « salariés » implique une particularité; les ouvriers et employés impliquent à mon sens tous les travailleurs. Un employé n'est pas à proprement parler un salarié, ou alors nous allons en arriver à admettre les députés dans la participation aux bénéfices.

M. GUEY. — Les quatre cinquièmes des citoyens sont salariés. Ainsi dans le notariat il y a des employés, ils sont salariés.

M. BEUDIN. — Je ne suis pas de cet avis.

M. LE PRÉSIDENT. — Je n'admets pas beaucoup le mot « salariés » non plus.

M. PAUL DELOMBRE. — Il y a une proposition qui est faite à titre d'amendement; elle consisterait à substituer aux mots « ouvriers et employés » l'expression plus synthétique de « salariés ».

(Cet amendement mis aux voix est repoussé.)

M. LE PRÉSIDENT. — Le texte de la résolution serait par conséquent celui-ci :

« Le Congrès international est d'avis que l'État doit rester étranger aux conventions expresses ou tacites qui réglementent la participation des ouvriers et employés aux bénéfices. »

(Adopté.)

« Que le développement de la participation ne peut être assuré que dans l'indépendance absolue du monde du travail. à l'abri de toute contrainte ou de prescription légale. »

M. BEUDIN. — Je propose la suppression de ce paragraphe.

M. PAUL DELOMBRE. — Personne ne demande l'adoption de ce paragraphe?... Le premier subsiste donc seul. Il n'y a pas lieu par conséquent de voter sur l'ensemble.

M. LYON-CAEN. — Je demanderais que le bureau voulût bien revoir, au point de vue de la forme, tous les vœux qui sont ainsi émis. Ainsi « le Congrès international est d'avis », il faudrait que cette formule-là se trouvât en tête de chaque vœu.

M. PAUL DELOMBRE. — Votre observation est d'autant plus importante qu'en fait, — et il est bon que tout de suite on le sache — le bureau aura, du Congrès, le mandat de mettre en harmonie tous ces textes les uns avec les autres, pour en faire disparaître les scories presque inévitables. D'une manière générale, c'est sous forme d'avis précis que nous aurons soin d'indiquer les décisions qui seront intervenues. Elles auront pour effet de formuler les principes ou les règles de conduite les meilleures qui semblent résulter de toutes les observations de fait qu'ont pu recueillir les membres du Congrès c'est l'état actuel des sciences sociales que nos Congrès s'efforcent de dégager en ce moment, sauf au temps à faire son œuvre et à amener ultérieurement, s'il y a lieu, d'autres résolutions.

M. COLCOMB, membre de la Chambre française de Commerce de Bruxelles. — La distinction est très importante à faire entre les mots ouvriers et employés. En Belgique, il y a une [illegible]lance manifeste à admettre à la participation aux bénéfices les [illegible]és, et à en proscrire au contraire les salariés. On est arrivé [illegible] définition, je dirai presque mathématique, que la possibilité de [illegible] participation aux bénéfices est en raison directe de l'intelligence des peuples à y prendre part. Cela rentre absolument dans ce que j'entendais hier émettre qu'il fallait s'adresser à un noyau de gens intelligents pour propager l'idée de la participation. Donc cette distinction entre les employés et les ouvriers est très importante.

M. LE PRÉSIDENT. — Je remercie M. le représentant de la Chambre de Commerce de Bruxelles.

M. COLCOMB. — Je rends compte de l'état des esprits en Belgique.

M. PAUL DELOMBRE. — Déjà, hier, M. Levasseur constatait le même fait. Pour le succès et le développement de la participation, il est à souhaiter que le patron commence en quelque sorte par attacher à son industrie un noyau, de façon à faire pénétrer dans la masse, par une espèce de rayonnement, l'idée de participation aux bénéfices. D'autre part, au point de vue de l'effet matériel et moral à produire, on n'a pas à dédaigner non plus ce résultat : si vous répartissez les bénéfices sur un trop grand nombre de têtes, la participation peut être rendue presque illusoire, et l'on ne se rend pas bien compte alors de l'effort qui est fait par le patron, et cet effort risque de demeurer stérile ; lorsque, au contraire, le chef d'industrie appelle d'abord à la participation un certain nombre seulement d'intéressés, sauf à améliorer graduellement, en raison du progrès même de l'industrie, le sort des autres, il s'ensuit immédiatement que la participation devient tangible et que, par conséquent, les efforts individuels sont efficacement stimulés.

M. LE PRÉSIDENT. — Nous aurons à revenir sur cette grave question de savoir s'il faut faire la participation avec la totalité du personnel ou avec un noyau. Il y a là deux grands courants. Nous avons un rapport sur ce point, nous y reviendrons.

M. COLCOMB. — Je vous demande pardon d'avoir soulevé la question.

M. PAUL DELOMBRE. — Nous abordons la troisième question.

TROISIÈME QUESTION

Dans la mesure du possible, et sous les réserves commandées dans certains cas, il conviendra, pour augmenter les garanties offertes aux bénéficiaires de la participation contractuelle, d'adopter des règles déterminées pour la confection de l'inventaire.

Rapporteur : M. BAILLE-LEMAIRE

Fabricant de jumelles, membre du Conseil d'administration de la Société pour l'étude pratique de la participation aux bénéfices.

Une des premières questions que l'on doit se poser, quand on veut établir la participation du personnel d'une industrie aux bénéfices, est de définir d'une manière précise ce qu'on entend par *bénéfice*. Chaque industrie a ses habitudes particulières qu'elle a contractées peu à peu en vivant et en travaillant, et le bénéfice qui ressort de la comptabilité ordinaire ne comprend pas les mêmes éléments dans tous les cas.

Ainsi, quelques patrons prennent la dotation de la caisse de retraites de leur personnel sur les bénéfices annuels ; d'autres la portent aux frais généraux, la considérant comme un amortissement social, analogue à l'amortissement de l'outillage. Ces deux procédés sont parfaitement légitimes et équitables, mais le bénéfice n'est pas le même dans ces deux hypothèses, et la somme que touche l'intéressé, la seule qu'il considère comme une véritable part de bénéfices, est également très différente.

Dans un autre ordre d'idées, une industrie active et entreprenante conserve peu de réserves pécuniaires. Elle emploie ses ressources à accroître les approvisionnements de matières premières, à perfectionner l'outillage, à améliorer le séjour à l'atelier et le travail des ouvriers. Comment considérer ces diverses dépenses ? Si on les fait porter sur le seul exercice pendant lequel elles ont été payées, on diminue singulièrement les bénéfices, et on arrive à cette anomalie que, plus l'industrie fait de recettes, et moins il est attribué de part au personnel. Si on compte ces dépenses extraordinaires comme un accroissement de capital, en reviendra-t-il une part au personnel ? Mais on court alors de grands risques, car les gains espérés ou les améliorations entrevues peuvent ne pas se produire, et, alors, comment régulariser les distributions déjà faites ? De plus, si on répartit ces dépenses sur plusieurs exercices, il arrivera que les ouvriers qui toucheront les bénéfices ne seront pas ceux qui les auront produits.

Nous devons donc conclure de ces diverses considérations qu'on ne peut pas énoncer de règles fixes pour la définition du bénéfice d'une industrie. Il faut avoir soin de mettre au-dessus de toute atteinte l'autorité et la responsabilité du patron ; puis, lorsqu'au bout de quelques années, les questions les plus diverses ont été soulevées et résolues, le chef de l'industrie énoncera les règles de conduite, — qui pourront être différentes d'une maison à une autre, — mais qui. une fois établies, subsisteront et serviront à résoudre toutes les difficultés analogues. Les comptes se présenteront alors parfaitement clairs et loyaux, et les contrôleurs, de quelque côté qu'ils tiennent leur mandat, n'auront qu'à vérifier que les règles primitivement posées et acceptées ont été suivies, pour définir nettement le total des bénéfices à distribuer et la part qui revient à chacun.

M. LE PRÉSIDENT. — Vous venez d'entendre la lecture du rapport. On nous a déjà fait des critiques en 1889 ; on nous a dit qu'on faisait parfois des inventaires sans avoir assuré un amortissement suffisant, ou que cet amortissement était, au contraire, excessif ; est-il possible d'adopter des règles pour un inventaire ?

Si nous voulons réaliser des bénéfices, il faut améliorer notre outillage ; or, comment effectuer l'amortissement et sur quoi le faire porter ?

M. PIAT. — C'est évidemment variable suivant les industries ; il faut laisser au patron, sous ce rapport, la plus grande liberté, car, à mon sens, il n'est pas possible d'établir une règle fixe. Ainsi pour la mécanique, nous sommes obligés d'amortir notre matériel dans un espace de temps très court.

M. LE PRÉSIDENT. — C'est une question essentiellement technique.

M. GUEY. — Je crois que c'est dans la comptabilité qu'il faudrait chercher le remède, et qu'il faudrait avoir des experts-comptables pour bien définir tout ce qui doit ou non aller dans les frais généraux. En Angleterre, il y a des experts-comptables; ici, nous n'en avons pas.

M. LE PRÉSIDENT. — Pardon ! Nous avons des arbitres au Tribunal de Commerce.

M. GUEY. — Il faut savoir faire la différence et dire : telle chose doit aller dans tel compte.

M. LE PRÉSIDENT. — La comptabilité et le contrôle des comptes font l'objet d'une question qui viendra après.

M. PAUL DELOMBRE. — En effet. Il est certain que, le jour où le contrôle serait organisé, il y aurait pour les participants toute sécurité; mais la onzième question, comme le rappelle M. Goffinon, va amener le Congrès à se prononcer sur l'importance de ce rouage. Il ne s'agit, en ce moment, que de la confection de l'inventaire.

M. ENGEL. — Il me semblerait bien difficile d'imposer dès maintenant une manière quelconque de faire l'inventaire à un patron; mais ce qui serait nécessaire, c'est que, pour éviter tout mécompte, l'ouvrier sache d'avance que, pour obtenir le résultat net d'un inventaire sur lequel sa participation sera prélevée en cas de bénéfice, il y a lieu de tenir compte, tout d'abord, d'intérêts, de réserves et d'amortissements variables, mais dont les bases lui seront autant que possible indiquées.

M. LE PRÉSIDENT. — Je vous demande la permission de vous répondre. La participation aux bénéfices ne peut avoir lieu que dans des maisons ayant une certaine importance et faisant des bénéfices; or, quand une maison organise le travail avec la participation aux bénéfices, il est certain qu'elle a une organisation et que l'inventaire se faisait d'une certaine façon. Elle doit donc continuer à le faire de la même façon. Par conséquent il est difficile, dans des statuts de participation, d'indiquer comment sera établi l'inventaire.

UN MEMBRE. — C'est une question de confiance. Ou bien vous entrez dans une maison qui a déjà la participation depuis longtemps et vous dites : J'entre comme mes prédécesseurs. Ou bien il s'agit d'une maison où se crée la participation ; vous y entrez sans savoir si vous gagnerez de l'argent, et il faut que l'ouvrier, à qui vous annoncez par exemple une participation de 15 0/0 dans les bénéfices, sache à quoi il s'engage.

M. LE PRÉSIDENT. — Dans une affaire nouvelle, ce n'est généralement qu'une association; or, l'association a des statuts et un acte social. Mais, je le répète, il est extrêmement difficile dans les statuts de déterminer les bases fondamentales de l'inventaire.

M. ENGEL. — J'ai demandé la parole pour insister sur un point qui me paraît être un peu l'origine du malentendu; c'est la phrase qui termine la troisième question: « Il conviendra d'adopter des règles déterminées pour la confection de l'inventaire ». Il n'est assurément pas plus venu dans la pensée de ceux qui ont posé la question que dans celle du rapporteur, de prétendre que ces règles déterminées devaient être les mêmes et être invariables, quel que fût le genre d'industrie, et même, dans un genre d'industrie déterminé, quelle que fût la maison industrielle qui a appliqué la participation aux bénéfices. Ce qui est entré, je crois, dans la pensée de tout le monde, c'est que, pour éviter toute défiance de la part de ceux qui participeront aux bénéfices, il convient que, dans une maison déterminée, dans telle individualité industrielle, certaines règles soient adoptées une fois pour toutes, pour la confection de l'inventaire.

Que ces règles soient variables d'une maison à l'autre, c'est forcé; mais que, dans la même maison, on prenne une règle bien fixe, bien comprise par les employés et ouvriers, même les moins compétents, s'ils doivent être appelés à la participation aux bénéfices, cela me paraît nécessaire. Mais il ne saurait, je le crois, entrer dans l'idée de personne de dire que ces règles déterminées pour une maison devront être les mêmes pour les maisons de la même industrie et à plus forte raison pour les maisons d'une autre industrie.

De sorte que je ne sais pas s'il ne serait pas utile d'ajouter une petite phrase incidente dans laquelle il serait dit: « Étant entendu que ces règles ne sauraient être les mêmes pour les différents genres d'industries, pour les différentes maisons donnant la participation aux bénéfices. » L'idée est signalée dans le rapport, mais ce n'est pas le rapport lui-même qui exprime le vœu formulé par le Congrès, c'est généralement la résolution adoptée par lui.

M. PAUL DELOMBRE. — Il est bien facile de vous donner satisfaction par une rédaction encore plus concise. Le Congrès, en ce moment, est en face d'une des difficultés les plus graves que rencontre, en général, la participation aux bénéfices. Il est indiscutable que, si le patronat devait craindre que, par les libéralités qu'il fait ou par l'acte de justice qu'il accepte, il cessât d'être le maître de faire face aux diverses exigences qu'amènent, à tous les instants, les transformations nécessaires de l'outillage et les précautions commerciales indispensables en vue d'assurer l'avenir, la participation aux bénéfices aurait vécu. D'autre part, il est certain que, si les travailleurs pouvaient croire qu'il peut dépendre du patron d'enlever aux ouvriers ou aux employés la part légitime sur laquelle ils pouvaient compter, et cela soit par une augmentation arbitraire d'amortissement, soit par une réfection inutile de l'outillage, si cette idée pouvait pénétrer dans la masse, au point de vue populaire, la participation aux bénéfices aurait également vécu.

Par conséquent, que faut-il ? Tout en laissant intact le droit indispensable du patron, il faut, conformément aux indications qui ont été fournies tout à l'heure, qu'on montre bien, d'une part, qu'il y a des nécessités dont l'ouvrier sera averti, des amortissements dont il sera prévenu, et, d'autre part, qu'il n'y a pas de règles générales en pareille matière et que, dans chaque maison, il y a lieu à des règles particulières que seul le patron compétent et responsable peut établir en toute justice et en connaissance de cause. Alors je reprends votre phrase et l'amendement serait ainsi libellé : Dans la mesure du possible et sous les réserves commandées dans certains cas, il conviendra, pour augmenter les garanties offertes aux bénéficiaires de la participation contractuelle, d'adopter des règles déterminées dans chaque maison pour la confection de l'inventaire.

M. MARIN. — Il me semblait qu'il y avait deux amendements différents. Le premier qui donne satisfaction aux patrons : le caractère de variabilité dont on a parlé. Le deuxième qui donne satisfaction aux salariés : l'énoncé, pour ainsi dire par avance, des conditions de l'inventaire. Les mots « énoncer d'avance » pourraient compléter le texte du rapport ; ils sont d'ailleurs dans le dernier paragraphe : « Le chef de l'industrie énoncera les règles de conduite, etc. ».

M. PAUL DELOMBRE. — Le mot « adopter » devrait vous donner satisfaction. S'il y a lieu de faire une adjonction rentrant tout à fait dans la pensée du rapporteur, on pourrait mettre « d'adopter et d'énoncer » ou « d'adopter et de porter à la connaissance des intéressés ».

M. TROMBERT. — Le mot « énoncer » peut arrêter bon nombre de patrons. Énoncer d'avance au personnel des règles d'inventaire est une bien grosse question !

M. BEUDIN. — Un ouvrier qui entre dans une maison pratiquant la participation est tout de suite mis à même de connaître la réglementation intérieure ; il sait que dans cette maison on fait de la participation, on le lui dit, dans quelles conditions ; il ne vient pas là en aveugle. Voilà le principe.

Maintenant chaque année les ouvriers nomment des délégués auprès des patrons pour examiner la situation de l'inventaire.

M. LE PRÉSIDENT. — Il faut tâcher de ne pas faire prendre aux patrons des engagements d'après les conseils que nous leur donnerons, sur cette question d'inventaire.

M. TROMBERT. — La rédaction est très sage : « Dans la mesure du possible, et sous les réserves commandées dans certains cas, etc. » Dire davantage me paraîtrait grave.

M. PAUL DELOMBRE. — On insiste sur le mot « énoncer ».

M. BEUDIN. — « Énoncer » me paraît dépasser les limites. Le patron est toujours libre de faire son inventaire comme il l'entend. Cependant, qu'est-ce qui effraye dans l'idée de porter à la connaissance des ouvriers dans chaque maison la façon dont a été établi l'inventaire ?

UN MEMBRE. — On demande d'énoncer une règle.

M. BEUDIN. — Une règle générale.

M. PAUL DELOMBRE. — Par exemple lorsque le patron estime qu'il y a un amortissement indispensable, si rien n'est venu indiquer à l'ouvrier cette question de l'amortissement il peut se trouver en face d'un prélèvement qu'il discute et où il voit un moyen détourné de lui enlever la part sur laquelle il pouvait compter. Ce qu'on demande, ce n'est pas que le patron s'oblige à ne pas porter plus de 10 ou 12 % par exemple à l'amortissement ; c'est qu'on indique, s'il doit y avoir des amortissements ; que, avant la fixation des bénéfices, la part revenant à l'amortissement sera faite.

UN MEMBRE. — Je voudrais même ajouter l'intérêt du capital.

M. PAUL DELOMBRE. — C'est entendu, tous les prélèvement légitimes. Et, alors, dans cette mesure, où peut être l'inconvénient d'indiquer que cet énoncé aura lieu?

M. BEUDIN. — C'est une formule générale ; dans l'établissement de l'inventaire il sera compté ceci et cela. Il n'y a pas d'inconvénient.

M. PAUL DELOMBRE. — L'inconvénient existerait si, en fait, on disait : Il sera alloué 5 % d'intérêts et il y aura 10 % pour l'amortissement. En effet, il y a des années où en raison de découvertes spéciales ou bien de concurrences nouvelles, une transformation d'outillage s'impose ; ou bien encore des stocks auront subi une dépréciation soudaine ; des approvisionnements auront perdu toute valeur : des amortissements considérables sont indispensables, sous peine de compromettre l'avenir même de l'entreprise, et il faut qu'il y ait un prélèvement considérable. Si une part fixe avait été indiquée, l'industriel se serait lié les mains, vous auriez détruit la participation aux bénéfices : aucun industriel n'oserait plus l'admettre. Mais ce qui peut sembler raisonnable c'est, « dans la mesure du possible et sous les réserves commandées dans certains cas », que les principes essentiels qui présideront à la répartition des bénéfices soient portés à la connaissance des participants eux-mêmes.

Dans cette mesure, M. Goffinon, estimez-vous qu'il peut y avoir un inconvénient?

M. GOFFINON. — Moi, je suis contrôleur des comptes dans une maison qui fait la participation aux bénéfices et je suis ensuite chef d'une maison où est organisé un contrôle des comptes. Jamais les ouvriers ne se sont préoccupés de la façon dont nous faisions l'inventaire.

M. BEUDIN. — Chez vous.

M. GOFFINON. — Ah ! si vous me parliez des sociétés coopératives comme chez Leclaire, c'est autre chose, ce sont des associés ; mais, là où il y a des participants, les ouvriers ne se préoccupent pas de savoir comment se fait l'inventaire. Si vous décidez qu'on devra déterminer la façon de faire l'inventaire; comment sera fixé le loyer si le patron est propriétaire; comment sera rémunéré le capital engagé, vous allez effrayer considérablement les patrons et cela n'a pas de raison d'être.

UN MEMBRE. — Pour se mettre d'accord, il faut d'abord des règles générales.

M. BEUDIN. — L'ouvrier sait qu'il entre dans une maison à participation; quant au montant il ne peut être déterminé que par l'inventaire.

M. LE PRÉSIDENT. — Quand un patron veut organiser la participation aux bénéfices, il faut qu'il fasse une étude sur sa maison, sur le genre de personnel qu'il occupe, sur la nature des affaires qu'il fait. Si vous lui dites d'inscrire dans ses statuts la façon de faire son inventaire, je suis sûr que vous l'épouvanterez.

M. PAUL DELOMBRE. — Si le Congrès le permet, je vais tâcher de préciser la question. Si l'on demandait, en fait, que le patron s'engageât à mettre, dans les statuts de sa maison, comment la participation aux bénéfices jouera, c'est-à-dire comment les bénéfices seront évalués, ce qui supposerait la détermination d'un quantum d'amortissement et d'intérêt, il est clair que peu de maisons consentiraient à développer la participation aux bénéfices. Est-ce ce qui était sollicité tout à l'heure? Je ne le crois pas. On demandait simplement, conformément d'ailleurs à l'énoncé de la question, que, dans la mesure du possible et sous les réserves commandées dans certains cas, on vînt, pour augmenter les garanties offertes aux bénéficiaires de la participation contractuelle, faire connaître aux intéressés, dans chaque maison, les règles générales à l'aide desquelles on pourra chaque année répartir les bénéfices après les avoir déterminés.

Ainsi il est entendu que l'amortissement doit pouvoir fonctionner sans que les ouvriers puissent se plaindre. Eh bien! chef de maison, je vais indiquer dans mes règles générales qu'il y aura lieu de faire face tout d'abord aux exigences de l'amortissement. C'est tout à la fois une garantie offerte à l'ouvrier et un avertissement qui permet de remédier aux inconvénients que M. Goffinon signalait tout à l'heure.

Il est certain que les ouvriers, sauf de rares exceptions, s'occupent peu de la participation. Ils n'y croient guère, en général. Ceux-là mêmes à qui elle est promise commencent par en douter. Quand ils reçoivent une allocation au début, ils sont contents, sans contredit; mais arrive une mauvaise année où les distributions viennent à disparaître, les ouvriers auront une tendance à imaginer qu'on les avait trompés. De la participation, ils disent alors : « C'était peut-être un leurre »; en tout cas, ils n'attachent plus aux accords nouveaux que nous cherchons à développer l'intérêt social que ces accords méritent. L'intérêt social de la question n'est pas compris. Que serait-il, cependant, à souhaiter? C'est qu'au contraire, sentant de plus en plus leur solidarité avec le chef d'industrie, amenés à voir comment une affaire périclite ou prospère, les ouvriers intéressés par la participation à l'état des industries, arrivassent à comprendre que, certaines années, il y a des sacrifices nécessaires. si, d'autres années, il y a, en revanche, des rémunérations plus amples; en d'autres termes, c'est une éducation sociale que la participation aux bénéfices peut créer.

Eh bien! ce grand avantage moral ne sera-t-il pas favorisé si, avec toutes les précautions possibles, avec toutes les réserves imaginables, le Congrès venait à décider, par exemple, que « dans la mesure du possible, etc..., il convient d'adopter et d'énoncer des règles générales déterminées dans chaque maison pour la confection de l'inventaire »?

M. OMER DECUGIS. — Au lieu de « règles », ne pourrait-on pas mettre des données générales?

M. PAUL DELOMBRE. — Des bases générales.

M. LE PRÉSIDENT. — Le patron cherchera, dans ce que nous allons dire, des indications pour faire son étude et ses statuts; or soyez persuadés qu'on ne doit pas indiquer dans les statuts des droits aux ouvriers participants leur donnant la facilité de contrôler ce que fait le patron.

UN MEMBRE. — L'ouvrier est averti des bases, il n'a pas le droit de discuter.

M. LE PRÉSIDENT. — Je serais très effrayé de nous voir entrer dans cette voie, qui consisterait à créer aux ouvriers des droits pour venir discuter avec le patron la façon d'établir l'inventaire. Alors faisons de l'association, ne faisons plus de la participation!

M. PAUL DELOMBRE. — Vous savez, mon cher Président, combien j'ai de respect pour vous et pour vos opinions, mais je ne vois pas bien la nuance qui existe entre la règle adoptée en 1889 et l'amendement contre lequel vous vous élevez. Vous insistez sur deux ordres d'idées; d'une part, vous montrez qu'il ne faut pas que le patron soit lié par les statuts; d'autre part, vous dites : Si on indique qu'il y aura 10 % et qu'il faille consacrer davantage à l'amortissement, les ouvriers vont discuter.

Les deux réponses seraient celles-ci :

Quant au premier point, il ne s'agit pas de statuts, il s'agit d'une convention par laquelle, en dehors des statuts, au-dessus des statuts si vous le voulez, une maison, librement, passe avec les ouvriers ou employés un contrat qui est un contrat de participation aux bénéfices. Par conséquent, c'est toujours en vertu d'une libre initiative du patron qu'intervient le contrat, et de ce côté vous avez ample satisfaction.

En ce qui concerne les bases, si, en fait, on demandait s'il n'est pas possible d'adopter des règles fixes, il est clair qu'avec ces règles fixes on irait même à l'encontre des intérêts des ouvriers; il est indispensable qu'un industriel amortisse et il faut qu'il reste juge, comme patron, des prélèvements nécessaires, sinon nous sortirions du contrat de la participation aux bénéfices nettement défini par le Congrès.

Dès lors, de quoi s'agit-il? Où peut être la difficulté? Puisque vous êtes résolus à adopter des règles, ne convient-il pas de les faire connaître? Puis, comme le mot « règles » peut sembler de nature à effaroucher certains chefs d'industries, y a-t-il inconvénient à dire qu'on fera connaître les bases générales de la convention elle-même?

Il ne s'agit pas de statuts, il s'agit du contrat intervenu librement entre les parties. Je vois bien l'objection que vous faites à certaines idées, mais ces idées ne sont pas celles qu'on cherche en ce moment à faire prévaloir.

M. LE PRÉSIDENT. — Il n'y a pas de contrat pour ainsi dire, il n'y a que des statuts.

UN MEMBRE. — Ou il faut repousser la troisième question complètement, ou, si nous l'adoptons, il y a lieu de l'amender dans un sens plus libéral et moins limitatif pour le patron.

M. TROMBERT. — C'est le mot « énoncer » qui effraye M. le Président.

UN MEMBRE. — S'il n'y a pas de contrat, il n'y a rien.

M. BEUDIN. — C'est un conseil que l'on donne...

M. PAUL DELOMBRE. — Et dans la mesure du possible et.., sous les réserves commandées!

M. BEUDIN. — D'adopter des règles déterminées... par qui? par lui... Alors, de quoi a-t-il peur?

M. LE PRÉSIDENT. — Nous donnons là des matériaux au patron pour faire son étude et déterminer la façon dont il fera son inventaire comme il l'entendra.

M. CHAUMELIN. — Nous ne voudrions pas qu'il restât dans votre pensée la moindre inquiétude; la vôtre est due uniquement à ce que, au lieu de croire que nous demandons des bases générales, vous pensez que nous demandons des bases précises et spécialement des indications de quantum. Ces indications de quantum sont loin de notre pensée; en proposant d'énoncer au personnel les bases générales de l'inventaire, nous voulons, comme le disait tout à l'heure très bien M. Delombre, que l'ouvrier ou l'employé ne soit pas surpris quand on lui dira qu'avant d'arriver aux bénéfices nets, on est obligé de prélever l'intérêt du capital et l'amortissement. Il peut se faire que dans quelques années l'intérêt à servir au capital ne soit plus le même qu'aujourd'hui; le patron ne s'engagera pas sur ce point, car les conditions de l'industrie peuvent varier d'année en année et faire que cet intérêt change; il sera indiqué au contraire aux participants que la fixation du quantum de cet intérêt ne peut pas avoir lieu d'une façon absolue et pour toujours.

De même pour l'amortissement. M. Delombre disait : « Il faut que l'ouvrier sache qu'à un moment donné le matériel doit être amorti. » Mais on ne lui dira pas que, chaque année, on prélèvera une somme fixe pour l'amortissement; il faut, au contraire, que, dans les conventions, on précise que cette somme ne peut pas être fixée d'avance, qu'elle est variable d'année en année. En résumé, on dira aux participants : Nous vous annonçons des règles, des bases générales, mais nous attirons votre attention sur ce fait que les détails ne peuvent pas être fixés une fois pour toutes.

En ayant fait ces deux choses, en ayant instruit, dans cette mesure, le participant des conditions dans lesquelles se fera l'inventaire, vous aurez créé dans son esprit le désir de voir comment seront appliquées ces règles, vous l'intéresserez davantage à votre entreprise, votre industrie aura une raison d'être plus prospère parce que, sans être votre associé, le participant de vos bénéfices sera cependant désireux de voir ces bénéfices s'augmenter, et parce qu'il saura qu'un simple caprice annuel du patron ne pourra pas faire varier la balance dans laquelle ces bénéfices seront pesés. Mais il faut, pour éviter toutes difficultés au patron, que dans les contrats de participation on précise que les chiffres des prélèvements ne peuvent pas être fixés d'avance, parce qu'ils devront varier chaque année suivant les nécessités de l'entreprise.

M. PAUL DELOMBRE. — Voilà une question qui est heureusement élucidée; nous sommes d'autant plus heureux qu'elle l'ait été ainsi, que M. Goffinon paraît se rallier à cette façon de voir. Dans ces conditions la résolution pourrait être ainsi rédigée :

« Dans la mesure du possible, et sous les réserves commandées dans certains cas, il conviendra, pour augmenter les garanties offertes aux bénéficiaires de la participation contractuelle, d'adopter et d'énoncer des bases générales déterminées dans chaque maison pour la confection de l'inventaire. »

(Adopté.)

M. LE PRÉSIDENT. — La parole est à M. Tuleu, pour la lecture de son rapport sur la quatrième question.

QUATRIÈME QUESTION

Il peut être juste et utile, dans la répartition des bénéfices, de créer des catégories soit d'après l'importance des fonctions des principaux employés, chefs de service ou contremaîtres, soit d'après l'ancienneté des services.

RAPPORTEUR : M. TULEU

Ancien élève de l'École polytechnique, fondeur en caractères, membre du Conseil d'administration de la Société pour l'étude pratique de la participation aux bénéfices.

Dans le système de la participation du personnel aux bénéfices, les patrons s'appliquent à donner au travail une part proportionnée autant que possible à sa valeur (salaires et appointements) et à ses risques de toute nature : chômage, accidents.

C'est une mesure de justice d'abord, et c'est un acte de bonne administration qui permet aux patrons de compter sur un concours plus effectif.

S'en tenir à cette participation, strictement ajustée à la valeur des salaires ou des appointements, ne serait ni suffisant ni juste. Est-ce que, dans l'industrie ou le commerce en général, les principaux employés, chefs de service ou contremaîtres ne reçoivent pas sous forme de primes, de gratifications, une rémunération supplémentaire en rapport avec la part plus ou moins grande qu'ils prennent soit à la création des produits, soit à leur vente? Le patron qui fait de la participation a conscience, autant que quiconque, du rôle important de ces principaux auxiliaires dans la production du bénéfice. Mais il possède, en outre, ce sentiment d'équité qui fait que la conscience n'est apaisée qu'après que chacun a reçu la récompense de son travail. Il s'appliquera donc à déterminer l'importance de tous les concours pour en faire la base de sa répartition, sans s'arrêter à la simple considération des appointements.

Ces appointements, en effet, sont établis de façon à permettre le fonctionnement du commerce ou de l'industrie par tous les temps, qu'il y ait ou qu'il n'y ait pas de bénéfice. Alors que les salaires sont, dans la marche normale des affaires, dans des rapports déterminés avec le chiffre d'affaires et avec celui des bénéfices, les appointements, eux, restent à peu près invariables. La prudence commande de les limiter à un strict minimum, de façon à assurer la continuité de l'entreprise. Il sera donc équitable d'attribuer à ces appointements une participation plus forte que celle attribuée aux salaires proprement dits, et de donner aux employés principaux une part proportionnée à leur action dans la création des bénéfices.

L'utilité d'une telle mesure est incontestable, et, de même que dans le salariat simple l'égalité des salaires ne répond pas aux *desiderata* des patrons ni des ouvriers, de même une répartition de bénéfices, basée exclusivement sur le chiffre des salaires ou appointements, ne saurait répondre aux aspirations légitimes de ceux qui ont conscience de leur rôle dans la production.

A côté du travail et de l'intelligence il y a un troisième élément qui, sous une forme moins apparente, contribue à la création du bénéfice. C'est l'assiduité au travail qui, toutes choses égales d'ailleurs, augmente la production, diminue les frais généraux et accroît le bénéfice. À ce titre l'assiduité au travail, mesurée par le temps de présence à l'atelier, mérite d'être encouragée et de recevoir une part spéciale dans la répartition des bénéfices.

Dans un autre ordre d'idées, l'ancienneté exerce une heureuse influence dans la bonne marche d'une entreprise. La présence de vieux ouvriers maintient les plus jeunes dans l'observation des règles de travail établies ; elle les incite à bien faire et leur donne plus de confiance dans l'avenir, et partant plus de cœur à la besogne.

De quelle importance n'est-il pas, pour les patrons, de se sentir entourés d'ouvriers sur lesquels ils peuvent compter pour la bonne exécution des travaux et leur achèvement en temps utile ?

Cette importance, les patrons soucieux de leurs intérêts et de leur bon renom la comprennent fort bien. Ils attachent un grand prix à mettre en évidence l'ancienneté de leur personnel, car cette ancienneté est la preuve manifeste que les engagements pris par les uns et par les autres ont été loyalement tenus.

Il sera donc juste et utile de faire aussi sa part à l'ancienneté des services.

M. LE PRÉSIDENT. — Nous devons remercier M. Tuleu de son très remarquable travail. Quelqu'un a-t-il des observations à présenter ?

M. OMER DECUGIS. — Je ferai la même observation que celle que j'ai faite tout à l'heure au point de vue des ouvriers ; je demande que M. le rapporteur ajoute les employés.

M. PAUL DELOMBRE. — Le mot « ouvriers » n'est pas dans la résolution soumise au Congrès.

M. LE PRÉSIDENT. — Il faut marier ces deux éléments-là (employés et ouvriers), je crois que nous ferions bien de toujours les indiquer.

M. PAUL DELOMBRE. — Il y a encore là un malentendu. La question, telle qu'elle est libellée, a justement pour objet de rappeler, à côté des employés, les ouvriers. La résolution a pour objet de dire que, soit les principaux employés, soit les chefs de service ou contremaîtres, jouiront de règles déterminées ; vous voyez que les ouvriers sont placés sur le même rang que les employés.

M. TULEU. — Je demande qu'à la quatrième question dont j'ai

maintenu le texte, il soit ajouté « soit d'après l'assiduité, soit d'après l'ancienneté ». Assiduité plutôt pour les ouvriers que pour les employés, mais j'estime qu'il y a une distinction à faire entre l'assiduité et l'ancienneté. Il faudrait que les patrons s'habituassent à récompenser l'assiduité de leur personnel; de cette façon un entrepreneur de travaux publics ayant un gros travail à exécuter pourra dire : Dans tant de temps il sera fait.

M. LE PRÉSIDENT. — Nous donnons généralement la prime à l'assiduité et la prime à l'ancienneté.

M. TULEU. — Je demande qu'on introduise l'ancienneté.

M. TROMBERT. — En principe, cela se fait dans différentes maisons : ce que demande M. Tuleu est donc d'autant plus juste que, dans un certain nombre de maisons, le produit de la participation se répartit sur les bases de l'ancienneté.

M. LE PRÉSIDENT. — Je pratique cela sur une grande échelle. Tous les jours on me dit ceux qui sont exacts, qui ont travaillé; à la fin du mois et à la fin de l'année je fais une récapitulation, et quand mes directeurs me proposent des récompenses pour les ouvriers ils me disent : « Pendant tant de jours ils ont été à l'heure, pendant tant de jours ils ont été en retard. » Alors je donne une prime à l'assiduité et à l'ancienneté.

M. CHAUMELIN. — Le rapporteur de la quatrième question est mon ancien camarade d'école, vous devinez donc que je prends un réel plaisir à lui dire, devant vous, que je partage entièrement son avis; mais, en dehors de cette circonstance, j'ai à vous citer l'exemple de la grande administration dans laquelle je suis employé depuis de longues années, la Compagnie de Suez, qui, depuis l'origine, applique les indications énoncées dans la quatrième question. La participation aux bénéfices, qui a donné de très grands résultats dans cette Compagnie, puisqu'à l'heure actuelle les sommes réparties s'élèvent à 15 millions, se fait, depuis l'origine, en tenant compte, non seulement de la situation de l'employé au point de vue du salaire, mais encore de l'ancienneté de ses services. On fait entrer chaque personne participant aux bénéfices dans le calcul de la participation pour un quantum qui est le produit du salaire par le temps de services, de sorte qu'un des principaux employés qui n'a qu'une année de services entre pour un quantum réduit dans la participation, et qu'un très modeste employé, qui a 25 ou 30 années de services, voit son salaire mutiplié par 25 ou 30 pour entrer dans la répartition. Par cette manière de faire, on a l'avantage de récompenser non seulement les services rendus, mais encore l'assiduité, l'ancienneté, la durée de la participation effective à l'entreprise dont vous parlait tout à l'heure si justement M. Tuleu.

A la Compagnie de Suez, nous avons constaté que ce système est apprécié non seulement par ceux qui en bénéficient, mais même par ceux qui, nouveaux dans le personnel, en subissent cependant le contre-coup puisque dans leurs premières répartitions ils ont des sommes moins élevées que celles qu'ils auraient si on ne tenait pas compte de l'ancienneté de leurs camarades. Il y a là matière à réflexion pour les nouveaux participants; ils se mettent avec plus de cœur à l'œuvre et sont heureux de lui voir réaliser des bénéfices; car, tout en étant insouciants comme peuvent l'être la plupart des jeunes hommes, ils ne songent pas sans un certain plaisir que leur temps de services augmentera d'année en année et qu'ils verront leur participation augmenter par le fait même de cette ancienneté. C'est pourquoi, à mon avis, cette quatrième question est une question importante, tant au point de vue du principe de l'organisation de la participation aux bénéfices qu'au point de vue des résultats moraux à en attendre.

M. LE PRÉSIDENT. — Nous vous remercions beaucoup de ces explications.

M. PAUL DELOMBRE. — Il serait à désirer que, toutes les fois que dans les questions en discussion, des exemples peuvent être fournis à l'appui des opinions, les membres du Congrès voulussent bien nous les apporter; l'exemple qui vient d'être cité par l'honorable délégué de la Compagnie de Suez est tout à fait probant.

En ce qui concerne le texte, le libellé est celui-ci :

« Il peut être juste et utile, dans la répartition des bénéfices, de créer des catégories, soit d'après l'importance des fonctions des principaux employés, chefs de service ou contremaîtres, soit d'après l'ancienneté des services. »

Pour tenir compte des observations échangées, on pourrait dire :

« Il peut être juste et utile, dans la répartition des bénéfices, de tenir compte soit de l'importance des fonctions des principaux employés, chefs de service ou contremaîtres, soit de l'assiduité, soit de l'ancienneté des services. »

M. LE PRÉSIDENT. — C'est une addition que nous faisons à ce qui avait été dit en 1889.

M. TULEU. — On doit tenir compte de tous ces éléments d'appréciation.

M. PAUL DELOMBRE. — Le libellé me paraît encore laisser à désirer, mais l'énumération qui y est faite n'est, évidemment, donnée qu'à titre d'exemple.

M. TROMBERT. — Il comprend tous les éléments qu'on trouve dans la pratique. Dans le partage des bénéfices entre les intéressés, le salaire sert de mesure principale, et le plus souvent la répartition a lieu sur la seule base du salaire. On prend aussi en considération l'ancienneté, l'importance des fonctions, la production individuelle. Il me semble donc qu'en introduisant le mot « assiduité » on aura prévu tous les cas qui existent dans la pratique.

M. PAUL DELOMBRE. — Je vous proposerai le texte suivant :

« Il peut être juste et utile, dans la répartition des bénéfices, de tenir compte de divers éléments spéciaux, tels que l'importance des fonctions des principaux employés, chefs de service ou contremaîtres, l'assiduité, l'ancienneté des services. »

Vous avez ainsi une énumération qui n'est pas limitative, qui tient compte de l'assiduité, et qui montre, cependant, qu'en dehors de ces éléments pour le calcul des répartitions il peut y en avoir d'autres.

UN MEMBRE. — Je ne vois pas pourquoi on énumère les employés. Pourquoi ne pas mettre « l'importance des fonctions, l'assiduité » ?

M. PAUL DELOMBRE. — Il n'y a pas d'objection à cette suppression ?... On supprimera les mots : « des principaux employés ».

La séance est levée à midi.

TROISIÈME SÉANCE

LUNDI APRÈS MIDI, 16 JUILLET

Présidence de M. GOFFINON, assisté de M. PAUL DELOMBRE et de M. HOLYOAKE.

La séance est ouverte à 2 heures et demie.

M. PAUL DELOMBRE. — J'ai l'honneur, messieurs, de vous présenter M. Holyoake, l'un des hommes qui ont le plus contribué à la participation aux bénéfices dans le monde entier et qui nous fait le grand honneur de venir aujourd'hui assister à notre travail. *(Applaudissements.* M. Holyoake, sur l'invitation du Président, prend place au bureau.)

M. LE PRÉSIDENT. — L'ordre du jour appelle la discussion des rapports sur les cinquième et sixième questions. La parole est à M. Piat.

M. PIAT donne lecture de son rapport :

CINQUIÈME ET SIXIÈME QUESTIONS

5e *Tous les modes d'emploi du produit de la participation sont légitimes, comme résultant d'une libre convention; mais il est sage, surtout au début, de consacrer à l'épargne une partie aussi forte que possible du surcroît de rémunération que la participation aux bénéfices rapporte au personnel.*

6e *La capitalisation sur livrets individuels, formant un patrimoine transmissible à la famille, est préférable aux rentes viagères.*

RAPPORTEUR POUR LES 5e ET 6e QUESTIONS : M. ALBERT PIAT

Fonderies Ateliers de construction.
Membre du Conseil d'administration de la Société pour l'étude pratique de la participation aux bénéfices.

Le rapporteur des Ve et VIe questions tient, avant tout, à rappeler qu'il a eu le grand honneur d'être chargé, par le bureau de la

« Société pour l'Étude pratique de la participation du personnel dans les bénéfices », de recueillir la souscription en vue d'élever un monument en l'honneur du fondateur de la Société, du grand homme de bien que fut Charles Robert.

Tout le bureau éprouva à cette occasion la satisfaction de lire, dans chaque lettre d'envoi à cette souscription, dont le succès a été si complet, l'expression touchante des sentiments d'admiration et de sympathie qu'il a laissés derrière lui.

Il goûtait l'âpre joie de voir que notre président avait été si bien compris par des esprits éminents, tant dans notre cher pays qu'à l'étranger, en Allemagne, aux États-Unis, en Angleterre surtout. Aussi, le trésorier ne pouvait-il prendre la parole dans ce Congrès, tout animé de l'esprit et de la pensée de Charles Robert, sans adresser au nom du bureau ses remerciements à tous ces amis connus ou inconnus.

Les questions V et VI étaient de celles dont la solution tenait le plus à cœur à M. Charles Robert. Il estimait sûrement qu'il était inutile de soigner l'arbre, de le guider dans sa croissance, de lui donner enfin les soins les plus intelligents, si les fruits, qu'on devait en récolter plus tard, devaient être abandonnés au hasard. La participation aux bénéfices se répandra en effet parmi les industriels et les négociants en raison des résultats matériels et sociaux obtenus. d'une façon certaine, dans les diverses applications qui en auront été faites. Or, cette pensée si juste de Corneille : « La façon de donner vaut mieux que ce qu'on donne », trouve, dans le cas qui nous occupe, une application parfaite, et le succès du principe de la participation dépendra bien plus de l'influence morale que l'on peut prendre à cette occasion sur son personnel, qui reconnaîtra qu'on sait lui rendre toute justice, que de la satisfaction bien éphémère qui lui serait procurée par la remise en espèces de la somme, souvent, hélas ! un peu maigre, que l'on peut lui remettre en fin d'année.

Soignons donc l'arbre dont le développement nous semble si nécessaire et préoccupons-nous aussi et surtout de ce que deviendront ses fruits.

La participation aux bénéfices, pour être efficace, a besoin d'être. non seulement consentie par le cœur, — car c'est un acte de bon patronage par excellence, et c'est également une preuve que, de même que lorsqu'il s'agit de professions libérales, le salaire ne doit pas dispenser de la reconnaissance, — mais aussi dirigée par la tête, car c'est aussi un acte de bonne administration et, à ce titre, doit être réglementée et suivie dans ses différentes phases par le patron.

C'est, en effet, la conviction absolue du rapporteur de la Ve question que le chef de maison qui se contente de prélever 10, 15 ou 20 % sur ses bénéfices en faveur de son personnel, et qui fait remettre ce boni à la paie par n'importe qui, ne fait que la moitié de son devoir.

Cette somme, plus ou moins forte, prend alors aux yeux de l'ouvrier le caractère d'une simple gratification à laquelle il ne pense guère une fois qu'elle est déboursée, et qui ne laisse en conséquence aucune trace, aucune traînée bienfaisante profitable à la paix sociale. Il l'a sans doute bien gagnée, elle doit lui procurer un supplément immédiat de bien-être et de jouissance matérielle, et il importe qu'il en sente tout de suite les effets bienfaisants. témoignages tangibles de sa part de bénéfices; — mais cette amélioration de situation doit être aussi la semence d'où doivent germer tous les bons sentiments que la lutte des intérêts égoïstes refoule ordinairement dans le cœur de l'ouvrier et que développe, au contraire, la recherche de l'entente cordiale et le désir de lui être utile dont le patron fait montre dans cette circonstance.

Ceux-là qui voudront faire porter au principe de la participation tous ses fruits ne devront donc pas se contenter de faire donner par un employé quelconque la somme qu'elle procure, comme un os que l'on donne à ronger, sans se préoccuper davantage du bénéficiaire ; ils les distribueront eux-mêmes, et cette action personnelle complètera le bienfait de la participation.

On a dit, avec raison, que l'homme était un « capital vivant » ; en agissant comme nous l'indiquons on continue cette fiction en humanisant en quelque sorte le salaire.

Cette observation faite en ce qui concerne la part « espèces » que presque tous ceux qui s'occupent de la participation aux bénéfices, ont reconnu indispensable de distribuer au personnel, la commission chargée de préparer la proposition à présenter à la discussion des membres du Congrès demande que vous veuilliez bien donner par votre vote la sanction à cette pensée « que tous les modes d'emploi du produit de la participation sont légitimes, cela va de soi (et les formes que le placement des sommes réservées à l'épargne peut prendre sont en effet multiples), mais ce qu'elle vous demande surtout, c'est de consacrer une fois de plus par votre vote, que la part, aussi grande que possible, qui ne sera pas donnée en espèces, pourra être utilement consacrée à l'épargne ; et dans le Congrès de 1889 il a été voté, d'après le rapport très lumineux fait par M. Trombert sur cette question, qu'il serait créé à cet effet un « livret individuel » constituant un patrimoine pour l'ouvrier.

Il est bon et juste de rappeler, à cette occasion, que c'est M. de Courcy qui, le premier, a attaché à la création de ce « livret » une importance significative ; car, disait-il fort bien, pour nos ouvriers il représente un véritable patrimoine et il est l'équivalent, au point de vue moral, de « la parcelle de terre que le paysan foule d'un pied de propriétaire ».

La commission vous demande donc de reconnaître « qu'il est sage, *surtout au début*, de consacrer à l'épargne « une partie aussi forte que possible », et vous trouverez sans doute qu'il est un peu anormal qu'un rapporteur propose lui-même un amendement au projet de sa commission dans un sens qui peut le faire paraître plus royaliste que le roi ! Il ne peut cependant s'empêcher de trouver qu'elle a été timide dans l'énoncé de son vœu. Il demanderait donc de supprimer cette restriction et de dire « qu'il est toujours sage dès le début ». Pour un peu il vous proposerait d'aller jusqu'à dire « qu'il est indispensable », si, partisan de la liberté, il ne craignait, en employant ce terme, de paraître enfermer cette liberté dans un cadre, si large qu'il fût !

Mais est-il nécessaire de s'étendre longuement pour démontrer combien il faut saisir avidement cette occasion de rendre l'ouvrier propriétaire et, par conséquent, conservateur ?

Est-ce que ce n'est pas ce que la « Commission d'assurances et de prévoyance sociale » a voulu en votant dernièrement à une grande majorité (ce qui fait présager que la Chambre l'adoptera), en votant, dis-je, le principe du système de la capitalisation pour l'emploi des versements faits par les patrons et les ouvriers à la caisse des retraites ? Elle veut évidemment ainsi constituer une propriété individuelle aux travailleurs, en opposition au système de la répartition.

La participation aux bénéfices peut donc jouer un rôle éminemment utile dans cette constitution du patrimoine qui rend l'ouvrier forcément conservateur; et ce mérite, ajouté à tant d'autres, devrait contribuer à faire gagner à son principe une foule d'industriels ou de commerçants aux idées libérales parmi ceux, et ils sont heureusement nombreux, qui réalisent des bénéfices, et qui ont dans leurs propres mains, et en dehors de l'action déprimante de l'État, le moyen de concourir de la sorte à la satisfaction des intérêts et à l'apaisement des esprits. Quelle responsabilité ils assument en fermant les yeux, ou en négligeant de parti pris de s'en servir !

Le rapporteur de la question propose donc au Congrès de vouloir bien voter que :

5° Tous les modes d'emploi du produit de la participation sont légitimes, comme résultant d'une libre convention, mais il est *toujours sage, dès le début*, de consacrer à l'épargne une partie aussi forte que possible du surcroît de rémunération que la participation aux bénéfices rapporte au personnel.

La discussion est ouverte sur les conclusions de cette première partie du rapport.

M. CHAUMELIN. — Je voudrais également que l'on supprimât, dans les conclusions, les mots « surtout au début ». Je sais bien que, dans l'esprit des personnes qui ont rédigé la question, les mots « au début » précédés du mot « surtout » indiquaient une opinion spéciale; on voulait attirer l'attention sur cette idée qu'il est nécessaire, en commençant la participation, de faire naître la pensée de l'épargne et de l'appliquer.

Le rapporteur propose de dire qu'il « est toujours sage, dès le début » de consacrer à l'épargne une partie aussi forte que possible du surcroît de rémunération que la participation aux bénéfices rapporte au personnel; ce serait, il me semble, entrer encore plus dans sa pensée que de supprimer les mots « dès le début » et de dire, par conséquent, qu'il est toujours sage, aussi bien au début que dans la suite, de consacrer à l'épargne, etc.

M. PIAT. — « Dès le début » n'est pas restrictif; cela indique au contraire qu'il faut penser à l'épargne dès le moment où on crée le système de la participation dans sa maison.

M. LE PRÉSIDENT. — « Dès le début »; je ne trouve pas l'expression trop forte et je crois qu'elle est prévoyante. Prenons, par exemple, le canal de Suez qui a prévu la participation aux bénéfices bien avant son application, bien avant d'avoir des bénéfices à distribuer : on avait pensé à la participation dès le début, puisqu'on l'avait prévue.

M. CHAUMELIN. — Je persiste à penser que « dès le début », après qu'on a dit « il est toujours sage », est une restriction au lieu d'un élargissement. Dire au contraire simplement : « il est toujours sage », toujours, c'est-à-dire aussi bien dès le début que par la suite, cela répond mieux à la pensée du rapporteur et à la nôtre.

M. PAUL DELOMBRE. — Vous venez de donner la formule exacte ; « Mais il est toujours sage, même au début. »

M. OMER DECUGIS. — L'épargne dont on entend parler est-elle celle que doit faire le patron pour constituer la caisse?

M. PIAT. — Dans la participation aux bénéfices, il est sage, même au début, de faire deux parts et d'en réserver une pour l'épargne. C'est un excellent moyen de rendre les ouvriers propriétaires et je crois que le patron serait imprudent s'il ne s'en servait pas.

M. OMER DECUGIS. — J'avais cru comprendre qu'on imposait au personnel participant de faire son épargne lui-même.

M. LE PRÉSIDENT. — Ce serait attenter à sa liberté.

M. OMER DECUGIS. — Vous le lui conseillez : vous lui parlez de livret de famille, de rente viagère!

M. PAUL DELOMBRE. — Vous constituez la participation aux bénéfices dans une industrie ou dans un commerce. Au moment où intervient la convention, vous avez le droit, ouvriers et patrons, de stipuler comment seront réparties et appliquées les sommes provenant de la participation. Vous pouvez dire : « Les allocations qui seront faites seront versées aux ayants droit, lesquels s'en serviront comme bon leur semblera. » Vous pouvez, au contraire, aller plus loin, constituer un patrimoine aux ouvriers et employés et, d'accord avec eux, dès le premier jour, stipuler que, sur les sommes à provenir de la participation, une part déterminée sera appliquée de façon à former une réserve : ce sera l'épargne.

M. OMER DECUGIS. — Cette réserve ne leur appartiendra plus?

M. PAUL DELOMBRE. — Pardon ! elle leur appartiendra. C'est l'ouvrier ou l'employé rendu propriétaire d'un capital. La participation aux bénéfices concourt ainsi à l'une des œuvres les plus intéressantes et les plus curieuses du progrès social. Grâce à ce supplément de salaire (car nous sommes toujours dans la théorie du salaire amélioré) il se trouve que, dans les industries appliquant la participation, la masse des intéressés, les collaborateurs de l'industrie, les ouvriers ou les employés, parviennent tout naturellement à se constituer un patrimoine. L'épargne constituant un capital, c'est le patrimoine commun s'élargissant, c'est l'accession des masses plus ou moins déshéritées à la propriété individuelle; c'est, réalisée, cette œuvre de conservation sociale et de progrès incessant dont nous parlions et dont nous sommes tous partisans.

M. OMER DECUGIS. — De la somme attribuée à chaque participant à la fin d'une année, vous conseillez de faire deux parts : une qui est donnée immédiatement, en espèces, au participant; l'autre, qui est portée à un compte individuel particulier à chacun.

Que devient ce compte? Comment le gère-t-on? Cette somme, si le patron peut la garder, je n'en suis plus maître.

M. PAUL DELOMBRE. — C'est la deuxième question, qu'a été chargé de traiter le même rapporteur.

Il y a une question de principe et une question d'application. La question de principe est celle de savoir dans quelle mesure les sommes résultant de la participation aux bénéfices seront appliquées à une satisfaction fugitive immédiate, à l'amélioration transitoire du sort du salarié.

J'établis une participation aux bénéfices qui se traduit par une répartition de 80, 100, 150 francs ; au bout de l'année, je puis donner ces 80, 100 ou 150 francs. La personne qui y a droit en fera ce que bon lui semble. Est-ce bien? N'y aurait-il pas mieux à faire? Les conventions librement débattues ne pourraient-elles pas tendre à une amélioration plus importante, à des avantages plus durables?... Nous le croyons, et nous disons qu'il serait à souhaiter que l'on constituât, à l'aide de ce prélèvement sur les bénéfices industriels, un capital au bénéficiaire de la participation. Ce capital se formant, les épargnes s'accumulant, vous attirerez à vous, société capitaliste reposant sur la propriété individuelle, toute une masse nouvelle d'intéressés qui, sentant leur solidarité avec le monde patronal. vont contribuer à l'harmonie sociale par le développement de cette propriété.

Voilà pour le principe.

6

Maintenant, que fera-t-on de ce capital réservé? Comment l'individu qui aura droit à cette propriété constatera-t-il qu'il est propriétaire? Sera-ce au moyen de livrets de retraites, de livrets conçus de telle ou telle façon? Sera-ce au moyen d'achat de maisons ouvrières? C'est une seconde question; elle fait l'objet d'un autre rapport.

En ce moment, le Congrès est saisi d'une question de principe: Est-il à souhaiter que, sur cette somme qui vient s'ajouter au salaire fixe, il soit prélevé le plus possible, de façon à faire participer aux avantages de la propriété individuelle les coparticipants?

Il faut toujours que le coparticipant sente qu'il est intéressé et que la participation est un droit individuel qui lui est acquis d'une manière définitive. Seulement, au lieu de faire que ce soit en quelque sorte de la poussière d'épargne, du capital divisé sans puissance et qui ne transforme ni l'individu ni la société, il est bon que vous ayez un capital qui s'accumule et qui rende l'individu intéressé au progrès social et à la paix sociale.

Est-ce bien l'idée de M. le Rapporteur?

M. LE RAPPORTEUR. — Certainement; vous avez, comme toujours, su élargir la question en l'abordant!

M. OMER DECUGIS. — Il semble qu'il y ait un petit nuage dans la rédaction de ce vœu: « Consacrer à l'épargne », cela semble englober la participation totale qui est attribuée à la fin de l'année aux participants; tandis qu'il est bien entendu que chaque participant a sa part. Je demande qu'il soit ajouté un mot de manière à bien préciser.

M. PAUL DELOMBRE. — Voulez-vous me permettre de vous soumettre une formule?

« Tous les modes d'emploi du produit de la participation sont légitimes, comme résultant d'une libre convention; mais il est toujours sage, même au début, de consacrer à l'épargne une partie aussi forte que possible du surcroît de rémunération que la participation aux bénéfices rapporte au personnel. »

M. LE RAPPORTEUR. — La première rédaction me paraissait peut-être plus précise. Mais je ne vois pas grand inconvénient à accepter celle proposée par M. P. Delombre.

M. LE PRÉSIDENT. — Je mets aux voix le texte de la résolution ainsi amendé. *(Adopté.)*

Monsieur le Rapporteur, vous avez la parole pour la seconde partie de votre rapport.

M. PIAT, rapporteur, donne lecture de son rapport sur la sixième question.

VI. — Le développement naturel, logique, de la recherche du meilleur mode d'emploi du produit de la participation à conseiller à ceux qui pratiquent ce système dans leur établissement m'a amené par une déduction, en quelque sorte mathématique, à trouver que la participation devait être réglementée dans ses parties essentielles et que, en ce qui concernait notamment l'emploi des fonds, elle ne pouvait l'être que dans le sens de la constitution d'un patrimoine à l'ouvrier; et l'enchaînement de la Ve et de la VIe question est si logique que le rapporteur n'a qu'à se laisser aller à la pente naturelle de son raisonnement pour trouver, comme terme final, que ce patrimoine doit être transmissible à la famille, comme l'est la terre qu'il donnait déjà tout à l'heure comme exemple.

C'est, sans doute, un peu une question d'espèces, et tel célibataire endurci préférera presque toujours toute la jouissance qu'un capital déterminé peut procurer pendant la fin de ses jours! S'il pense « qu'après lui le déluge » on ne peut trop lui en vouloir; il a ainsi organisé sa vie, il est logique et ses parents éloignés ne peuvent trop s'en étonner! Dans ce cas le patron n'aura qu'à obtempérer à son désir. Mais cela sera évidemment l'exception et nous devons avoir surtout en vue l'ouvrier marié et, qui plus est, père de famille. Ah! celui-là, il serait bien imprévoyant et aurait un fonds d'égoïsme peu commun s'il désirait le placement de l'épargne, formée grâce à la prévoyance de son patron, en viager; s'il se résignait d'avance, de gaieté de cœur, pour l'amour d'une jouissance immédiate un peu plus grande, à la pensée de voir un jour s'évanouir en fumée cette ressource qu'il n'a pu se créer que grâce peut-être, justement, au concours de cette bonne ménagère qui l'a soutenu dans les mauvais jours, soigné quand il était malade, qui lui a donné des enfants qu'il aime, avec laquelle il a vécu sa vie!

Aussi ne s'y résigne-t-il pas, en réalité, et grâce aussi « à ce bon sens qui est la chose du monde la mieux partagée » ainsi que l'a si bien dit Descartes, et qui est sans doute une des lois fondamentales qui concourent à la conservation de l'humanité, on est heureux de constater, qu'alors même qu'on le laissait libre absolument de demander la capitalisation des sommes inscrites sur son livret à capital réservé ou à capital perdu, à son choix, l'ouvrier a presque toujours, — et dans certaines maisons à ma connaissance nous pouvons même dire toujours, — a préféré réserver l'avenir afin que les siens retrouvent un jour une parcelle au moins de ce travail accumulé qui a produit, à lui aussi, un petit capital! Ce sentiment de reconnaissance pour la compagne de sa vie, ou de solidarité dans les générations qui se succèdent de père en fils, est donc des plus profondément enracinés dans l'âme de tout individu : pourquoi dès lors ne pas suivre cet heureux courant, cette précieuse indication? Certes le patron, lui, y aurait peut-être un intérêt immédiat, car, plus la somme qui reviendra en espèces à son ouvrier sera forte, plus il aura, en quelque sorte, barre sur lui! Mais cette pression morale serait de mauvais aloi, et le patron pratiquant la participation a le cœur assez haut placé, il veut trop sincèrement le bien de ses collaborateurs, pour ne pas comprendre que ce bien ne pourra être véritablement complet que lorsque l'argent mis à la disposition des participants aura satisfait pleinement la loi naturelle; et nous avons montré que, chez l'ouvrier, le désir de se survivre en quelque sorte existe de la manière la plus réelle.

L'œuvre du rapporteur de la VIe proposition est donc bien simple, puisqu'il n'a qu'à demander au Congrès de vouloir bien appuyer par son vote, un mode de procéder qui a déjà généralement cours; mais ce vote n'en sera pas moins très précieux, car il affirmera, avec l'autorité qui s'attachera à toutes les décisions du Congrès, que telle est bien en effet la voie la plus sage à suivre; il guidera de plus les patrons qui seraient encore hésitants.

Nous demandons au Congrès de vouloir bien voter que :

6° La capitalisation sur livret individuel formant un patrimoine transmissible à la famille est préférable aux rentes viagères.

La discussion est ouverte.

M. GUEY. — Ce rapport est fait d'une façon lumineuse et remarquable. Il n'y a guère à changer à cette façon de voir.

M. LE PRÉSIDENT. — Alors, vous approuvez les félicitations que j'ai adressées au rapporteur?

M. PAUL DELOMBRE. — Il y aurait peut-être une observation à ajouter; vous y avez, d'ailleurs, fait allusion, monsieur le Rapporteur : c'est que l'instinct populaire, en France au moins, porte la famille ouvrière à préférer la constitution d'assurances à capital réservé à celle d'assurances qui impliqueraient une aliénation de ce capital. Il y a là un phénomène qui est à l'honneur de notre pays. Quelquefois on s'imagine que l'individualisme nous a réduits à une sorte de poussière et que le sentiment familial s'est affaibli. Ce n'est pas exact. Récemment, on a eu encore un remarquable exemple du contraire. Il s'était posé, pour un réseau d'État, une question intéressante. Il s'agissait de savoir comment les retraites, pour les agents, seraient constituées. On proposait la constitution de retraites à capital aliéné, et, à l'appui de cette proposition, on invoquait une bien séduisante raison : des pensions à capital aliéné coûtent moins cher; pour ceux qui doivent en avoir la jouissance, le bénéfice paraît devoir être supérieur. Or, on s'est heurté à une grande résistance de la part des agents; tous ces braves gens qui, à défaut d'études d'économie politique, puisent le savoir dans le cœur et dans le sentiment de la famille, cette force essentielle de toute société bien organisée, ont compris que l'abandon du capital serait un recul et ils ont demandé, dussent les pensions donner moins, que le capital fût réservé à la famille. De sorte que, lorsque notre rapporteur conclut dans ce sens, non seulement il conclut comme la science le prescrit, elle qui montre la civilisation associée à la formation et à l'essor des capitaux, mais il répond au vœu qui se dégage du sûr instinct de notre démocratie, c'est-à-dire de l'attachement profond à la famille française. Je crois qu'il en est de même dans les autres pays. Je suis persuadé que, dans notre temps de civilisation croissante, la famille est, en vérité, de plus en plus, la cellule sociale et que toutes les fois que, par la participation aux bénéfices notamment, on réussira à fortifier cette cellule, on aura fait œuvre de progrès, de justice et de paix sociale.

Je joins mes remerciements à ceux de M. le Président pour ce rapport, dont la clarté, la précision et le sens du progrès social nous ont si vivement frappés.

M. LE PRÉSIDENT. — Je vous demande la permission de dire également quelques mots sur cette question de prévoyance.

Dans mon premier établissement, qui appartient à l'industrie du bâtiment, je donnais la moitié en espèces et l'autre moitié était versée à l'épargne. J'étais convaincu, alors, qu'il fallait absolument que l'ouvrier se sentît quelque chose dans les doigts pour croire à ce qu'on lui promettait. Depuis, j'ai fait deux nouvelles organisations : l'une dans une usine à gaz, l'autre dans une exploitation agricole.

Dans l'agriculture, j'ai tout mis à l'épargne, et la totalité de ce que j'attribue se transforme en des titres de rente sur l'État. Le paysan n'aime qu'à avoir de la terre. Il a beau savoir que, quand il a besoin d'argent, cela lui coûte cher, il met tous ses deniers dans la terre. J'ai donc pensé lui rendre service en lui donnant sa part sous la forme de titres de rente sur l'État. A-t-il besoin d'argent? Il va à Bordeaux, à la succursale de la Banque de France, et on lui prête 80 °/₀ de la valeur du titre de rente.

Les ouvriers n'y croyaient pas : « Êtes-vous sûr qu'on nous donnera 80 °/₀ de ce bout de papier? — Vous n'avez qu'à aller voir... » Ils y ont été. On leur a prêté 80 °/₀. La Banque, nantie du titre de rente, leur ouvre un compte de prêts sur titres. Cela a apporté une amélioration considérable à la situation de ces gens-là. Quand ils ont besoin d'argent, ils ne vont plus chez le notaire, ils vont à la Banque de France.

M. LE RAPPORTEUR. — Une fois qu'ils ont emprunté, rendent-ils?

M. LE PRÉSIDENT. — Parfaitement.

M. LE RAPPORTEUR. — C'est bien méritoire.

M. LE PRÉSIDENT. — Ils peuvent rendre par fraction de dix ou de vingt francs. Il faut dire qu'on ne peut faire ces emprunts sans m'en donner avis. A la prochaine répartition de bénéfices, il faut qu'on me dise ce qu'on a fait du titre de rente. Je n'ai pas besoin de faire de pression; ils sont économes et quand ils ont été obligés de faire un emprunt sur leur titre de rente ils remboursent parfaitement.

Dans l'industrie du gaz je mets également tout à l'épargne et personne ne se plaint.

Il est donc facile aux patrons qui voudront organiser leurs maisons avec la participation aux bénéfices, de demander que tout soit mis à l'épargne; pourvu que ce soit fait au début.

M. LE RAPPORTEUR. — Cela dépend de la population; cela a chance de réussir avec les paysans; cela n'aurait pas le même résultat favorable avec les populations ouvrières!

M. LE PRÉSIDENT. — La maison T... qui s'est organisée sur le modèle de ma maison est arrivée à mettre tout à la Caisse de retraites.

M. TROMBERT. — A la maison Chaix on donnait aux ouvriers, au début, en espèces, un tiers du produit de la participation; les deux autres tiers se capitalisaient sur comptes individuels. Mais on a reconnu qu'en raison du grand nombre de participants, on n'arriverait pas à constituer à l'ouvrier, à cinquante-cinq ans, un pécule suffisant pour vivre. En 1895 une modification importante a été apportée à ces dispositions, avec l'assentiment presque unanime des participants; elle consiste à employer désormais le fonds de la participation à la constitution de rentes viagères. Depuis lors, on verse donc à la Caisse des retraites, sur livrets individuels, à capital réservé, la totalité des parts. On était parti avec la pensée qu'il était nécessaire de donner un tiers en espèces pour faire toucher du doigt aux ouvriers les avantages de la participation; puis, l'éducation de l'ouvrier étant faite, on a pu mettre tout à l'épargne.

M. BEUDIN. — D'accord avec les bénéficiaires!... Il était important de le dire.

M. LE PRÉSIDENT. — La maison Chaix n'est pas la seule qui, après avoir donné un tiers, ne donne plus rien en espèces, d'accord avec ses ouvriers.

Quand nous faisons une fondation nouvelle et que je suis appelé à y concourir, je demande qu'on mette tout à l'épargne, il n'y a jamais d'opposition.

M. OMER DECUGIS. — Quelle somme revient à l'ouvrier?

M. LE PRÉSIDENT. — C'est très variable.

M. OMER DECUGIS. — Y a-t-il des cas de livrets individuels qui arrivent à 1.000 ou 1.500 francs?

M. TROMBERT. — A la Compagnie d'Assurances générales, il y a des participants qui se retirent avec 20.000, 30.000, 50.000, 70.000 francs. Un garçon de bureau s'est retiré avec 17.000 francs à son livret... Les beaux résultats donnés par la participation aux bénéfices à la Compagnie d'Assurances générales sont, il est vrai, des exceptions.

M. OMER DECUGIS. — Ils ne peuvent pas y toucher?

M. LE PRÉSIDENT. — Non, pas avant vingt-cinq ans de service ou soixante-cinq ans d'âge.

M. OMER DECUGIS. — Qui gère les livrets?

M. TROMBERT. — C'est la Compagnie elle-même qui capitalise.

M. LE PRÉSIDENT. — Il vaut mieux mettre à la Caisse des retraites. Il y a toujours des éventualités à craindre, quelle que soit la solidité de la maison.

En 1862, quand j'ai organisé la participation aux bénéfices chez moi, je donnais tout parce que je ne savais trop comment faire, je n'avais pas d'exemple. Or, ce sont ceux auxquels j'avais donné le plus d'argent, de 1862 à 1870, qui sont venus les premiers, pendant le siège, me demander des subsides. Je leur ai dit :

— A quoi bon? Je vous ai donné tant pendant sept ans; comment se fait-il que vous n'ayez plus rien?

— Nous avons eu ceci et cela à acheter...

Il est donc sage d'être plus prévoyant que les ouvriers ne le sont en général. Aussi, en 1872, j'ai mis la moitié à l'épargne.

M. OMER DECUGIS. — Et s'ils ont une famille nombreuse, s'ils ont des besoins d'argent? Les voilà qui ont 1.000 ou 2.000 francs de côté, et ils ne peuvent pas y toucher. C'est bien dur de priver ses employés pendant trois ou quatre ans d'argent qui est à eux et dont ils ont besoin.

N'y a-t-il pas quelque chose d'excessif à les forcer à mettre tout à l'épargne?

M. LE PRÉSIDENT. — Quand nous avons mis la moitié à l'épargne, nous avons constitué un comité consultatif composé en majorité des ouvriers les plus anciens. Un participant demande-t-il à prélever une fraction du montant de son livret, nous soumettons la question au comité consultatif, nous lui disons : « Voilà un de vos camarades malheureux qui, pour des causes indépendantes de sa volonté, demande à emprunter une partie de son épargne. Décidez s'il faut lui donner cette partie à titre de prêt. »

UN DÉLÉGUÉ. — Sans intérêt?

M. LE PRÉSIDENT. — Sans intérêt, bien entendu.

C'est très sage. Il faut que l'ouvrier vienne donner de bien bonnes raisons pour que les membres du comité l'autorisent à prendre une part sur ce qu'il a mis à l'épargne. Il n'y a pas de gens plus sévères pour les ouvriers que les ouvriers eux-mêmes.

M. OMER DECUGIS. — J'entends bien que pour les ouvriers c'est très sage, mais, pour les employés!

Dans la Compagnie d'assurance dont vous parliez, y a-t-il eu des cas où un employé se soit trouvé gêné? Que s'est-il passé dans ce cas-là? Je voudrais le savoir pour répondre à mon personnel s'il me posait la question.

M. LE RAPPORTEUR. — Vous pourriez trouver ces renseignements dans le livre de M. Trombert.

M. LE PRÉSIDENT. — Je crois que ce n'est pas inscrit au règlement de la Société.

M. TRÉLAT. — La participation aux bénéfices est un bienfait; ce bienfait a mille avantages qui vous frappent, mais il ne les a pas tous.

M. OMER DECUGIS. — Ce n'est pas la question.

M. TRÉLAT. — Vous demandez pourquoi la participation aux bénéfices ne donne pas droit au bénéficiaire de reprendre son épargne. La participation aux bénéfices n'a pas cet avantage, ais elle a tous les autres. Vous lui en demandez plus qu'elle ne peut en donner.

M. OMER DECUGIS. — Je crois que poser en principe que la participation doit être épargnée complètement, serait excessif. Nous nous trouverions souvent dans des cas où l'employé serait gêné de ne pas pouvoir toucher à ces sommes et je crois que nous irions à l'encontre de ce que nous voulons faire, c'est-à-dire augmenter le bien-être de l'ouvrier. C'est joli d'avoir de l'argent pour ses vieux jours, mais il faut d'abord satisfaire aux besoins journaliers. Et bien, le salaire, augmenté de la participation aux bénéfices, me semble répondre à ces besoins urgents de la vie auxquels nous devons donner satisfaction dans la plus large mesure tout en mettant à part l'épargne.

M. TRÉLAT. — Eh bien, si l'employé n'est pas dans une Société qui a organisé la participation aux bénéfices, que fait-il? Il met de côté. L'autre aura aussi le droit de mettre de côté. Il aura donc l'application de cette bonne vertu dont vous parlez en ce moment; il aura en outre l'avantage de l'application d'une vertu réelle, la puissance d'économie qu'il trouvera en lui.

M. PAUL DELOMBRE. — Si le Congrès le permet, je vous soumettrai, Messieurs, très respectueusement, une observation.

Il me semble que nous nous éloignons de la question. Il ne s'agit pas de savoir, si, dans l'hypothèse où la participation aux bénéfices aboutirait à l'allocation d'une somme immédiatement touchée par les ayants droit, il y aurait tel ou tel avantage au profit des participants, ou si tel autre système serait préférable; il s'agit de savoir si le Congrès est d'avis que, dans le cas où une capitalisation a lieu, il est à désirer que cette capitalisation soit profitable à la famille; ou bien au contraire si, par suite d'un placement à capital aliéné, la personne qui aura fait ce placement sera détenteur d'un droit amenant un revenu supérieur mais dépouillant ses héritiers. Nous nous sommes, par conséquent, écartés de la question.

J'en ferais presque grief à mon ami Goffinon, car c'est par son exemple, si intéressant d'ailleurs, du prêt sur titre en cas de placement en rentes sur l'État, que ce débat a été amené. Il a montré là tout à la fois quelle ingéniosité et quel cœur il met au service des œuvres de participation aux bénéfices et combien sont complexes ces questions d'application. Il est clair que, lorsque le participant peut placer en rentes la somme produite par la participation et lorsque, s'adressant à la Banque de France, pour obtenir des avances et contrôler ainsi la valeur réelle de son titre, il voit, par le prêt même, que cette épargne est bien effective, il y a un bénéfice; c'est certain. Mais ce n'est pas la question. Il s'agit uniquement de savoir si nous dirons que la capitalisation sur livret individuel formant un patrimoine transmissible à la famille est préférable aux rentes viagères.

Qu'est-ce à dire? C'est que, lorsqu'il a été stipulé que l'épargne sera l'objet de la participation aux bénéfices, cette épargne devra être employée de telle sorte que la famille s'en ressente.

Vaut-il mieux, au contraire, déclarer que, abstraction faite de la famille, sans souci du lendemain, l'épargnant devrait, à partir d'un âge déterminé — cinquante ou cinquante-cinq ans — suivant les contrats qui pourront intervenir, — s'assurer, en aliénant son capital, une somme qui, évidemment, sera supérieure puisqu'il n'y a pas, dans ce cas, transmission à la famille? Voilà la question.

Tout à l'heure, le Congrès va avoir à examiner si d'autres emplois qu'une constitution de rentes ne peuvent pas être faits, et l'ordre du jour porte les septième, neuvième et dixième questions : dans les établissements où la répartition entre tous ne donnerait à chacun qu'une faible somme et où le personnel est stable, la participation collective affectée à des services de mutualité, de secours, d'instruction ou à des avances pour maisons ouvrières, est elle préférable, en principe, à la participation individuelle ? Et encore, le produit de la participation peut-il être très utilement employé à stimuler l'épargne individuelle, ou à faire des avances aux ouvriers pour leur faciliter l'acquisition, par annuités, d'une maison ? Je pourrais multiplier les exemples... Toutes ces questions sont réservées.

En ce moment, le Congrès est saisi exclusivement de cette question : une épargne étant reconnue utile et cette épargne devant donner lieu à une retraite, la pension de retraite doit-elle être constituée de telle sorte que l'ayant droit seul en bénéficie ? Au contraire, n'est-il pas préférable que la famille y participe ? Un des bénéfices moraux et matériels de la participation aux bénéfices ne doit-il pas être la consolidation de la famille ? Ne devons-nous pas ainsi répondre au vœu même des intéressés qui désirent, contrairement à ce que pensent beaucoup de personnes, le placement à capital réservé et non le placement à capital aliéné ?

M. LAROCHE-JOUBERT. — Je n'essaierai pas de redire après M. Delombre ce qu'il vient de si bien dire. Je voulais rappeler le Congrès à la position de la question ; il vient de le faire. Je voulais dire qu'il n'apparaît pas que nous devions fermer absolument la porte à l'épargne transmissible, que nous devions au contraire favoriser dans la mesure du possible la formation de cette épargne, soit sous forme de capital réservé dans une Compagnie d'assurance, soit sous forme de capitalisation dans une caisse, soit encore sous forme d'acquisition de parts de la Société elle-même.

Si vous émettez un vote contraire à la résolution proposée, vous faites tomber *ipso facto* toutes les autres questions qui viennent ensuite.

Je voulais simplement souligner d'un mot et appuyer les observations de M. Delombre.

M. PAUL DELOMBRE. — Je remercie M. Laroche-Joubert de son concours qui est toujours inestimable.

M. LE PRÉSIDENT. — Je mets aux voix la rédaction qui vous est proposée :

« La capitalisation sur livret individuel formant un patrimoine transmissible à la famille est préférable aux rentes viagères. »

(Adopté a l'unanimité.)

M. PAUL DELOMBRE. — Nous remercions de nouveau M. Piat de son éloquent et généreux rapport.

M. LE PRÉSIDENT. — La parole est au rapporteur de la septième question.

SEPTIÈME QUESTION

Si le produit de la participation doit être consacré à une assurance Vie, l'assurance mixte est préférable à toute autre.

RAPPORTEUR : M. le Cte CH. DE MONTFERRAND

Directeur de la Compagnie d'assurances l'*Union* (vie).

Nous avons à examiner, en ce qui nous concerne, le cas fort général où il semblerait utile, dans l'intérêt bien compris de l'employé, de consacrer tout ou partie du montant de ses participations aux bénéfices, à constituer sur sa tête une assurance payable après décès.

La question est d'autant plus intéressante que l'employé est, la la plupart du temps, chargé de famille et que, faute d'une assurance, sa mort prématurée peut plonger les siens dans la détresse. Abstraction faite de la considération de la famille, lui-même, au moment où il devient incapable de gagner sa vie, a besoin de ressources pour subsister.

Le type d'assurance à choisir découlera de ce double caractère, et, pour ainsi dire, de cette double face du risque à couvrir.

Nous admettons tout d'abord que l'employé se verra forcé de cesser le versement de ses primes à l'âge même où il cessera de travailler, c'est-à-dire entre 55 et 60 ans, ce qui nous conduit à rejeter toutes les catégories d'assurances exigeant des paiements à une époque subséquente.

De plus, la famille subissant, du fait de la disparition de son chef, un dommage d'autant plus considérable que l'éducation des enfants est moins avancée, il semblerait utile d'assurer dès l'origine un capital aussi élevé que possible, avec décroissance plus ou moins régulière à mesure que l'employé avancerait en âge.

L'on serait ainsi amené à contracter des assurances temporaires décroissantes.

Nous rejetterons toutefois ce type d'assurance ; il est trop compliqué et rentre plutôt dans le domaine de la théorie ; le mieux pour l'employé est de superposer assurance temporaire et assurance de capitaux différés, sous forme de contrat mixte.

Dans cette catégorie de polices, le capital est payable soit au décès de l'assuré, si ce décès survient avant le terme du contrat, soit au terme du contrat, si l'assuré survit. Pour fixer les idées, nous supposerons qu'un employé âgé de vingt-cinq ans souscrive un contrat d'une durée de trente années, capital assuré 5.000 francs.

Si son décès vient à se produire avant cinquante-cinq ans, la famille entrera immédiatement en possession de la somme assurée; par contre, l'employé, supposé vivant au moment de l'échéance, touchera lui-même le capital et en fera tel emploi qu'il paraîtra convenable de fixer. Cette combinaison est, de l'avis de tous les gens compétents, supérieure à l'assurance Vie entière à primes temporaires, qui a été parfois proposée. Elle réunit les avantages de constituer, tant en cas de vie que de décès, un capital aux intéressés et de prendre fin aux environs de l'âge de soixante ans.

A ce moment, en effet, l'employé, étant le plus souvent dans l'obligation de prendre sa retraite et la famille pouvant être présumée élevée, la disparition de son chef ne constitue plus une perte dans le sens économique du mot.

D'autre part, au point de vue personnel de l'employé, c'est alors qu'il lui est souvent nécessaire de faire usage des ressources qu'il a pu accumuler pour assurer la sécurité de ses dernières années ; c'est alors que l'appoint d'un capital relativement élevé sera particulièrement opportun pour lui permettre d'équilibrer son budget.

Nous conclurons donc en disant que, dans la presque totalité des cas, les participations destinées à une assurance doivent être remployées en contrats mixtes, à une échéance ne dépassant pas l'âge de 60 ans.

M. PAUL DELOMBRE. — Vous voyez, messieurs, l'ordre des questions.

Nous sommes arrivés maintenant à serrer de près la question de l'option à faire entre les divers modes de placement de l'épargne si précieusement constituée.

Dans le cas où on estimerait qu'il y a lieu de recourir à une assurance-vie, quelle est la préférence du Congrès ? Le rapporteur propose de dire que l'assurance mixte est préférable.

M. BEUDIN. — Je demande un éclaircissement sur la dernière phrase. Je ne suis pas très ferré sur les questions d'assurance, c'est peut-être pour cela que je n'ai pas bien compris. Si M. le comte de Montferrand avait été là, il aurait peut-être pu expliquer cette phrase. Mais vous êtes des savants, vous devez pouvoir dire ce que signifie « une échéance ne dépassant pas l'âge de soixante ans ».

M. PAUL DELOMBRE. — C'est une indication concernant l'âge moyen à partir duquel on cesse de travailler.

M. BEUDIN. — A partir de soixante ans n'aura-t-il plus aucun droit?

M. PAUL DELOMBRE. — Au contraire, il touche.

M. BEUDIN. — Nous comprenons tous, excepté moi. Il y en aura probablement au dehors qui ne comprendront pas non plus. Eh bien, je désire que tout le monde comprenne et je demande que l'on veuille bien expliquer ce qui est obscur.

M. PAUL DELOMBRE. — Si le rapporteur était là, il s'insurgerait contre la modestie excessive de notre collègue. Voici ce dont il s'agit :

Nous sommes en train d'étudier les diverses utilisations de l'épargne constituée à l'aide de la participation aux bénéfices. On peut s'en servir pour contracter des assurances. Le Congrès a décidé tout à l'heure que, autant que possible, il faudrait que cette épargne, au lieu de profiter exclusivement à l'individu qui l'a acquise, bénéficiât aussi à sa famille. Eh bien, ne serait-il pas possible, néanmoins, tout en sauvegardant les intérêts de la famille, de préparer une ressource à celui en faveur de qui la participation a été constituée? L'épargne créée par la participation ne pourrait-elle pas être utilisée de telle sorte que, grâce à un système spécial d'assurance, le bénéficiaire de a participation fût certain de toucher, à partir d'une époque déterminée, un capital formé par la capitalisation de ses versements ? Et, s'il venait à mourir avant cette époque, sa famille ne serait, cependant, pas dépouillée. Tel est le problème.

C'est alors qu'apparaît l'assurance mixte.

Nous imaginons que le bénéficiaire de la participation se présente devant une Compagnie d'assurance. Il s'est dit qu'il peut disparaître d'un jour à l'autre, et il veut que, s'il vient à mourir dans tel délai, un capital soit versé à sa famille. Mais il a réfléchi que, s'il vient à vivre pendant un certain nombre d'années, il pourrait être encore utile aux siens en ne tombant pas à leur charge et en pouvant jouir d'un certain capital. Alors, au lieu de contracter une assurance qui réserve uniquement le paiement des sommes provenant de la participation aux bénéfices jusqu'à l'époque de sa mort, il convient avec la Compagnie que, s'il vit à tel âge déterminé, à un âge où il lui sera impossible de travailler, à soixante ans par exemple, la Compagnie fera le compte des sommes accumulées et lui en versera à lui-même le produit.

Avec cette combinaison, voici la situation : ou bien le participant meurt jeune, et dans ce cas, la famille touche une somme déterminée ; ou bien, au contraire, il vit jusqu'à un âge que nous avons supposé être soixante ans : alors, la Compagnie lui verse, à titre de droit personnel, la représentation des sommes produites par la participation aux bénéfices.

Il s'agit de savoir maintenant si nous devons décider, comme l'a fait le Congrès de 1889, que, « si le produit de la participation doit être consacré à une assurance-vie, l'assurance mixte est préférable à toute autre ».

On peut, comme nous l'avons dit tout à l'heure, choisir entre des modes de placement multiples, que l'ingéniosité de l'esprit humain augmentera encore ; mais, si l'on s'arrête à l'assurance-vie, le Congrès est invité à déclarer que l'assurance mixte est préférable à tout autre mode d'assurance-vie.

M. LAROCHE-JOUBERT. — Il pourra même, lorsqu'il arrivera à l'échéance de l'assurance, s'il vit encore, ne pas toucher la totalité de la somme.

M. PAUL DELOMBRE. — Bien entendu : Quand on a un droit contre une Compagnie d'assurance, il y a des combinaisons à l'infini pour l'utiliser et le transformer. C'est le propre du contrat d'assurance d'avoir une extrême souplesse.

M. LAROCHE JOUBERT. — Tout à l'heure nous avons écarté avec raison les modes d'emploi de la participation qui ne seraient pas transmissibles à la famille. C'est pour cela que j'insiste sur ce point que l'assurance mixte permet à l'âge de soixante ans de mettre l'assuré à l'abri du besoin et d'éviter qu'il tombe à la charge de ses héritiers; elle permet, en outre, de laisser une partie de son capital que ses héritiers retrouveront quand sa vie prendra fin.

M. BOISSIÈRE. — Les Compagnies d'assurance accepteront-elles de faire des contrats mixtes avec des versements annuels variables? En effet, les produits de la participation sont variables puisqu'ils représentent des bénéfices variables eux-mêmes. Les versements devront donc être calculés ou bien sur les années malheureuses, dans ce cas, une certaine portion du produit des années heureuses n'ira pas à l'épargne; ou bien sur le produit des années heureuses, et dans ce cas, il faudra dans les années malheureuses parfaire la somme. Il y a là une question à examiner, si vous voulez obtenir un capital déterminé.

M. PAUL DELOMBRE. — Cette observation trahit un scrupule légitime. Il est naturel qu'on se demande si, en pratique, on pourra arriver à des contrats tenant compte de notre désir. En fait, rien de plus simple. Le principe de l'assurance est de tenir compte des versements effectués. La capitalisation ne fonctionne qu'en raison des sommes apportées, comme à la caisse des retraites pour la vieillesse d'ailleurs. Les droits créés le sont en vertu des accumulations de fonds et ils le sont en raison des versements effectués. Ainsi, avec la participation aux bénéfices, l'assurance n'aura pas, sans doute, consisté dans un engagement de versement d'une somme fixe aboutissant à la fixation par avance d'un capital déterminé. On se sera assuré dans des conditions telles que, suivant les sommes qui auront pu être versées, telles ou telles valeurs seront produites, soit au profit du participant, soit au profit de sa famille.

M. LE PRÉSIDENT. — Je mets aux voix cette rédaction qui est d'ailleurs celle que le Congrès de 1889 avait adoptée:

« Si le produit de la participation doit être consacré à une assurance-vie, l'assurance mixte est préférable à toute autre. »

(Adopté à l'unanimité.)

M. LE PRÉSIDENT. — Nous passons à la lecture du rapport sur la huitième question.

HUITIÈME QUESTION

Les retraites et rentes viagères constituées doivent toutes se rapporter à des tarifs établis d'après des tables de mortalité.

RAPPORTEUR : M. LE COMTE CH. DE MONTFERRAND

Directeur de la Compagnie d'assurances l'Union (Vie).

Il semblerait *a priori* tout à fait superflu d'insister sur une vérité aussi élémentaire et qui a toutes les apparences d'un axiome : à savoir que les Sociétés patronales de retraite doivent se conformer à des règles analogues à celles qui sont suivies par les Compagnies d'assurance et que le service des pensions doit être établi sur des bases scientifiques, au même titre que celui des rentes viagères.

Cependant cette vérité a été tellement méconnue dans le passé, qu'il n'est pas déraisonnable de craindre qu'elle ne le soit encore dans l'avenir ; il n'est donc pas inutile de prémunir contre un pareil danger le nombre toujours croissant des Sociétés et des patrons désireux d'assurer l'avenir de leurs anciens employés.

Toute Caisse de retraite qui se forme et qui promet de servir des rentes viagères immédiates ou différées, doit, avant tout, se préoccuper d'évaluer la valeur exacte de ses engagements pour y proportionner ses ressources, ou du moins pour réduire l'importance desdits engagements aux ressources dont elle pourra disposer.

Or, les observations de la mortalité moyenne dans des groupes aussi nombreux et bien choisis que possible, soigneusement notées dans des tables, et combinées avec le jeu d'une capitalisation rationnelle, permettent seules d'arriver à ce résultat. Ce n'est qu'à l'aide de ces tables qu'il sera possible de prévoir, avec quelque exactitude et par analogie, le nombre des décès qui se produiront annuellement dans le groupe envisagé ; par suite, de calculer le nombre des annuités qui seront éteintes et celui des annuités qui resteront exigibles à la fin de chaque exercice. De cette seule manière, on pourra fixer sûrement les sommes ou cotisations qu'il sera nécessaire de verser et de capitaliser pour faire face à ces annuités. Ce n'est qu'à cette condition, en un mot, qu'on pourra dresser un bilan vrai de la situation.

L'empirisme le plus ingénieux ne saurait suppléer ces règles et, en dehors de leur application, il tombe sous le sens qu'il ne saurait y avoir qu'arbitraire et incertitude, déceptions et mécomptes, intérêts lésés et finalement discrédit jeté sur toute une catégorie d'institutions des plus recommandables, pourtant, au point de vue social et philanthropique.

Si, dès l'origine, on eût été pénétré de cette vérité, combien de fâcheuses expériences eussent pu être évitées !

L'État, il faut le reconnaître, a eu une grande part de responsabilité dans cette méconnaissance trop générale des principes élémentaires. En vertu de la loi de 1853, sur les pensions civiles, n'a-t-il pas arbitrairement fixé le montant des retraites et non moins arbitrairement supposé qu'une retenue du premier mois et de 5 °/₀ sur les traitements, devait suffire pour faire face aux engagements pris.

Un tel exemple devait porter ses fruits et l'État eut bientôt plus d'un imitateur. La Banque de France, les grandes Compagnies de chemins de fer, les Compagnies minières et bon nombre d'autres Sociétés qu'il est inutile d'énumérer, établirent des retraites pour leurs employés sur des bases tout aussi peu scientifiques.

Pour tous, les résultats furent identiques ; ils sont patents aujourd'hui et se traduisent par un déficit annuel formidable. Tant il est vrai de dire que les lois de la capitalisation et de la mortalité ne se règlent point à coup de décrets ou de décisions arbitraires.

Pour ce qui est de l'État, la collectivité a bon dos, elle paye sans murmurer les lourdes fautes commises; mais l'aggravation des charges fiscales qui en résulte, constitue un poids écrasant, destructif déjà de toute élasticité dans nos budgets et qui menace de devenir intolérable à brève échéance. Que serait-ce si, dans l'examen des projets actuellement soumis au Parlement, l'on s'écartait des principes tutélaires de la science et de l'économie sociale ? On se lancerait en pleine utopie et les conséquences seraient incalculables. On irait directement contre son but et l'on déchaînerait une crise sans précédent, crise sociale autant que financière.

En ce qui concerne les grandes administrations et les Sociétés privées, certaines ont déjà été contraintes, ou le seront demain, de puiser dans leurs fonds sociaux les sommes nécessaires pour rétablir l'équilibre. Mais à côté de celles-là, suffisamment riches, combien d'autres, incapables de supporter le faix de leurs engagements, ont été forcées de les réduire ou de les modifier par voie d'arbitrage. Dans d'autres cas, bien plus rares heureusement, des liquidations désastreuses ont totalement dépouillé les employés.

Toutefois, il faut reconnaître qu'aujourd'hui la majorité des intéressés paraît être en mesure de faire face aux nécessités de la situation et qu'une amélioration prochaine ne tardera pas à se produire.

La cause des difficultés rencontrées n'est autre que celle énoncée précédemment : les Sociétés patronales pendant trop longtemps ont totalement négligé de s'assurer s'il y avait corrélation entre les promesses faites et les ressources disponibles ; aussi, lorsque l'on s'est avisé de dresser un inventaire, le déficit s'est révélé fatal et presque toujours important.

La loi de 1895, inspirée par les circonstances, a un peu amélioré la situation des employés, en stipulant que les fonds acquis aux caisses de retraites étaient privilégiés; elle ne pouvait, toutefois, avoir pour effet de rendre les sommes amassées équivalentes aux charges éventuelles.

Nous reconnaissons qu'il était impossible d'arriver législativement à une solution radicale et que vouloir forcer brusquement les Sociétés à compléter leurs fonds de retraites était une mesure aussi contestable qu'impraticable; l'État, du reste, tout le premier, aurait été forcé de donner le bon exemple.

Une période de transition était à prévoir; de telles situations ne se tranchent pas plus à coup de décrets que les lois de la mortalité, et il convient de laisser aux intéressés toute latitude pour régler la situation au mieux de leurs ressources.

Telle est du reste la solution qui, après examen, a prévalu, sur les sages conseils du regretté Charles Robert et de M. Cheysson.

Par contre, si nous repoussons toute intervention intempestive de l'État dans cet ordre d'idées, nous croyons indispensable de proclamer, encore une fois, la nécessité absolue pour tous les intéressés de dresser des bilans de leur situation et de les établir d'après les lois de la mortalité et le taux normal des placements.

Si des réformes appuyées sur des bases scientifiques s'imposent pour les institutions existantes, il est évident *à fortiori* qu'aucune Société nouvelle ne doit se fonder sans avoir procédé à des calculs rigoureux : agir autrement serait méconnaître, de parti pris et d'une façon coupable, les leçons de l'expérience.

M. BOISSIÈRE. — Je reconnais qu'il est utile de s'en rapporter à une table de mortalité ; mais il serait bon de compléter l'article en indiquant les auteurs des tables de mortalité auxquelles il serait préférable de se reporter. On ne peut pas établir une table de mortalité soi-même ; il y a pour cela des spécialistes.

M. LE PRÉSIDENT. — Ce sont des actuaires.

M. PAUL DELOMBRE. — J'ai peur d'abuser de la patience du Congrès ; mais la question me paraît d'autant plus importante que nous sommes en face de Sociétés très nombreuses qui ont installé chez elles des retraites, qui ont pris des engagements fermes, engagements auxquels croient ceux au profit desquels ils ont été contractés et qui, suivant l'expression de M. Léon Marie, n'ont amené, en créant ces prétendues Sociétés de prévoyance, que l'organisation même de l'imprévoyance.

Il est rare que, jusqu'à présent, on ait su dans quelle mesure exacte il convient de procéder à des capitalisations pour que les engagements pris puissent, mathématiquement, être tenus, et il est extrêmement délicat de venir demander à des Sociétés, si elles sont anciennes, de refaire leur bilan, — ce serait, trop souvent pour elles, la faillite, — et, si elles sont nouvelles, de se conformer aux principes : dans beaucoup de cas, elles seraient dans l'impossibilité de constituer des retraites suffisantes. C'est un motif de plus, d'ailleurs, pour que le Congrès prenne la décision qui lui est demandée, parce que, en matière sociale, tromper le prochain, consciemment ou non, tromper des travailleurs qui comptent sur la retraite, c'est préparer de telles déceptions que l'on irait, non pas à une banqueroute financière, mais à une banqueroute sociale. Il y a une foule de Sociétés qui, sans le savoir, se trouvent en état de faillite virtuelle. S'il fallait, du jour au lendemain, assurer l'équilibre entre les engagements pris et les ressources qui doivent y faire face, je ne sais quelle serait la situation de beaucoup d'associations dont j'ai le nom sur les lèvres.

Il existe une loi qui a entendu couper court aux abus constants, aux erreurs, et aux illusions. Elle est toute récente; elle est si grave qu'elle n'a pu être appliquée. On a demandé aux intéressés de présenter des calculs, et les calculs sont si effrayants que l'on recule devant une rigoureuse application de la loi : les conséquences en seraient lamentables.

Il est essentiel que le Congrès appelle l'attention du monde du travail sur la nécessité absolue, quand un engagement est pris, de mettre en face de cet engagement des ressources correspondantes.

Et je suis conduit ainsi à vous soumettre un second ordre d'idées :

Il y aurait lieu, à mon avis, de faire une adjonction au texte proposé. Il se borne à dire : « Les retraites et rentes viagères constituées doivent toutes se rapporter à des tarifs établis d'après les tables de mortalité. »

Le rapport était allé plus loin ; il avait dit : « Si nous repoussons toute intervention intempestive de l'État dans cet ordre d'idées, nous croyons indispensable de proclamer, encore une fois, la nécessité absolue pour tous les intéressés de dresser des bilans de leur situation et de les établir d'après les lois de la mortalité et le taux normal des placements. »

Il est évident que si le taux normal, et je dirai le taux réel des placements, n'intervient pas, ce que vous aurez fait sera un palliatif, mais un palliatif insuffisant. Si nous adoptons un taux arbitraire de 5 % par exemple et si le placement effectif produit 3 1/2 % vous aurez un écart de 1 1/2 % qui sera la banqueroute organisée.

Pour les Sociétés de secours mutuels, l'État a cru devoir admettre un taux à forfait; mais on a pris la précaution d'inscrire dans le budget un chapitre spécial où figurent les sommes nécessaires pour parfaire la différence entre le produit des placements et l'engagement résultant du taux forfaitaire. De sorte qu'on a à la fois l'avantage de faire ressortir, aux yeux des mutualistes, le taux exceptionnel qui leur est garanti, et en même temps ce que coûte à l'État, c'est-à-dire à la solidarité sociale, cette faveur qui leur est donnée.

Il est donc bon que le taux réel soit ajouté aux tables de mortalité. Pouvons-nous indiquer ces tables nominativement? Il semble que ce serait difficile. Les tables en ce moment sont revisées; la table de Deparcieux est reconnue inexacte. Un de nos collègues de la

Chambre, actuaire des plus éminents, M. Guieysse, reconnaît qu'il y a tout un travail de refonte à faire. La caisse d'assurance contre les accidents a eu l'occasion de s'en occuper récemment (c'est une loi qu'on me reproche d'ailleurs, mais que je ne regrette pas). Le fonctionnement de cette loi implique des calculs précis, serrés, très nets, en matière de mortalité et de morbidité, et on s'est aperçu que nous n'avions pas les calculs mathématiques qu'exigeraient des lois sociales de cette importance. On est en train d'établir ces calculs. Le Congrès ne serait donc pas suffisamment armé pour indiquer les tables auxquelles il faudrait se reporter. Mais si nous nous bornons à indiquer que des tables de mortalité doivent être prévues, il est clair que ce seront les meilleures, et si nous visons, en outre, le taux normal ou réel, nous aurons complété, d'une manière efficace, la huitième résolution.

Il est un troisième ordre d'idées que je pourrais vous soumettre si je n'abusais pas de votre attention.

J'ai été frappé, en entendant le rapport, d'un paragraphe dont je vous demande la permission de vous donner de nouveau lecture :

« Pour ce qui est de l'État, la collectivité a bon dos, elle paie sans murmurer les lourdes fautes commises; mais l'aggravation des charges fiscales qui en résulte constitue un poids écrasant, destructif déjà de toute élasticité dans nos budgets et qui menace de devenir intolérable à brève échéance. Que serait-ce si, dans l'examen des projets actuellement soumis au Parlement, l'on s'écartait des principes tutélaires de la science et de l'économie sociale? On se lancerait en pleine utopie et les conséquences seraient incalculables. On irait directement contre son but et l'on déchaînerait une crise sans précédent, crise sociale autant que financière. »

Dans un rapport précédent, j'avais lu ceci :

« Est-ce que ce n'est pas ce que la « Commission d'assurances et « de prévoyance sociale » a voulu en votant dernièrement à une grande majorité (ce qui fait présager que la Chambre l'adoptera), en votant, dis-je, le principe du système de la capitalisation pour l'emploi des versements faits par les patrons et les ouvriers à la caisse des retraites? Elle veut évidemment ainsi constituer une propriété individuelle aux travailleurs en opposition au système de la répartition. »

Eh bien ! je me permets de soumettre au Congrès ce sujet de méditation : on conçoit très bien que, pour des Sociétés privées, des associations libres ayant leur autonomie, leurs responsabilités propres, le Congrès pose des règles de nature à les éclairer sur leurs intérêts, à les préserver de périls trop certains; telles, ces règles de sagesse, de prévoyance, consistant en ce que, toutes les fois qu'une retraite sera constituée, des fonds soient mis en réserve et accumulés de manière à garantir toujours par des sommes disponibles l'engagement contracté.

Mais, j'ai eu, à un moment donné, à faire des calculs pour rechercher quelles sommes devraient être capitalisées dans l'hypothèse où le système de la capitalisation, le seul système scientifique sérieux et réel pour des Compagnies privées, serait appliqué à l'État.

Je parle de la France, mais nous sommes Congrès international et il est vraisemblable qu'à l'étranger la même question a pu surgir.

Il est facile de dire : « Il faut capitaliser, mettre en réserve, les sommes correspondantes aux droits des individus. » Voilà l'idéal. Mais chiffrons.

Étant donné le nombre des travailleurs en France et étant admis qu'on leur ferait une modeste retraite de un franc par jour (on réclame souvent beaucoup plus, mais, dans cette voie, il ne peut pas y avoir de limite, et si nous proposions 1.200 francs par exemple, des surenchères se produiraient aussi bien pour réclamer 1.500 francs, il faut s'y attendre); mettons donc 360 francs, et demandons-nous quels capitaux l'État devrait posséder dans ses caisses, au moins comme titres de propriété, s'il devait appliquer le principe de la capitalisation : nous arrivons à une somme minima, suivant les taux de placement, de 15 à 20 milliards... Je dis « suivant les taux de placement », parce que nous sommes à cet égard dans l'inconnu. Le jour où l'État voudrait acheter des propriétés, ne s'agit-il même que de rentes, au bout de peu de temps il se trouverait avoir provoqué une telle hausse des valeurs que le taux de capitalisation, qui déjà aujourd'hui oscille autour de 3 %, serait de 2 1/2, 2 et peut-être 1 3/4 %. Les capitaux possédés par l'État devraient croître proportionnellement. Comment un tel accroissement serait-il, en fait, possible?

D'autre part, au point de vue social, on peut se demander s'il est bon de rendre l'État propriétaire de capitaux aussi considérables. Comment les gérerait-il? Quelle compétence a-t-il pour une pareille administration?

Sans doute l'État ne sera devenu propriétaire que moyennant expropriations légales, par des achats de propriétés individuelles, mais, en raison de cette élimination graduelle des propriétaires, ne favoriserait-on pas, sans le savoir, l'avènement du collectivisme?

Quand on a réfléchi à ces problèmes, on est quelque peu préoccupé.

Je ne m'inscris pas en faux contre les conclusions du rapport; elles visent particulièrement les Sociétés et. avec elles. le danger ne peut être très grand; même avec les Sociétés d'assurances, dont le développement demeure en somme assez lent, on n'arrive qu'à un nombre restreint de milliards; et puis. contre les abus possibles de telle ou telle Compagnie. il y aura le contrepoids des Compagnies rivales, l'initiative privée interviendra; l'outillage incessamment renouvelé, la transformation industrielle continue, le développement progressif des épargnes, font que. sous un régime de liberté, l'énormité des capitalisations n'est guère à redouter; on a pour garantie la lutte normale, la concurrence régulière entre des entreprises privées. Mais, au contraire, le jour où nous inclinerions l'État vers l'accaparement des capitaux, il y aurait lieu d'appréhender qu'on n'allât très loin et très vite où nous ne voulons pas aller.

En tout cas, j'avais le devoir de mettre le Congrès en garde contre certaines conclusions auxquelles on céderait d'autant plus volontiers qu'elles semblent logiques; il paraît logique de dire: « Puisque telle solution est bonne pour les particuliers, Sociétés et autres, elle doit être excellente pour l'État. » Si cette logique apparente séduisait le Congrès, nous risquerions d'être conduits à des résultats dont. certainement, il ne veut pas.

C'est pourquoi je me permets de formuler des réserves expresses sur deux paragraphes qui n'auraient en soi qu'une importance relative, mais qui, étant donné l'intérêt qu'on attachera aux travaux de notre Congrès, pourraient prêter à des malentendus regrettables. Ces réserves m'ont paru indispensables. mais elle suffisent: en effet, les conclusions qui sont soumises au Congrès diffèrent de ce qui est dans le rapport. Lorsque nous visons. dans la huitième question, les retraites à constituer. nous disons : « Les retraites et rentes viagères constituées doivent se rapporter à des tarifs établis d'après des tables de mortalité. » Eh bien, il est sous-entendu dans cette rédaction que nous ne statuons pas pour l'État; nous nous adressons aux Sociétés pratiquant la participation, à tous ceux qui nous donnent leur concours, mais nous laissons de côté cette grosse question de l'État. S'il en devait être autrement, une discussion des plus intéressantes pourrait s'engager devant le Congrès. Il est clair que l'opinion inverse pourrait être soutenue. Comme personne n'a demandé la parole, j'ai cru devoir signaler ce point à votre attention.

M. DREYFUS-CRÉMIEUX. — Vous avez voté l'assurance à vingt-cinq ans pour les ouvriers et employés : vous avez dit qu'une assurance de 5.000 francs pourrait être un capital suffisant pour former une retraite. Les deux questions ne pourraient-elles pas se fusionner avec celle que vous discutez en ce moment ? Il est assez difficile dans la pratique de trouver une grande moyenne, dans une usine de 200 ouvriers, pour établir des bases générales. Le commun des mortels ne peut pas les établir et je crois que ce serait coûteux. Tandis que l'assurance telle que vous l'avez votée pourrait remplacer avantageusement la caisse des retraites dont vous venez de parler, et il pourrait se former facilement une caisse de garantie faite par les patrons, pour devenir le premier organisme général de cette assurance d'employés.

M. LE PRÉSIDENT. — Comment placerez-vous les fonds ?

M. DREYFUS-CRÉMIEUX. — De la même façon que les placent les Compagnies d'assurances en général. La Compagnie d'Assurances générales s'est créée avec un capital non versé. Jusqu'à présent, elle a toujours fait face à tous ses engagements. Il n'y aurait pas de raison pour que, prenant la même base, on n'arrivât pas au même résultat au profit de la mutualité. Cela n'exigerait pas les sommes formidables dont on aurait besoin pour répondre à l'engagement des retraites.

M. CHAUMELIN. — Permettez-moi de présenter une courte observation. Depuis que le Congrès travaille, il a formulé un certain nombre de textes, mais il n'a pas exprimé d'opinion catégorique sur le fond des questions posées Nous avons eu successivement à examiner ce qu'il y aurait de préférable à faire dans le cas où on emploierait la participation aux bénéfices sous telle ou telle forme déterminée ; mais, que je sache, le Congrès n'a pas dit, par exemple, que la participation devrait être consacrée à une assurance. Il a dit que, dans le cas où on préférerait consacrer la participation à un assurance, l'assurance mixte serait préférable; il a dit, de même, que si on voulait faire un livret, il faudrait le faire de telle façon que la famille fût intéressée. Personnellement, je n'aurais pas cru pouvoir émettre le vœu qui a été unanime sur la septième question si on avait posé cette question sous la forme suivante : « Faut-il que l'on consacre la participation aux bénéfices à une assurance ou non ? » Cette question n'a pas été discutée.

M. PAUL DELOMBRE. — Cela ne fait pas l'ombre d'un doute. J'ai pris soin de bien préciser la portée de la question.

M. CHAUMELIN. — Le Congrès n'a donc pas émis de vœu formel indiquant une préférence pour telle ou telle solution. De sorte qu'il n'est pas juste de dire : « Vous avez exprimé tout à l'heure une opinion qui paraît incompatible avec ce que vous discutez en ce moment. » Nous admettons toutes les solutions pour l'emploi des participations. Et en ce moment, la question qui se pose est simplement celle-ci : Si on se résout à employer la participation à la constitution d'une retraite ou d'une rente viagère, il est nécessaire de prendre certaines précautions, de s'appuyer sur certaines règles. Nous estimons qu'on ne doit pas jeter inconsidérément à la tête des participants un chiffre de retraite ou de rente viagère et s'exposer, comme le disait le précédent orateur, à une banqueroute virtuelle.

M. PAUL DELOMBRE. — L'engagement de retraite ne vaut réellement qu'en raison des versements effectués. Voilà le principe. Tout ce qu'on demande actuellement au Congrès c'est de dire qu'on ne s'écartera pas, pour le calcul de la valeur de cet engagement, de ce qui est la réalité effective. Lorsqu'on vient promettre à des gens qui versent 12 francs une retraite de 1.200 francs, on les trompe, inconsciemment, c'est entendu : on est de bonne foi; on s'imagine que, grâce à la mortalité, une tontine fonctionnera et qu'on pourra faire face aux engagements. On ne le pourra pas.

Que demandons-nous au Congrès? De dire que les sommes versées pour des retraites seront placées de telle sorte qu'il y ait parité mathématique entre les retraites promises et la valeur effective des versements faits.

M. GUEY. — C'est simplement un principe à voter; on ne donne pas d'exemple.

M. PAUL DELOMBRE. — C'est un conseil qui est donné à tous ceux qui constituent des retraites et qui. de bonne foi, s'imaginent qu'il n'y a pas à tenir compte du taux de capitalisation, de l'âge de ceux qui entrent dans une mutualité, de leur sexe, en un mot des conditions si diverses auxquelles on est forcé de songer sous peine de n'aboutir qu'à des promesses trompeuses. Ce que nous voulons, c'est donner à tous un avertissement utile, afin d'empêcher la faillite des Sociétés qui, d'une façon inconsidérée, prendraient ces engagements.

M. DREYFUS-CRÉMIEUX. — Ce n'est pas assez tangible ; ou alors il faudrait des professeurs d'économie politique pour leur dire que s'ils versent 50 centimes pendant tant de temps, ils auront droit à tant.

M. PAUL DELOMBRE. — Il n'est pas besoin de professeur: vous n'avez qu'à aller à la Caisse nationale des retraites, pour tout versement que vous ferez, vous verrez, inscrite dans une colonne déterminée, la somme à laquelle vous aurez droit.

M. DREYFUS-CRÉMIEUX. — C'est pour cela que j'émettais l'avis tout à l'heure qu'il y aurait intérêt à créer une Société d'assurances réellement mutuelle, puisqu'elle serait faite par les participants qui feraient pour eux ces opérations, lesquelles ne laisseraient aucun aléa.

M. CHAUMELIN. — A propos de la septième question qui avait trait à l'assurance, l'un de nous a dit tout à l'heure: « Comment pourra-t-on contracter une assurance pour un capital fixé d'avance, attendu qu'on ne sait pas quels seront les versements qu'on pourra faire? Si on pouvait garantir un versement fixe, on pourrait avoir la garantie d'un capital déterminé. » A quoi il a été sagement répondu: « Il ne s'agira pas de faire une assurance pour une somme déterminée d'avance; on tiendra compte de cette éventualité forcée de la variation de la participation. Mais les tables suivies régulièrement dans les Compagnies d'assurances, établiront les sommes qui devront être payées au participant à une époque donnée pour des versements variables chaque année. »

Où est la difficulté pour procéder de la même manière dans l'établissement des retraites et rentes viagères? On dira aux participants : « Nous ne pouvons vous dire d'avance quelle sera la retraite ou la rente viagère qui vous sera attribuée, puisque vous ferez des versements variables. Mais, faites vos versements ; il y a des tables de mortalité qui diront combien de temps vous survivriez probablement au delà d'une époque déterminée, et d'après le taux réel de placement on pourra calculer votre retraite ou votre rente; la Caisse nationale des retraites vous dira que, si vous versez aujourd'hui telle somme, le capital sera tant à l'époque où vous voudriez toucher, et vous constituera une retraite normale de tant. »

Par conséquent, aussi bien dans le cas de la retraite que dans le cas de l'assurance, la sagesse consiste à ne pas fixer une somme d'avance. Et c'est parce qu'on n'a pas tenu compte de ce principe que tant de Sociétés se trouvent actuellement dans une situation périlleuse.

M. LAROCHE-JOUBERT. — Il faudrait, pour tenir compte des observations échangées, modifier la rédaction de la huitième question, ne pas la présenter avec ce caractère absolu qu'elle a et qui semble dire aux gens qu'on va employer : « La participation sert à faire des retraites et des rentes viagères. » Il faudrait dire : « Si les produits de la participation doivent être employés à faire des retraites et des rentes viagères, etc. ». En l'établissant sous cette forme, nous lui enlèverions ce caractère absolu que vous avez légitimement combattu; nous indiquerions que ce mode d'emploi en retraites et rentes viagères doit être suivi avec une grande prudence, parce qu'il présente des dangers et nous répondrions mieux à l'esprit du Congrès.

M. PAUL DELOMBRE. — Nous pourrions peut-être dire : « Les retraites et rentes viagères constituées doivent autant que possible se rapporter, etc. »

M. LAROCHE-JOUBERT. — Si vous désirez l'introduction de ces mots « autant que possible ». je préférerais ceci :

« Si le produit de la participation aux bénéfices doit être consacré à des retraites et rentes viagères, elles doivent, autant que possible, se rapporter à des tarifs établis d'après les tables de mortalité et d'après le taux réel des placements. »

En un mot, je propose que l'on reprenne la formule excellente de la huitième question.

M. MERLIN. — Je crois que le conditionnel du commencement est suffisant et qu'il n'est pas besoin de dire « autant que possible ».

M. LAROCHE-JOUBERT. — M. Delombre vous a dit que la table de Deparcieux était tombée en désuétude. D'autre part, le taux d'intérêt varie tous les jours. Il est donc impossible de rien dire d'absolu. Nous ne sommes pas un Congrès de mutualistes, un Congrès qui vise à la constitution de retraites et rentes viagères; nous sommes un Congrès de participation qui s'occupe de l'emploi des produits de la participation. Nous devons dire : Si nous voulons employer les produits de telle ou telle façon, nous devons prendre garde aux précautions à prendre. C'est un simple avertissement que nous donnons.

M. PAUL DELOMBRE. — Le texte de M. Laroche-Joubert me donnerait satisfaction. Les mots « autant que possible » se rapportaient à l'ancien texte. Le nouveau texte me paraît écarter la constitution de retraites par l'État, sauf des cas exceptionnels. Ce n'est plus la caisse de retraites que visait dans son rapport M. le comte de Montferrand.

M. GUEY. — Cela change le texte de M. de Montferrand.

M. PAUL DELOMBRE. — Le texte de M. de Montferrand ne visait plus la participation aux bénéfices. Bien que nous soyons un Congrès de participation aux bénéfices, on eût pu croire, si ce texte avait été adopté, que nous avions posé un principe définitif, général, applicable à tous les cas de retraites et rentes viagères; et j'avais le devoir de faire des réserves en ce qui concerne l'État, parce qu'il est clair que, le jour où l'État serait devenu propriétaire de capitaux aussi considérables que ceux dont nous avons parlé, une transformation profonde de la propriété aurait été effectuée ou préparée. Si nous votons ce que demande M. Laroche-Joubert, je n'ai plus besoin des mots « autant que possible ».

M. DREYFUS-CRÉMIEUX. La participation aux bénéfices ne pourrait-elle pas s'appliquer à la constitution d'un capital à un moment donné?

M. PAUL DELOMBRE. — Il faudrait que le Congrès vît bien l'ordre de nos travaux. Nous ne prétendons nullement, en ce moment, enfermer les chefs d'industrie dans une formule; il ne s'agit pas de leur dicter un choix; mais, au fur et à mesure que se présentent à nous les diverses applications de la participation, nous essayons, suivant les leçons de l'expérience, d'indiquer les modes les meilleurs d'application. En ce moment, nous ne nous occupons que des retraites et rentes viagères; nous allons tout à l'heure trouver beaucoup d'autres placements possibles et nous les examinerons avec une égale attention.

M. CHAUMELIN. — Pour répondre à votre pensée exprimée tout à l'heure, je vous demande si vous n'adopteriez pas la rédaction suivante :

« Si le produit de la participation doit être consacré à des retraites ou à des rentes viagères, le calcul devra tenir compte des tables de mortalité les plus récentes et du taux réel du placement. »

M. PAUL DELOMBRE. — Voilà qui est logique et qui se tient!

M. LE PRÉSIDENT. — Je mets aux voix cette rédaction. *(Adopté.)*

M. LE PRÉSIDENT. — La discussion du rapport sur la neuvième question est renvoyée à demain, le rapporteur n'étant pas présent.

Je donne la parole à M. Engel, pour la lecture de son rapport.

M. ALFRED ENGEL donne lecture de son rapport sur la dixième question.

DIXIÈME QUESTION

Dans les établissements où la répartition entre tous ne donnerait à chacun qu'une faible somme, et où le personnel est stable, la participation collective affectée à des services de mutualité, de secours, d'instruction ou à des avances pour maisons ouvrières, est préférable, en principe, à la participation individuelle.

RAPPORTEUR : M. ALFRED ENGEL

Ancien manufacturier, administrateur de la Société Dollfus Mieg et Cie, vice-président de la Société industrielle de Mulhouse, membre du Comité de la classe 106 (groupe de l'Économie sociale).

Malgré la constatation des progrès faits dans ces dernières années par l'idée de la participation *directe* aux bénéfices, il paraît aujourd'hui bien certain que sa mise en pratique d'une façon plus générale a été retardée par le malaise social qu'entraînent toujours derrière elles des grèves de l'importance de celles qui ont éclaté dernièrement dans presque toutes les industries.

Dans ces moments critiques où le patron hésite à entrer dans une intimité plus grande avec son personnel, celui qui a adopté dans sa maison la participation *indirecte* nous paraît s'être assuré à lui-même, aussi bien qu'à ses ouvriers, une satisfaction que nous qualifierons de transitoire, et qui lui permettra d'attendre une série d'années de calme, plus propice à la mise en vigueur de règlements intérieurs plus larges.

La participation indirecte, comme nous la comprenons, correspond à la proportion du supplément de salaire dont, de l'avis de tous, l'emploi doit être réservé, ou tout au moins soumis à un réemploi stipulé d'avance.

Elle est d'autant plus recommandable que, dans les nombreux établissements où la répartition entre tous ne donnerait à chacun qu'une faible somme et où le personnel n'est pas très stable, la participation directe est plus difficile à mettre en pratique.

La participation indirecte présentera parfois, il est vrai, un certain aspect de charité que les idées du jour repoussent volontiers, tant parmi les ouvriers que parmi les patrons eux-mêmes, mais elle assure au moins aux intéressés les principaux avantages que leur donnerait un intérêt direct dans les bénéfices, sans qu'ils puissent dépendre de la plus ou moins bonne marche des affaires.

La difficulté de les supprimer ou même de les réduire, une fois qu'ils sont connus de tous, leur donne du reste une stabilité qui, en les assimilant au salaire, leur enlève bientôt tout caractère humiliant ; ils ont, de plus, l'avantage de ne pas être strictement réglementés, et de laisser à ses dispensateurs une latitude qui leur permet souvent d'en user plus équitablement.

Dans quelle mesure cette participation indirecte doit-elle être introduite pour rendre les services que l'on en attend ?

M. Engel-Dollfus, dans un rapport qu'il adressait il y a vingt ans au Comité d'utilité publique de la Société industrielle de Mulhouse, l'estimait à 10 % des salaires annuels, qu'il subdivisait de la manière suivante :

	%
Institutions en faveur de l'enfance.	1
Logement.	1
Secours en cas de maladie	4
Femmes en couches	1/2
Assurance contre les accidents.	1/2
Pensions de retraite	3
TOTAL.	10

« Dans la pratique, disait-il, ces 10 % devaient se répartir dans des proportions à chercher, comme cela a eu lieu déjà, pour les secours en cas de maladie et les secours aux femmes en couches, entre les ouvriers et les patrons. Ils correspondent à un nombre de pour cent des bénéfices sensiblement plus élevés et doivent être prélevés et dépensés *avant* l'abandon à l'ouvrier de toute espèce de salaire supplémentaire ou de participation aux bénéfices. » Conseil prudent qui avait pour but de s'assurer, en les exécutant soi-même, que la majeure partie des sacrifices faits par le patron était bien appliquée aux services *indispensables* auxquels ils étaient destinés.

Voyons maintenant comment les choses se passent, dans la pratique, en 1899, dans un établissement qui depuis de longues années applique ces principes, et dont les salaires annuels s'élèvent à environ 2.200.000 francs.

1° Les institutions en faveur de l'enfance se composent:

D'une salle d'asile dont le budget annuel est de. Fr.	7.708 15
D'une salle et d'un jardin de récréation pour le repos légal, dont l'entretien s'élève à	4.123 75
Fr.	11.831 90
Auxquels il y a lieu d'ajouter 3 % d'intérêts sur la valeur des immeubles affectés à ces deux chapitres, soit	3.600 »
En tout. . . . . Fr.	15.431 90

ou 0,70 %.

2° Ce chapitre est très variable : les avances faites pour faciliter l'acquisition de maisons s'élèvent de 300 à 500 francs par maison, mais comme elles sont garanties par les immeubles sur lesquels elles sont faites, cette première mise n'est en réalité qu'un prêt n'occasionnant aucun sacrifice.

Dans d'autres cas, où par exemple le patron construit des maisons ouvrières pour les louer au rendement généralement admis aujourd'hui de 3 % net, contre 5 % que les placements en immeubles rapportent d'habitude, ce serait 2 % de la somme affectée à ce service qu'il faudrait indiquer, ou, pour un établissement de l'importance de celui qui nous sert de type, une somme de 29.000 francs, soit 1,31 %.

3° et 4° Ces deux chapitres doivent être réunis depuis que les caisses de malades, devenues obligatoires, comprennent le service des femmes en couches. et que les Associations qui l'avaient exclusivement à leur charge n'ont plus d'autre but que de prolonger le temps légal pendant lequel les accouchées restent chez elles, en leur complétant leur salaire.

La somme qui, de ce chef, est à la charge des patrons s'élève à.	Fr.	3.913 40
Les cotisations ouvrières se montent à.		3.913 40
Les allocations des patrons à la caisse générale des malades s'élèvent à.		34.330 60
Les cotisations des ouvriers à		38.000 »
TOTAL POUR LES DEUX CHAPITRES.	Fr.	80.157 40

ou 3,27 %.

5° L'assurance contre les accidents coûte 9.466 fr. 36 c., soit 0,43 %.

6° Les pensions de retraite pour les ouvriers, tant volontaires qu'obligatoires, représentent annuellement pour les patrons	Fr.	75.493 »
La participation obligatoire de l'ouvrier		15.568 »
TOTAL.	Fr.	91.061 »

ou 4 1/4 %.

RÉCAPITULATION

			%		
Chapitre I. . . . . . Fr.	15.431 90	soit	0,70		
— II.	29.000 »	—	1,31		
— III et IV	80.157 40	—	3,27	(dont, à la charge des ouvriers) . . .	41.913 40
— V	9.466 35	—	0,43		
— VI	91.061 »	—	4,25	(dont à la charge des ouvriers)	15.568 »
Fr.	225.116 65	soit	9,96	(dont 2,61 0/0 à la charge des ouvriers) Fr.	57.481 40

Les 10 % indiqués par la théorie se retrouvent exactement dans la pratique, et se réduisent à une dépense à la charge du patron équivalente à 7,40 % du salaire annuel total, par suite du concours du personnel à la dotation des différents services préconisés comme indispensables avant toute distribution de suppléments en espèces.

Passés par frais généraux, ces 7,40 % peuvent être considérés, sinon comme l'équivalent de ce qu'aurait produit la participation directe, du moins comme un acompte certain sur le rendement aléatoire de ce genre de participation.

La participation indirecte est donc recommandable dans bien des cas, là où elle ne paraîtra pas suffisante, elle servira au moins de disposition transitoire, d'acheminement facile vers la participation directe dont elle représente le premier échelon.

C'est à ce titre qu'elle nous a semblé mériter une place dans la discussion et l'étude des questions qui font l'objet de ce Congrès.

Nous devons ajouter que, dans l'établissement qui nous sert de type, il y a lieu de tenir compte encore d'une dépense annuelle de 18.534 fr. 15 c. destinée à l'entretien d'un vaste réfectoire, et d'une majoration des intérêts servis aux dépôts ouvriers, qui s'élève chaque année à environ 3.000 francs.

Ces deux sommes réunies représentent encore près de 1 % sur le chiffre total des salaires, mais ne sont pas à considérer comme d'un emploi indispensable.

Pour le personnel des bureaux, une caisse de prévoyance et de retraite, dont le capital s'élève actuellement à 769.035 fr. 10 c., a permis de servir, en 1899, 18.757 fr. 25 c. de pensions. Elle s'alimente par 11.900 fr. 50 c. d'allocations patronales et 14.752 fr. 75 c. de retenues aux intéressés, auxquels viennent s'ajouter les intérêts à 4 % sur le capital mis en réserve.

Nous n'en parlons que pour mémoire, notre note ne devant traiter que la question de la participation indirecte *ouvrière*,

M. LE PRÉSIDENT. — Nous remercions M. Engel d'un rapport aussi bien fait.

M. TULEU. — Je demande à M. Engel pourquoi il parle de participation indirecte.

M. ENGEL. — Parce que ce n'est pas versé en espèces... C'est un mot qui a été accepté.

M. TULEU. — Cela semble une participation qui n'est pas avouée.

Cependant, c'est une participation collective, c'est une participation qui est de 7,40 % des salaires. M. Engel ne doit pas tenir beaucoup à ce mot « indirecte ».

M. ENGEL. — On dit indirecte parce qu'elle n'est que *l'équivalent* de la participation directe. La vraie participation est une chose fixe, ce qui n'est pas le cas ici, car lorsque les bénéfices ne sont pas suffisants pour parfaire les 7,40 % dont il vient d'être question, c'est la maison qui en prend le solde à sa charge.

M. LAROCHE-JOUBERT. — Je demande d'abord de rendre un hommage éclatant et bien dû à la maison dont M. Engel nous entretient dans son rapport, pour les œuvres de patronage dont elle a fait l'application depuis tant d'années et qui ont créé, entre elle et les ouvriers qu'elle emploie, des liens qui ont résisté à toutes les épreuves et à toutes les tragédies du monde du travail. *(Applaudissements.)*

M. PAUL DELOMBRE. — M. Laroche-Joubert est bon juge en la matière et des éloges, venant de lui, doublent de prix.

M. LAROCHE-JOUBERT. — Que le rapporteur me permette de dire, cependant, que le système dont il vient de faire l'énoncé n'est pas de la participation aux bénéfices.

Si nous nous en rapportons à la première résolution votée ce matin, la participation aux bénéfices ne doit pas être confondue avec les œuvres patronales consistant en répartitions dépendant exclusivement du bon vouloir du patron, et que celui-ci effectue ou non, suivant qu'il le juge bon, ou auxquelles il procède par des imputations faites à son gré soit sur ses frais généraux, soit sur ses bénéfices. Ces libéralités peuvent être de l'excellente philanthropie, mais elles ne relèvent pas du contrat de participation aux bénéfices. Ce contrat est la promesse ferme, envers l'ouvrier ou l'employé, d'une part déterminée d'avance dans les bénéfices.

Quel doit être l'emploi de cette part? Nous nous sommes occupés de cette question, et nous nous en occuperons encore. Mais il apparaît que ce n'est pas dans les œuvres énumérées par M. Engel que pourra se faire l'emploi de cette participation. Cette dixième question semble donc s'écarter de l'objet de notre Congrès. Tout ce que vous faites, si largement, dans un esprit si généreux, est tout simplement œuvre de pur patronage. De telles initiatives, je le répète, sont méritoires, et vous avez donné un bel exemple, mais nous sommes en dehors de la participation proprement dite.

La participation aux bénéfices c'est, le Congrès l'a dit ce matin, une part déterminée en argent, à prendre sur les bénéfices, tous frais généraux payés, y compris assurance contre les accidents, secours en cas de maladie, etc., part en argent qui deviendra la propriété individuelle des ouvriers et que ceux-ci pourront employer, dans leur pleine liberté ou suivant vos conseils, ou encore conformément aux règles posées dans le contrat de participation.

Quel sera l'emploi de cette part ? Quels placements seront les meilleurs ? Nous l'avons examiné, nous l'examinerons encore, nous pouvons, si vous le voulez, l'examiner à l'occasion de la dixième question. Nous pouvons dire que, parmi les emplois à conseiller, on peut ranger, par exemple, l'achat de maisons ouvrières, la constitution de Sociétés de secours mutuels, la formation de caisses de retraites, d'assurances mixtes ; toutes ces affectations rentrent dans l'ordre logique de nos délibérations. Mais encore une fois, l'œuvre dépeinte par notre éminent rapporteur n'est pas une œuvre de participation. La participation, nous la comprenons et le Congrès l'a définie ainsi : tous les frais généraux déduits, — et rien n'empêche que, dans ces frais, vous ne fassiez entrer les charges que vous suggère votre amour du prochain, — les bénéfices doivent être partagés d'après le libre contrat intervenu entre vos ouvriers et vous.

M. ENGEL. — Le mot participation indirecte a été adopté par la Société d'études, La participation indirecte comme nous la comprenons correspond à la proportion du supplément de salaire dont, de l'avis de tous, l'emploi doit être réservé ou tout au moins soumis à un remploi stipulé d'avance. C'est simplement la disposition par le patron d'un acompte sur une plus vaste participation aux bénéfices comme vous l'entendez, vous, mais comme nous ne l'entendons pas encore, nous.

M. TROMBERT. — La maison dont il s'agit a toujours été rangée par la Société pour l'étude de la participation aux bénéfices parmi celles qui appliquent ce que nous appelons la participation collective. Le quantum est tenu secret ; il n'en est pas moins fixe. Mais on a constaté que si on versait aux nombreux ouvriers de cette maison des parts individuelles, le bien-être qui en résulterait pour le personnel serait moindre; qu'il n'y aurait pas ces belles maisons ouvrières, ces belles retraites. En raison du grand nombre des intéressés, la part individuelle ne serait pas assez forte, pour exercer une pareille efficacité. Nous avons toujours considéré comme constituant de véritables participations aux bénéfices les très beaux exemples dont nous a entretenus M. Engel — et ceux de bien d'autres maisons également très connues.

M. LAROCHE-JOUBERT. — Je suis de votre avis. La maison ne fait pas de répartition individuelle ; — elle prélève sur ses bénéfices des sommes destinées à des emplois déterminés. Mais ce n'est pas de la répartition réelle. J'en appelle à M. Engel : je suppose un exercice où il n'y ait pas de bénéfices ; le service de ces œuvres va-t-il être supprimé ?

M. ENGEL. — Non.

M. LAROCHE-JOUBERT. — Donc, ce n'est pas de la participation. Mais, je comprends que la Société de participation aux bénéfices, pour élargir le champ de son action qui est malheureusement restreint parce que nous ne sommes pas assez nombreux, ait compris ces maisons avec celles qui font la répartition.

M. ENGEL. — Personnellement, je vais déjà plus loin que la maison dont je viens de vous entretenir, car, pour ma part, je ne craindrais pas de me rapprocher de la participation véritable.

M. TULEU. — Un industriel n'est pas tenu à donner 7 % à son personnel sur ses frais généraux, pour l'assurer contre la maladie ; mais s'il ne fait pas cette allocation, son bénéfice est augmenté.

M. ENGEL. — C'est 7 % sur les salaires.

M. TULEU. — C'est entendu ; mais c'est une part de bénéfices que vous donnez suivant un quantum que vous appréciez vous-même d'après une loi déterminée ; c'est sur la réserve de vos bénéfices que vous prélevez ces 7 % ; c'est une part de bénéfices dont vous vous privez. Il semble donc bien que c'est la participation aux bénéfices avec un quantum caché. En tous cas, notre Société a toujours compris cette maison parmi celles qui font de la participation.

M. CHAUMELIN. — Je crois que nous pourrions mettre assez facilement nos deux collègues d'accord.

D'abord, il y a un mot qui a appelé l'observation de mon camarade Tuleu, c'est le mot participation *indirecte* qui a remplacé le mot participation *collective* dans le rapport. Je voudrais qu'on s'en tînt à ce dernier.

On comprend d'autre part que si, par suite du nombre considérable d'ouvriers, comparé à l'importance des bénéfices, la répartition à chacun d'eux ne donne qu'une somme minime (mettons par exemple 70 francs) alors que, grâce à l'importance de la maison et du personnel ouvrier, la somme totale à répartir est de 225.000 francs, on comprend, dis-je, qu'il soit sage de préférer, au lieu de distribuer à chacun 70 francs, conserver le total de la répartition et l'employer en bloc pour le mieux des ouvriers.

Seulement, on comprend également l'objection de M. Laroche-Joubert qui dit : « Pour que ce soit une véritable participation, il faut d'abord que le quantum de cette participation soit déterminé d'avance par les statuts. » Si ce quantum donne trop peu à chaque ouvrier, au lieu de répartir la somme, on l'emploiera collectivement ; et les statuts pourront dire, par exemple : « Tant que la distribution de la participation conduira à une répartition inférieure à 150 francs, cette répartition ne sera pas faite et le total de la participation sera employé à telle œuvre. »

M. Laroche-Joubert a raison également de s'élever contre l'appellation de participation aux bénéfices qui serait donnée à l'emploi, sous une certaine forme, de sommes prélevées sur les bénéfices mais qui seraient utilisées pour certaines dépenses plus assimilables aux frais généraux, comme par exemple certaines allocations pour chômage, pour maladie, ou pour parer à certaines éventualités, comme la situation des femmes en couches, toutes allocations qui doivent être considérées comme des secours, qu'elles soient attribuées, suivant les règles de la maison, soit sous forme de participation aux bénéfices, soit sous forme de frais généraux.

Il est bien évident que, quel que soit le nom que l'on donne à cette distribution, le capital en est prélevé sur les bénéfices. C'est donc une sorte de participation.

Mais, si nous ne voulons pas nous écarter du sens précis que vous avez défini ce matin, nous ne l'appellerons pas participation aux bénéfices, nous dirons que ce sont des institutions de prévoyance.

Nos collègues peuvent se mettre d'accord peut-être en n'indiquant pas limitativement les services dans lesquels peut être utilisée la participation collective. La formule pourrait être : « Lorsque la répartition individuelle donnerait une somme insuffisante à chaque ouvrier, n'est-il pas préférable d'employer cette participation sous forme collective dans l'intérêt des ouvriers à des services tels que la création ou le fonctionnement d'une caisse mutuelle de retraites, etc. » De cette façon, nous écarterions les difficultés spéciales à une industrie particulière, qui pourraient faire dévier la question de son point de vue général.

M. PAUL DELOMBRE. — En écoutant les très intéressantes observations qui viennent d'être échangées, j'improvisais un texte qui, peut-être, les résumerait assez bien.

« Dans les établissements où la répartition entre tous ne donnerait à chacun qu'une faible somme, et où le personnel est stable, il est à désirer que, au lieu de servir à une répartition individuelle, les fonds qui correspondraient à cette répartition soient affectés à des services de mutualité, etc... »

Ainsi le principe est réservé. Nous sommes bien, dans le cas d'une répartition de bénéfices, en face d'un emploi que, d'accord avec les ouvriers, le chef d'industrie a le droit de faire. Et, dans l'hypothèse où il n'y aurait pas eu de bénéfices et où il plairait quand même au patron de maintenir sa libéralité, nous respectons cette libéralité elle-même en lui laissant son véritable caractère.

M. CHAUMELIN. — Voulez-vous me permettre de remplacer les mots spéciaux : « ... à des services de mutualité, de secours, d'instruction, ou à des avances pour maisons ouvrières », par : « ... à des services de mutualité et des services d'intérêt commun aux participants ».

La phrase pourrait rester telle qu'elle est, sauf ce changement.

M. BOISSIÈRE. — En nous lançant dans cette voie, nous nous faisons mutualistes, nous ne faisons plus de la participation.

M. PAUL DELOMBRE. — Notre collègue a raison de craindre des confusions, et il ne faut pas de malentendus : il ne peut pas y en avoir d'ailleurs.

La mutualité implique des versements effectués à l'aide de sacrifices individuels de ceux qui sont membres de la mutualité. Au contraire, la participation aux bénéfices que nous visons en ce moment est réalisée à l'aide de sommes qu'apportent, non pas les ouvriers, mais les patrons. Les deux domaines sont par conséquent distincts, et en demandant que là où la participation aux bénéfices risquerait de s'émietter, sous forme individuelle, elle prenne la forme collective, nous n'empiétons nullement sur le terrain de la mutualité, nous restons sur notre domaine.

M. BOISSIÈRE. — La forme collective va à l'encontre de ce qu'on a dit, à savoir que chaque participant, en partant, emporte avec lui le fruit de ses économies. En faisant des économies collectives, l'épargne va à la collectivité.

M. PAUL DELOMBRE. — Votre observation est juste dans le cas où on se trouverait en face de sommes provenant de la participation aux bénéfices et suffisantes pour donner un avantage matériel et tangible aux participants. Aussi le Congrès n'est-il pas convié à exprimer le désir que, dans ce cas, on adopte la forme collective. Mais, dans le cas où les bénéfices à répartir seraient insuffisants pour que la participation fût perceptible par les intéressés, l'état de l'industrie étant cependant assez prospère pour qu'un prélèvement ait lieu, n'est-il pas à désirer que la participation soit maintenue néanmoins et qu'elle fonctionne alors au profit d'une œuvre d'intérêt commun? Voilà la question.

M. CHAUMELIN. — Notre collègue estime-t-il qu'il y a avantage à distribuer 70 francs à des ouvriers? Ne lui paraît-il pas préférable, comme à nous, d'employer 225,000 francs au profit de la collectivité?

M. BOISSIÈRE. — Si d'aucuns estiment que 70 francs est une somme insignifiante, d'autres estimeront que c'est une somme qui peut être distribuée.

M. PAUL DELOMBRE. — Ce que notre collègue montre, c'est justement combien il est difficile, en matière de participation aux bénéfices, de procéder par règles fixes : tantôt on pourra trouver que 70 francs constituent un avantage appréciable, tantôt on dira que cette somme est insignifiante. Tout dépendra de l'état de l'industrie, des salaires, des bénéfices, de la situation locale, etc. Cette constatation prouve combien nous devons nous défier des formules absolues, des règles trop impératives; nous ne pouvons procéder ici que par indications générales.

M. LAROCHE-JOUBERT. — La dixième question prévoit ce que nous ferions des bénéfices dans le cas où il se présenterait une trop faible somme pour chacun des participants. Je me suis élevé tout à l'heure contre l'erreur économique, au point de vue de la participation aux bénéfices, qui semblait résulter du rapport de M. Engel. Je crois que nous sommes tombés d'accord sur une rédaction qui me donnera satisfaction; non pas qu'elle donne satisfaction à l'idée de participation, mais parce que je considère que nous ne devons pas éloigner de notre groupement certaines maisons que nous avons l'honneur d'y posséder. Notre association a un défaut, c'est de n'être pas assez nombreuse.

Au point de vue principe, je suis d'accord avec l'honorable préopinant. La part du participant, quelle qu'elle soit, lui appartient et nous n'avons pas à savoir s'il sera plus avantageux pour lui que nous en fassions emploi à son lieu et place ou qu'il l'emploie lui-même. Nous nous adressons à l'ouvrier et nous lui disons: « La participation aux bénéfices que nous avons travaillé en commun à produire, il n'est pas juste qu'elle se borne à ceci: salaire pour le capital, salaire pour toi; tout le produit net pour le capital. Tu as droit à ta part. Discutons ensemble quelle est cette part, comment il faut équitablement l'établir... Mais, une fois que le contrat est intervenu entre le patron et l'ouvrier, cette part lui appartient individuellement, comme son salaire, quelque minime qu'elle soit; nous n'avons pas le droit d'en disposer, nous n'avons pas d'entraves à apporter dans ces circonstances à son libre arbitre; lui seul est juge de l'emploi qu'il doit en faire.

Voilà la théorie à laquelle je suis, quant à moi, profondément attaché. Mais je reconnais que, dans la pratique, il faut apporter certains tempéraments. Il faut apprendre l'épargne. La participation est l'école de l'épargne, et nous devons, par des réglementations, empêcher l'ouvrier de pouvoir disposer trop librement de ses fonds, d'en faire un emploi abusif. Alors, je comprends bien que M. Goffinon vienne demander aux bénéficiaires de la participation, quand ils veulent faire un emprunt sur leurs titres de rente, les motifs pour lesquels ils le veulent faire. De même chez moi, quand un coopérateur veut retirer la plus modeste somme au crédit de son compte, somme qui est sa propriété indiscutable, je l'envoie au chef de service qui m'envoie le bon, et je transmets la question au Conseil coopératif. Mais une fois que le Conseil coopératif a donné son avis, il reste libre, car pour moi sa liberté est au-dessus de tout. Là s'arrête ce que nous avons pu créer pour faire entrer dans son esprit cette idée d'épargne. S'il veut gaspiller ses bénéfices, il en a le droit.

Par conséquent, si ces Messieurs venaient dire que lorsque la participation ne donne que 70 francs il faut l'employer en œuvres de mutualité, j'aurais le regret de me séparer d'eux.

M. CHAUMELIN. — Nous disons qu'il y a préférence pour l'emploi collectif, mais nous ne voulons pas dire par là que celui qui voudra qu'on lui remette ces 70 francs se les verra refuser. Nous leur disons : « Nous sommes à votre disposition pour employer collectivement les sommes, mais si quelqu'un veut recevoir les 70 francs, on les lui remettra. »

M. LAROCHE-JOUBERT. — Voyez dans quelles difficultés vous allez entrer : comment ferez-vous pour dire : « Voilà un ouvrier qui aura droit à la caisse des retraites, et celui-ci n'y aura pas droit ? » Faites la caisse de secours et de retraites avec vos frais généraux, mais laissez libre l'emploi des dividendes de participation.

M. DREYFUS-CRÉMIEUX. — Vous ne discutez pas sur l'emploi des bénéfices, vous discutez sur une œuvre patronale. Il n'y a pas de vœu à émettre.

M. LAROCHE-JOUBERT. — Je vous demande pardon.

M. BEUDIN. — On a dit il y a longtemps qu'il y a des ouvriers qui sont opposés à la participation aux bénéfices, qui n'y croient pas, qui croient que c'est un leurre, un appât indigne d'eux. C'est à ceux-là que je pense en ce moment : si vous leur distribuez 25, 30 et même 50 francs au bout de l'année, ils viendront dire : « La participation aux bénéfices est une plaisanterie. On m'a demandé toutes mes forces, toute mon intelligence, un surcroît de travail, une assiduité exemplaire pour me donner... quoi ? 25 francs ! » Je connais des maisons où ce discours s'est tenu. M. Goffinon, M. Trombert et d'autres en connaissent aussi.

En théorie, vous avez raison, mais dans la pratique il n'en va pas toujours de même. En pratique, lorsque les produits de la participation sont insignifiants, il est dangereux de donner si peu à un ouvrier, parce qu'il devient un propagandiste de l'idée contraire de la participation.

Je suis donc de l'avis de M. Engel : s'il y a si peu à donner, groupez les sommes... en attendant de faire mieux.

M. LAROCHE-JOUBERT. — Si c'est un échelon, oui. Mais ce n'est pas de la participation.

M. PAUL DELOMBRE. — On a parlé de malentendu ; je crois en effet qu'il en existe un.

Toute promesse faite doit être tenue. Il est clair que, lorsqu'un engagement de participation aux bénéfices a été pris, à quelque résultat infime qu'il aboutisse, il ne peut être question de le modifier après coup. Par conséquent, quelque modique que puisse être la somme à répartir, elle est due et doit être répartie. Voilà un premier point.

Mais un patron, un industriel, veut créer chez lui la participation aux bénéfices. Il est arrêté par cette constatation que, étant donnée sa situation, les sommes qui pourraient être réparties en fin d'exercice seront insignifiantes ou qu'elles auront chance de passer pour si dérisoires, que la participation semblerait un leurre. Eh bien, n'est-il pas bon que le Congrès ne décourage pas cet industriel et qu'il lui tienne ce langage : « Même dans cette hypothèse où vous auriez très peu à répartir, ne dites pas aux ouvriers que vous ne pouvez rien faire ; au contraire, entrez dans la voie de la participation aux bénéfices ; seulement, au lieu de la prévoir aboutissant à des répartitions individuelles, qui resteraient sans efficacité, créez des œuvres collectives d'intérêt commun dont les avantages seront alors, grâce à cette accumulation des parts les plus modestes, sensibles à tous, qui seront telles que chacun participera réellement aux bénéfices. »

Pourquoi ne donnerions-nous pas ce conseil ?

C'est la seule chose qui soit demandée. Le Congrès est invité à se prononcer sur la question de savoir si, dans le cas où la répartition serait infime, où elle serait de la poussière de participation aux bénéfices, le patron n'aurait pas avantage, d'accord avec ses ouvriers, à verser dans des caisses spéciales ou pour des objets spéciaux, comme nous l'indiquions tout à l'heure, les sommes provenant de la répartition, de façon qu'il y eût réellement répartition, mais effectuée sous une forme tangible.

Vous voyez que les principes sont absolument saufs. Il ne peut être question de priver les participants d'une somme quelconque là où existe une participation aux bénéfices. L'ouvrier ne doit pas être dépouillé de cette part; elle lui appartient. Ce serait un franc, il lui serait dû. Mais si, intelligent, prévoyant, l'industriel dit, en fondant la participation : « Ce franc risquerait d'être bu aussitôt au cabaret; seul, il ne peut rien; je vais le mettre avec d'autres francs, et toutes ces parts réunies, groupées, prendront une force, une efficacité, une valeur manifeste; elles pourront servir à assurer un secours à telle femme enceinte, à tel ouvrier blessé », il y aura réellement participation, et les salariés ne pourront pas se plaindre.

Voilà dans quel esprit nous avons élaboré ce texte. C'est un conseil que nous donnons pour ceux qui, désireux de faire le bien, mais hésitant à le faire parce que ce bien aurait chance de rester imperceptible, évitent, dans ce cas, la participation aux bénéfices; ils seront amenés par notre vœu à voir que, même dans ce cas, il y à néanmoins quelque chose à faire.

M. BOISSIÈRE. — Il y aurait peut-être lieu de mettre : « Dans les établissements où le patron jugeant que la participation entre tous, etc... ».

M. PAUL DELOMBRE. — C'est sous-entendu dans toutes nos délibérations. Il ne peut y avoir participation aux bénéfices que par un contrat établi d'accord entre le patron et les ouvriers. Si cette clause est admise, c'est qu'elle aura été jugée préférable par les parties contractantes.

M. CHAUMELIN. — C'est ce que je voulais dire à M. Laroche-Joubert : rien n'empêche que, dans le contrat, il soit indiqué que, tant que la somme sera faible, on l'emploiera collectivement.

M. LAROCHE-JOUBERT. — Je désirerais qu'il fût indiqué dans le texte que cet emploi du produit de la participation, alors que la somme sera faible, ne doit pas être laissé à l'arbitraire; il faut qu'il soit prévu dans le contrat. Il ne faudrait pas déclarer purement et simplement que, lorsque la répartition donnera une faible somme, elle sera employée à des œuvres d'ordre collectif; je veux bien le dire, mais qui décidera de cet emploi?

M. LE PRÉSIDENT. — Le patron.

M. LAROCHE-JOUBERT. — Il faudrait que ce fût le contrat, et il faut que la phrase le dise.

M. PAUL DELOMBRE. — Votre préoccupation est légitime, mais permettez-moi de vous rappeler que, déjà, le Congrès à décidé que la participation est la résultante d'un contrat. Nous ne pouvons pas toujours y revenir, et on pourrait estimer qu'il est dangereux d'y revenir parce que ce serait remettre en question le principe que nous avons admis. A diverses reprises nous avons dit : « La participation aux bénéfices doit résulter uniquement, suivant les circonstances, de l'initiative du patron ou d'un vœu des ouvriers ». — « Dans la mesure du possible, et sous les réserves commandées dans certains cas. il conviendra, pour augmenter les garanties offertes aux bénéficiaires de la participation *contractuelle*, d'adopter des règles déterminées pour la confection de l'inventaire », etc. — C'est toujours cette idée de convention libre qui domine.

M. LAROCHE-JOUBERT. — Si vous estimez que le vote de ce matin implique l'idée que je voulais faire traduire, je n'ai plus qu'à m'incliner.

M. PAUL DELOMBRE. — La participation aux bénéfices est une convention libre. L'idée de convention et de contrat domine toutes les résolutions que le Congrès serait successivement amené à prendre.

Je crois que cette déclaration faite, il ne peut y avoir de doute.

M. LAROCHE-JOUBERT. — Devant cette déclaration, je n'ai plus rien à ajouter.

M. CHAUMELIN. — Le seul point qui resterait dès lors à élucider serait la définition de la somme au-dessous de laquelle la répartition serait jugée inopportune. On pourrait dire : « Dans les établissements où la répartition entre tous ne donnerait à chacun qu'une somme inférieure à un minimum déterminé, etc. »

M. PAUL DELOMBRE. — Le Congrès remarque combien il a été sage en mettant à la base de ses résolutions l'idée de convention libre. Dès l'instant que nous voudrions contrarier ou limiter le libre jeu des conventions, quelque bien inspirés que nous pussions nous croire, nous serions en dehors des lois économiques. Nous tâchons de dégager de l'expérience de chacun ce qui est le conseil prudent, la résolution opportune. Nos décisions ne sont que des conseils que chacun pourra accepter dans la mesure où il le croira pouvoir faire en raison des circonstances.

M. ENGEL. — Le seul enseignement à tirer des exemples que je vous ai cités, c'est que pour que la participation apporte à l'ouvrier un avantage *en espèces*, il faut qu'elle dépasse 7 1/2 % du salaire : jusque-là elle ne fait que combler une lacune, et le patron, agissant pour la collectivité, la comblera dans des conditions bien plus avantageuses que si chaque ouvrier agissait pour son compte.

M. PAUL DELOMBRE. — Je crois que, maintenant, la lumière est complètement faite et que nous pourrions voter sur la dixième question ainsi présentée :

« Dans les établissements où la répartition entre tous ne donnerait à chacun qu'une faible somme, et où le personnel est stable, la participation collective affectée à des services d'intérêt commun aux participants est préférable à la répartition individuelle. »

M. LE PRÉSIDENT. — Je mets aux voix cette rédaction.

(*Adopté à l'unanimité.*)

M. LAROCHE-JOUBERT. — Je vous demande, Messieurs, d'intervertir l'ordre des questions. Il me sera impossible de venir demain matin, mais j'ai l'intention de venir dans l'après-midi. Si vous pouviez réserver la question du contrôle des comptes pour l'après-midi, je serais très aise d'être là pour houspiller M. Goffinon.

M. PAUL DELOMBRE. — Le Congrès a décidé que, en principe, les questions seraient discutées dans l'ordre où elles ont été inscrites, mais que des interversions seraient toujours possibles pour faciliter la tâche et assurer toute la collaboration des rapporteurs.

M. LAROCHE-JOUBERT. — Ce n'est pas moi qui ai fait le rapport, c'est M. Goffinon. Je n'ai pas à combattre le rapport, mais c'est une question sur laquelle j'ai des idées particulières.

La séance est levée à 6 heures.

QUATRIÈME SÉANCE

MARDI MATIN 17 JUILLET

Présidence de M. LEVASSEUR, assisté de MM. ENGEL et PAUL DELOMBRE.

La séance est ouverte à 9 heures et demie.

M. MERLIN remplit les fonctions de secrétaire.

M. LE PRÉSIDENT. — Si vous le voulez bien, nous allons aborder la neuvième question. Monsieur Lalance, vous avez la parole.

M. LALANCE donne lecture de son rapport.

NEUVIÈME QUESTION

Le produit de la participation peut être très utilement employé à stimuler l'épargne individuelle, ou à faire des avances aux ouvriers pour leur faciliter l'acquisition, par annuités, d'une maison.

RAPPORTEUR : M. AUGUSTE LALANCE

Administrateur de la Société anonyme d'éclairage du secteur de la place Clichy, Membre du Conseil d'administration de la Société pour l'étude pratique de la participation aux bénéfices.

Lorsque dans une usine il y a un grand nombre d'ouvriers et peu de bénéfices, la participation personnelle peut être illusoire. Si la part de chacun n'est par exemple que de 20 francs par an, les avantages disparaissent, les résultats sont nuls. On a donc cherché à faire un meilleur emploi de ces sommes.

Il faut d'abord poser en principe que tout travailleur peut prélever une part de son salaire pour se constituer un capital.

Les Caisses d'épargne ordinaires sont compliquées, font perdre du temps pour les dépôts et les retraits. Elles paient un faible intérêt et n'acceptent que des sommes relativement élevées.

On a donc, dans certains établissements, établi des Caisses d'épargne privées sur les principes suivants :

1° Au moment de la paye, et dans le même local. chaque ouvrier peut remettre à un encaisseur la partie du salaire dont il veut bien se passer. On lui remet une quittance ;

2° On accepte toutes sommes depuis dix centimes ;

3° Tant que le dépôt ne dépasse pas 50 francs, il est servi un intérêt de 12 % l'an.

De 50 à	100 francs il est servi un intérêt de			11 % l'an.
100 à	150	—	—	10 %
150 à	200	—	—	9 %
200 à	250	—	—	8 %
250 à	300	—	—	7 %
300 à	350	—	—	6 %
350 à	400	—	—	5 %
400 à	1.000	—	—	4 %

4° Au delà de 1.000 francs on ne bonifie plus d'intérêt, mais le patron se prête à acheter au mieux les valeurs que le déposant choisit ;

5° Celui qui veut retirer tout ou partie de son dépôt, doit, le jour de la paie, prévenir l'encaisseur, qui lui remet un bulletin au moyen duquel il peut retirer l'argent au bureau huit jours après ;

6° Il n'est plus alloué d'intérêts aux ouvriers qui quittent l'établissement sans retirer leurs dépôts.

Cette organisation, très simple, a donné de très bons résultats partout où elle a été appliquée.

Dans l'épargne c'est le commencement qui est difficile. Une fois qu'on a une petite somme inscrite, on a envie de l'augmenter, et l'attrait d'un gros intérêt est un stimulant efficace.

D'autre part le sacrifice du patron diminue à mesure que le compte grossit.

Comme exemple de cette organisation, nous donnerons le tableau du mouvement d'une Caisse établie, il y a dix-neuf ans, sur ces principes, quoique avec quelques différences dans les taux, dans la maison Schaeffer, Lalance et C°, à Pfastatt (Alsace).

La participation individuelle y existe également sur une large base, mais on a trouvé avantageux d'y joindre une caisse d'épargne.

Pendant ces dix-neuf ans il a été déposé librement . Fr. 593.000
Les intérêts bonifiés montent à. 44.000
et il restait dans la Caisse au 1er janvier 1900 . . . . . . 96.000

Les 541.000 francs de retraits ont été en très grande partie employés à l'achat de maisons ou de champs.

Le sacrifice de la maison est peu de chose en présence des résultats obtenus.

Dans la participation ordinaire, une épargne de 100 francs représente un sacrifice de 100 francs fait par le patron.

Dans le système dont nous parlons, ces 100 francs de capital créé en faveur de l'ouvrier ne représentent qu'un don de 10 francs fait par le patron.

M. LE PRÉSIDENT. — La discussion est ouverte sur cette question.

M. GOFFINON. — J'approuve absolument ce qui a été dit dans le rapport. Il y a là un résultat à constater et je ne vois aucun inconvénient à le recommander.

UN MEMBRE. — Il y a 10 francs dans un système et 100 francs dans l'autre.

M. LE PRÉSIDENT. — Dans l'institution que vient de décrire M. Lalance, des ouvriers font des épargnes ; pour aider ces épargnes à se former, le patron, par l'intérêt qu'il donne, aura fait en moyenne un sacrifice de 10 francs pour amener à constituer une épargne de 100 francs dont les 9/10 proviendront de l'ouvrier.

M. PAUL DELOMBRE. — Je voudrais que M. Lalance eût l'obligeance de préciser un peu plus. Les sommes auxquelles aurait droit l'ouvrier représentent-elles une économie correspondant à sa part de participation, ou, au contraire, les sommes versées à la caisse d'épargne sont-elles indépendantes des droits de l'ouvrier à la participation aux bénéfices ? Voilà une première question qui est très nette.

La somme que la caisse d'épargne reçoit peut être fournie par des épargnes individuelles auxquelles la participation aux bénéfices n'a rien à voir, et l'on conçoit très bien que, dans un système particulier, le patron, pour stimuler l'esprit d'épargne, vienne faire un sacrifice, ce qui sera un don généreux, mais ce qui n'aura aucun rapport avec la participation. On peut concevoir, d'autre part, que les sommes auxquelles les ouvriers auraient droit à titre de participation aux bénéfices soient portées dans une caisse d'épargne, laquelle jouira d'avantages particuliers grâce à un taux de faveur.

Je serais reconnaissant à M. Lalance de vouloir bien préciser dans laquelle des deux hypothèses nous nous trouvons.

M. LALANCE. — Je suis un partisan convaincu de la participation aux bénéfices ; je la pratique depuis trente ans dans une large mesure et j'y trouve des avantages. Cependant je dois reconnaître que, pour que cette participation produise des effets, il faut que les sommes à attribuer aux ouvriers soient assez importantes. J'ai indiqué, par exemple, en commençant, que la somme de 20 francs serait illusoire. Il y a des industries qui ne sont pas prospères et pour lesquelles un sacrifice annuel de 100 francs par exemple par ouvrier peut être trop fort.

Je laisse la question de droit de côté pour le moment, je ne crois pas que d'une façon générale on puisse admettre la nécessité de stipuler le droit de faire un traité entre l'ouvrier et le patron, par lequel l'ouvrier recevra tant pour cent des bénéfices. C'est trop complexe, c'est trop difficile, c'est trop variable d'une Société à l'autre. Pour le moment, je veux simplement indiquer que, lorsque la somme que le patron peut affecter à la participation sans nuire d'une façon trop grande à ses intérêts (sans cela il ne le ferait pas) est faible, je crois que la participation individuelle n'est pas à recommander, parce qu'il y aura beaucoup d'écritures et un résultat nul.

Par contre, je crois qu'en affectant ces 20 francs — puisque nous avons parlé de 20 francs — à doter une caisse d'épargne d'un intérêt supérieur à celui que paye la caisse de l'Etat, on attirera les capitaux qui vont aujourd'hui chez le marchand de vin. Mon expérience m'amène à vous dire que tout ouvrier, quel que soit son salaire, peut mettre quelque chose de côté, ce sera peut-être 5 centimes par jour, en tout cas, il peut distraire quelque chose de son salaire. Je crois même qu'il est extrêmement intéressant de lui en donner l'envie.

J'ai donc indiqué que, si le produit moyen de la participation par tête est faible, il y aurait un moyen plus utile de l'affecter dans l'intérêt de l'ouvrier que de le distribuer sous forme de numéraire, en dotant une caisse d'épargne de fonds permettant de payer ces intérêts-là. Ce sera pris sur les produits de la maison, mais il ne serait pas possible de légiférer, de faire un règlement dans lequel on dirait :

cette année on mettra tant à ce compte, telle autre année tant. Ce n'est pas possible; c'est le patron qui décide et qui affiche qu'à partir de maintenant il crée une caisse dans telles et telles conditions.

M. LE PRÉSIDENT. — L'observation qu'a faite M. Delombre a amené M. Lalance à préciser un des points de sa communication.

M. PAUL DELOMBRE. — Il va sans dire que le système proposé par M. Lalance est des plus ingénieux et des plus intéressants. Toutes les fois que, par un avantage offert aux petits déposants, vous aurez stimulé l'esprit de prévoyance, vous aurez rendu service à l'ouvrier, à sa famille et, d'une façon générale, à la société. Mais je rappelle au Congrès que, déjà, dans la séance d'hier, nous avons discuté une question semblable. Nous nous sommes demandé si, lorsque les sommes provenant de la participation aux bénéfices se trouvent être trop modiques pour permettre une répartition telle qu'il y eût un avantage sensible pour le participant, dans ce cas-là les sommes qui pourraient être allouées garderaient néanmoins le caractère de participation aux bénéfices, bien que les fonds fussent affectés, non pas à des individus, mais à des collectivités. Le Congrès avait été très préoccupé de savoir dans quelle mesure cette distribution faite, non pas à des individus mais à des groupes, permettrait le maintien de la participation aux bénéfices, et vous vous rappelez que vous avez transformé le texte qui était soumis à vos délibérations, de manière à bien affirmer que la répartition, tout en ayant lieu au profit d'une œuvre collective, résulterait véritablement de fonds qui étaient dus au mécanisme même de la participation aux bénéfices.

Et alors, la question qui se pose est celle-ci : peut-on dire, comme la neuvième question le porte dans ses conclusions, que le produit de la participation peut être très utilement employé à stimuler l'épargne individuelle, etc. ?

Certes, cette utilité n'est pas contestable ; mais est-ce que, dans la maison dont M. Lalance a parlé, c'est bien le produit de la participation qui est employé? Ou bien, au contraire, le patron ne se dit-il pas : Si j'appliquais la participation aux bénéfices, le résultat que j'obtiendrais par individu serait si minime qu'en réalité il vaut mieux ne pas faire de participation aux bénéfices; je vais procéder à une utilisation toute particulière des sommes qui seraient résultées de cette participation; je vais, en dehors de toute participation aux bénéfices, me servir de bénéfices m'appartenant et je les emploierai, en faveur du personnel, pour augmenter le taux d'intérêt alloué aux déposants.

Ce sont deux méthodes bien distinctes. Elles ont beau paraître aboutir à des résultats identiques, elles ne sauraient être confondues au point de vue doctrinal de la participation aux bénéfices. Dans ce cas, s'il y a eu participation, l'ouvrier peut compter que, si la participation aux bénéfices donne une somme de X..., il aura un droit et que, par conséquent, ce profit lui sera acquis ; tout autre est la situation, dans l'hypothèse inverse. Alors, il est vrai, avec l'esprit libéral du patron, même quand il n'y aurait pas eu de participation contractuelle, une allocation pourra avoir lieu, le patron estimant qu'il doit stimuler l'épargne et accorder, dans ce but, un taux de faveur aux déposants. Mais, dans ce cas, tout en observant, comme l'a exposé le rapport, qu'il y a bien utilisation d'une partie des bénéfices du patron pour une œuvre excellente, ne doit-on pas reconnaître qu'on n'a pas une application réelle de la participation aux bénéfices? Tandis qu'au contraire, dans la résolution soumise au Congrès et à laquelle je souscris complètement, il y a une idée tout à fait juste : « Le produit de la participation peut être très utilement employé à stimuler l'épargne individuelle, etc. ». Voilà encore une de ces applications du produit de la participation auxquelles on ne saurait trop adhérer, et, s'il l'accepte, le Congrès n'aura fait que demeurer fidèle à ses principes.

Voulant que toute erreur soit autant que possible prévenue, je serais reconnaissant à M. Lalance de nous dire si, réellement, dans l'exemple qui nous est cité dans le rapport, une sorte de règlement existe, de nature à montrer aux ouvriers qu'ils peuvent compter sur une part des bénéfices, sauf à cette part à servir à améliorer le taux d'intérêt des déposants.

M. LALANCE. — Je crois que l'énoncé de la question n'était pas très clair. Il est évident que ce n'est pas précisément de la participation aux bénéfices; il y a un établissement qui décide qu'il va créer une caisse, il ne mettra pas en tête « participation aux bénéfices ». Néanmoins, c'est sur le bénéfice qu'il prélève ce sacrifice.

M. GOFFINON. — Sur quel compte prélevez-vous la somme? Est-ce sur les frais généraux?

M. LALANCE. — Quelle que soit cette somme, on la passe par frais généraux.

M. GOFFINON. — C'est la participation sur les frais généraux.

M. LALANCE. — Il n'en est pas moins vrai que c'est une partie de la participation que mentalement on a affectée à cela.

M. LE PRÉSIDENT. — Elle n'est pas proportionnelle aux bénéfices.

M. ENGEL. — Rien ne s'oppose à ce que ce soit une participation collective et que, cette participation collective étant trop faible, les fonds soient employés à subventionner cette caisse d'épargne.

M. PAUL DELOMBRE. — C'est par là que notre question se rattache admirablement à celle que le Congrès a élucidée hier ; il se peut qu'on ait affaire à l'une des applications de cette participation collective qui est extrêmement recommandable. Par conséquent, on peut concevoir le vote de la résolution telle qu'elle est libellée, mais l'exemple qui est donné à l'appui n'est pas un exemple approprié, et cela est si vrai que, en résumé, ce qui est fait par la maison dont on parle dans le rapport ne saurait trop être recommande aux patrons qui n'ont pas de participation aux bénéfices.

Toutes les fois qu'on peut apporter un contingent quelconque à l'appui des efforts individuels des ouvriers pour se constituer un capital, on fait une œuvre excellente. D'autre part, si nous votons (et le Congrès pourra le faire) le texte même qui nous est soumis, nous aurons visé tout autre chose, c'est-à-dire l'une des applications de la participation aux bénéfices.

M. GOFFINON. — Cela m'a permis de dire tout à l'heure que nous ne saurions trop recommander que cet exemple soit imité.

UN MEMBRE. — Si une maison attribuait une certaine somme par an pour augmenter ce taux d'intérêt, nous aurions juste l'application directe d'une participation aux bénéfices.

M. GOFFINON. — Il y a bien des maisons qui ne peuvent pas et qui ne veulent pas appliquer la participation aux bénéfices. Elles font des prélèvements sur les frais généraux, pour éviter de donner la note d'une participation aux bénéfices.

M. TULEU. — Parce qu'elles ne veulent pas faire connaître les bénéfices. Et pourtant, M. Lalance vous dit dans son exemple : « La participation individuelle y existe également sur une large base, mais on a trouvé avantageux d'y joindre une caisse d'épargne. »

M. PAUL DELOMBRE. — Oui, en dehors. Donc ce n'est pas une participation dans ce cas-là.

M. LALANCE. — Je me permets d'insister sur le côté moral. Dans ce moment-ci, j'oublie que nous sommes réunis pour la participation ; nous sommes tous plus ou moins philanthropes ici, et je crois que la première chose, la plus importante de beaucoup de toutes les autres, est de faire produire par chacun l'épargne qu'il peut constituer, que le don vienne de l'État ou du patron. Obliger moralement chaque ouvrier à mettre de côté une partie de son salaire, c'est moral, c'est plus intéressant que de lui donner de l'argent de poche sans qu'il ait fait un effort.

Je n'ai pas la prétention de résoudre toutes les questions et, bien entendu, cela se relie à la participation puisqu'il est bien évident qu'il faut que l'établissement ait fait quelques bénéfices pour qu'il puisse augmenter ses charges ; mais enfin, je voulais indiquer cela par des faits. Durant dix-huit ans, les ouvriers d'un établissement ont déposé environ 600.000 francs, on leur a payé 40.000 francs, admettez qu'on leur ait payé le double de ce qu'on aurait dû, eh bien, avec cette petite charge de 22.000 francs, on est arrivé à faire entrer à la Caisse d'épargne 600.000 francs qui probablement auraient été au cabaret.

Voilà un point intéressant. En effet, avec la participation dont je suis presque un des fondateurs, cela coûte pour celui qui la fait, il faut que la totalité de ce qu'aura le participant sorte de ma poche ; tandis que là, avec un effort infime, j'obtiens de grands résultats.

M. LE PRÉSIDENT. — La valeur morale et l'intérêt pratique de la combinaison que vous indiquez ne sont douteux pour personne ; vous venez d'entendre M. Delombre en faire l'éloge et exprimer un sentiment que nous ressentons tous ; par conséquent nous regardons l'institution comme excellente. Mais le point de la discussion est celui-ci : est-ce véritablement de la participation aux bénéfices ?

L'institution pourrait être de la participation aux bénéfices si, sur les bénéfices de la maison, un tant pour cent était attribué aux ouvriers et si ce tant pour cent était versé à cette caisse comme premier fonds d'épargne de chaque ouvrier, chaque ouvrier pouvant ensuite, par ses épargnes personnelles, accroître cette somme. S'il n'y a pas ce premier versement, l'institution n'est pas de la participation aux bénéfices, c'est du patronage.

Remarquez que le patronage a une très haute valeur morale. Il n'est pas l'unique forme à recommander aujourd'hui, parce qu'il y a d'autres tendances qui ont aussi leur valeur. Mais il n'a rien perdu de son mérite propre et nous pouvons, d'un commun accord, signaler comme excellente l'institution dont vous nous faites part dans votre rapport.

A côté de cela, nous pouvons voter la neuvième question : « Le produit de la participation peut être utilement employé. » Autrement dit, nous pouvons séparer les deux questions parce qu'elles sont, en fait, distinctes. Il me semble que vous n'avez pas eu réellement la participation aux bénéfices. L'argent que les ouvriers déposent est un argent qu'ils déposent volontairement; la maison ne fournit qu'un appoint sous forme d'intérêt.

M. LALANCE. — Je vous demande pardon, la participation individuelle fonctionne dans cette maison depuis vingt-cinq ans. La partie de la participation qui, d'après les statuts et l'organisation, revient à l'ouvrier, est remise à son compte à cette caisse dans cette maison.

M. LE PRÉSIDENT. — C'est un emploi de la participation.

M. LALANCE. — Outre cela, l'ouvrier est libre d'ajouter à son même compte par un mécanisme très simple. La difficulté d'aller à la caisse d'épargne et la perte de temps pour aller déposer empêchent beaucoup de dépôts.

M. PAUL DELOMBRE. — M. Lalance, voulez-vous me permettre — parce que c'est extrêmement intéressant et que, si l'on veut suivre votre exemple, il faut qu'on le puisse bien comprendre —, voulez-vous me permettre de vous demander ceci :

Vous avez une participation aux bénéfices véritable, effective, c'est entendu, elle donne ce qu'elle donne et elle produit, en fait, un résultat assez appréciable pour qu'il y ait une répartition individuelle; les sommes provenant de cette répartition individuelle et qui constituent le résultat de la participation aux bénéfices peuvent être alors apportées à une caisse d'épargne que vous avez créée et là, pour stimuler d'autres apports ou pour favoriser les versements dans cette caisse d'épargne particulière, vous instituez autre chose, c'est-à-dire une bonification d'intérêt, si j'ai bien compris. Il y a donc un nouveau sacrifice de votre part, sacrifice qui consiste à permettre que, en raison des sommes apportées et d'après leur importance, il y ait des taux de 11, 10, 9, 8, 7 % et ainsi de suite, alloués à ceux de vos épargnants qui se seront servis de votre caisse d'épargne.

M. LALANCE. — On m'a posé la question et j'ai cité ce que je connaissais, mais je reconnais que la question n'est pas posée d'une façon bien claire.

M. LE PRÉSIDENT. — Il y a donc une double générosité de la part de la maison : d'une part, la participation aux bénéfices que vous versez dans une caisse ; d'autre part, une libéralité supplémentaire, un don d'intérêt plus fort.

M. LALANCE. — Dans l'espèce, c'est double, mais cela peut fonctionner isolément. Il y a beaucoup de patrons qui ne veulent pas de la participation, mais il y en a beaucoup qui accepteront de faire une caisse comme celle dont je viens de parler, si je leur prouve que le sacrifice ne sera pas trop fort pour eux.

M. PAUL DELOMBRE. — Je n'ai pas besoin de dire que nous ne sommes pas ici des intransigeants et que, toutes les fois que nous trouverons une institution à l'aide de laquelle on développera la participation aux bénéfices, même par un sacrifice patronal ajouté à la participation dans l'intérêt des ouvriers, nous serons de cœur avec ceux qui auront pris cette initiative.

M. MARIN. — Le vœu de M. Lalance mérite d'être recommandé particulièrement ; la neuvième question prendrait alors place après la dixième.

M. PAUL DELOMBRE. — Cette division est parfaitement juste, et je rappelle que le comité d'organisation a séparé les deux questions.

M. GOFFINON. — Pas un exemple de la participation aux bénéfices n'est parti du même pied. Voilà un exemple nouveau, c'est un commencement, il faut l'encourager, il faut l'accepter.

M. LE PRÉSIDENT. — Ce n'est pas de l'indulgence, c'est de la largeur d'esprit.

M. LE SECRÉTAIRE. — Je voudrais demander à M. Lalance si l'ouvrier doit verser obligatoirement dans la caisse du patron.

M. LALANCE. — Oui, une part de la participation annuelle. Au lieu de la donner en espèces, on l'inscrit sur son livret; mais il est libre de la retirer huit jours après.

M. LE PRÉSIDENT. — Il en est le maître, c'est bien de la participation aux bénéfices. Alors nous pouvons mettre aux voix le texte qui est imprimé et auquel justement se rapporte bien l'exemple donné par M. Lalance. Voici ce texte :

« Le produit de la participation peut être très utilement employé à stimuler l'épargne individuelle, ou à faire des avances aux ouvriers pour leur faciliter l'acquisition, par annuités, d'une maison. »

(Adopté.)

Nous abordons la quinzième question.

QUINZIÈME QUESTION

En ce qui concerne la pêche maritime, il y a intérêt à conserver le système de la navigation à la part, *qui maintient le niveau moral et professionnel dans les familles de pêcheurs; en outre, là où s'est introduite la navigation* au mois, *il importe de combiner le salaire fixe avec l'attribution d'une part prélevée sur le produit de la pêche.*

RAPPORTEUR : M. LE COMTE DE SEILHAC

Délégué permanent du Musée social, secrétaire du groupe de l'Économie sociale.

Jadis, tous les marins étaient à la part, c'est-à-dire qu'ils partageaient leur pêche en plusieurs parts et que chaque marin bénéficiait d'une de ces parts. Profitant du monopole qui leur était reconnu de la pêche en mer — que seuls pouvaient exercer les inscrits maritimes — ils vendaient assez bien leur poisson, n'étaient pas concurrencés par les gros armateurs, qui aujourd'hui écrasent le marché et avilissent les cours — bref les marins-pêcheurs étaient relativement heureux. De plus ils étaient libres, allaient à la mer, quand le temps leur paraissait propice à la pêche, se reposaient assez souvent. Enfin, s'ils n'étaient point patrons de barque, ils pouvaient sans ambition exagérée, espérer le devenir, et ils n'avaient à être jaloux de personne. On a chanté le bonheur du marin, monté sur sa barque et affrontant la mer sans émoi.

Aujourd'hui ce petit pêcheur *côtier* tend à disparaître. Il fait place, dans la plupart des ports, au pêcheur *hauturier*, salarié par un armateur, favorisé de meilleurs engins de pêche, d'instruments plus perfectionnés, et allant exercer son industrie dans des fonds poissonneux et, pour ainsi dire, inépuisables.

Des spéculateurs s'étaient en effet trouvés pour accaparer l'industrie de la pêche côtière, jusque-là réservée aux seuls inscrits maritimes.

De coopérateurs, les marins allaient devenir des salariés. Deux inventions favorisèrent cette évolution :

I. — Les filets de chanvre que possédaient nos pêcheurs, qu'eux-mêmes fabriquaient et que leurs femmes ravaudaient étaient lourds, ils étaient apparents dans l'eau limpide de la mer, ils coûtaient cher. Et cependant depuis neuf siècles on ne se servait que de ces lourds filets cachoutés, faits avec de très gros fil pour leur donner plus de solidité.

Vers le milieu de ce siècle, les Écossais eurent la pensée de les remplacer par des filets de *coton*, fabriqués *mécaniquement* et présentant le triple avantage de *coûter moins cher*, d'être *plus légers*, d'être *moins apparents* dans l'eau que les anciens filets.

Malgré leur supériorité, il en coûtait aux pêcheurs de mettre au rebut leurs vieux filets pour en accepter d'autres, *qu'ils ne pouvaient fabriquer eux-mêmes*. Ils se trouvaient d'ailleurs incapables de faire cette lourde dépense, que seuls les riches armateurs étaient susceptibles de supporter.

II. — Une autre innovation fut l'application de la vapeur au treuil, dont on se servait pour relever les filets. Cette opération du *levage des filets* était des plus dures avec les anciens cabestans à bras. Une tessure de filets peut en effet avoir jusqu'à 6 kilomètres de longueur, et, le cabestan ayant généralement une multiplication de 5 pour diminuer l'effort à développer, les marins attelés au cabestan devaient faire parfois un parcours de 30 kilomètres, en effectuant un effort extrêmement pénible.

Les armateurs qui jusque-là n'étaient que des *écoreurs*, c'est-à-dire les banquiers des pêcheurs, songèrent à faire construire pour la pêche côtière des bateaux munis de cabestans à vapeur et de filets de coton, et ils proposèrent aux matelots à la part des salaires de 150 francs par mois, s'ils consentaient à monter sur ces bateaux. Qui aurait hésité? Les meilleurs marins — car les armateurs purent choisir à loisir — vendirent leurs anciens filets et leurs vieux bateaux et s'embarquèrent sur les bateaux des écoreurs.

L'évolution était commencée, elle s'est accentuée rapidement. Les salaires ont bien baissé depuis ce jour. De 150 francs par mois, ils sont tombés à 90 francs, 80 francs, 70 francs même; en même temps la situation du petit pêcheur à la part baissait d'une façon encore plus désastreuse.

Depuis lors, en effet, de nouveaux progrès se sont réalisés dans l'industrie de la pêche côtière. La vapeur, qui d'abord n'était employée qu'au fonctionnement du treuil, fut utilisée pour la marche du bateau, et chaque jour un nouveau bateau à vapeur, lancé par un armateur, vient concurrencer le petit pêcheur de Normandie ou de Bretagne, resté fidèle à ses vieux usages de pêche et ne voyant pas que, près des fonds que ravage son modeste chalut, il y a des fonds d'une richesse inépuisable, qu'il faut des instruments perfectionnés pour exploiter. Il n'y a donc pas à essayer de protéger le pêcheur contre cette concurrence. Il aurait beau se révolter, le machinisme aura le dernier mot. C'est en vain qu'à la Rochelle, il y a deux ans, les pêcheurs ont voulu jeter à la mer les cargaisons de poissons apportées par deux nouveaux vapeurs! Ces vapeurs ont continué à venir écraser le marché de la Rochelle et empêcher le pêcheur à la part de vendre convenablement son modeste butin.

* * *

La suppression de la petite pêche côtière et son remplacement par la pêche sur de grands bateaux mus par la vapeur est donc une de ces inéluctables nécessités, contre lesquelles la routine humaine se débat en vain. Il nous a paru utile d'indiquer par quels moyens le marin pouvait être soustrait à cette crise et même profiter de cette transformation des engins de pêche.

Pour la période actuelle, nul doute que le premier devoir qui s'impose est d'aider le petit pêcheur à vendre son poisson dans les meilleures conditions possibles. — Ce but, la *Pêche coopérative*, 13, rue Berger, a essayé de le réaliser, et si elle n'y a pas encore complètement abouti, c'est qu'elle s'est heurtée à l'indolence et à l'entêtement du Breton, et à son ignorance qui permet aux mareyeurs de l'abuser.

Mais une fois l'armement transformé, et, dès maintenant, sur les grands bateaux transformés, il s'agit d'améliorer le sort des marins qui y sont embarqués. Pour atteindre ce but un seul moyen se présente : la participation aux bénéfices.

La participation est déjà pratiquée sur de nombreux bateaux à vapeur, en particulier sur les chalutiers. Si nous prenons le port de Dieppe comme exemple, nous voyons que tous les hommes des chalutiers à vapeur reçoivent un salaire fixe, mais qu'à ce salaire fixe vient s'ajouter un pourcentage sur le prix net du poisson pêché.

A Dieppe, le patron du bateau gagne 120 francs, les matelots 70 francs de salaire fixe par mois ; mais en réalité, grâce à la participation le patron reçoit 300 francs environ et les matelots 130 francs. Leur gain est plus ou moins élevé, suivant que la pêche a été plus ou moins abondante. Et alors ce ne sont plus simplement des travailleurs rémunérés par un salaire fixe, ce sont des participants qui s'intéressent au succès de la pêche. Aussi faut-il voir leur joie lorsqu'ils tombent sur un fond poissonneux et que leur lourd chalut, renversé sur le pont, laisse apparaître une masse grouillante et hideuse de poissons qui se précipitent les uns sur les autres pour se dévorer (car cette préoccupation semble tenir la première place dans l'esprit des poissons : essayer d'absorber son voisin, sans doute pour ne pas être absorbé par lui).

Mais la participation peut être poussée plus loin.

Ces matelots embarqués sur les chalutiers à vapeur sont les premiers marins du port. Ceux qui pêchent encore sur leur petite barque vendent mal leur poisson sur un marché écrasé par les masses de poissons qu'y apportent les chalutiers. Et puis ils ne connaissent pas les débouchés et sont obligés d'écouler leur pêche sur place, et le plus souvent de le vendre à des intermédiaires. Là les patrons ne gagnent guère plus de 70 francs par mois et les matelots plus de 35 à 40 francs.

Les matelots qui pêchent sur les vapeurs sont donc l'élite de la population maritime. Pourquoi ne pourraient-ils pas reprendre par la coopération la possession du bateau, et alors non plus la possession d'un canot insuffisant, mais la possession d'un bateau à vapeur agencé avec tous les perfectionnements apportés pour la pêche côtière? Il semble que, sur les parts de bénéfices qui leur sont attribuées, ils pourraient, à force de temps et à force d'économie jeter la base d'une Société par actions, dont ils seraient les actionnaires. Ce n'est là évidemment qu'une œuvre de longue haleine ; mais aujourd'hui que la coopération est entrée dans la voie d'admettre le capital à sa constitution et de faire appel aux banquiers, en limitant leur action à la gestion financière de la Société et en leur fermant la porte de la direction du travail, il nous semble que les marins participants pourraient, au bout de quelques années d'économie, apporter un capital suffisant pour donner confiance aux prêteurs et les pousser à donner leur appui à cette œuvre de réparation. Si les marins ont été dépossédés de leurs instruments de travail, c'est parce que cet instrument est devenu tout d'un coup plus cher et plus compliqué et qu'ils n'ont pu en garder plus longtemps l'usage. Aujourd'hui leur éducation technique s'est faite, grâce à la Société d'enseignement technique des pêches, que dirige avec tant de zèle M. Cacheux, grâce aussi à l'usage de l'instrument perfectionné qui leur a été confié par les armateurs. Ne sont-ils pas prêts pour reconquérir leur indépendance?

Et s'ils n'arrivent pas à atteindre du coup cet idéal qu'ils ont perdu, au moins pourront-ils se consoler, en se considérant comme des participants au fruit de leur travail! Ce sera déjà un résultat nullement méprisable de la participation. L'homme qui participe aux bénéfices s'élève en dignité et en énergie; ce n'est plus un mercenaire, c'est un collaborateur.

M. LE PRÉSIDENT. — Le rapporteur est un homme qui connaît à fond la question. On pourrait dire que son rapport est l'histoire de la fin d'un monde. A côté de cela, nous avons à voir ce qu'il y a de pratique dans les idées que l'auteur propose pour, étant donné l'état actuel, mettre les pêcheurs à même de profiter plus amplement qu'ils le font du résultat de leur travail, par la participation ou la coopération. Nous laissons de côté la coopération puisqu'elle n'est pas de notre ressort ici et nous abordons la participation aux bénéfices.

M. BUISSON. — Je ne puis pas m'étendre beaucoup sur cette question qui est cependant très intéressante. Le rapport est évidemment bien fait et j'estime qu'il y a là un avis donné à ces gens afin de les mettre dans une situation autre que celle qu'ils ont actuellement.

Dernièrement nous avons récompensé une Société dans la Classe 103. C'est une Société coopérative de pêcheurs : elle n'avait pas encore donné de très grands résultats ; nous avons cependant pensé que son but était tellement élevé que nous devions la récompenser. Nous avons examiné ces statuts avec beaucoup de bienveillance et nous lui avons accordé une médaille d'argent.

M. LE PRÉSIDENT. — C'est une Société avec bateaux à vapeur ?

M. BUISSON. — Parfaitement. C'est une Société coopérative. Elle a admis le capital étranger, c'est-à-dire la souscription d'actions. Je me promets de la suivre de très près et de voir s'il n'y aurait pas un petit secours à lui donner au point de vue moral et financier. C'est tout ce que je puis dire comme coopérateur.

Quant à la participation, quel que soit le mode qu'on emploie, je mets en fait que c'est absolument un acheminement vers la coopération ; dès l'instant où il est donné une part de bénéfices à des ouvriers, sans les intéresser aux pertes, j'estime qu'il y a là un stimulant de premier ordre.

Je crois que la participation est une étape que la coopération aura besoin de franchir. On est allé très vite, et je crois qu'il faudra peut-être faire machine en arrière et revenir à la participation pour faire un peu l'éducation des travailleurs.

M. HUSSENOT DE SENONGES. — Je me permets de demander à M. le Secrétaire de vouloir bien ne pas mentionner dans son procès-verbal l'attribution de la médaille d'argent dont vient de parler M. Buisson, la décision du jury n'étant pas encore complètement arrêtée.

M. PAUL DELOMBRE. — On peut dire : Nous avons songé à eux pour...

M. LE PRÉSIDENT. — On peut dire simplement : Il y a une institution intéressante, le jury a remarqué...

M. PAUL DELOMBRE. — La discrétion est de règle, nous sommes presque tous journalistes ici. *(Rires.)*

M. LE SECRÉTAIRE. — Là où le salaire a été diminué sensiblement, il a été remplacé par un salaire mixte, mais il existe encore.

M. TULEU. — M. de Seilhac nous dit, dans son rapport, qu'à Dieppe la participation aux bénéfices a fait monter le salaire du patron du bateau de 120 francs à 300 francs, c'est-à-dire qu'il y a 180 francs de participation aux bénéfices, et que les matelots qui ont 70 francs de salaire fixe touchent en réalité 130 francs.

M. MARIN. — Si M. de Seilhac avait été là, je lui aurais demandé s'il n'avait pas été frappé de ses arguments. Si M. Tuleu a étudié la question sur les lieux, il pourrait nous donner des renseignements.

Si le système de la participation aux bénéfices est recommandé d'une façon générale, je crois que c'est se heurter à de très grandes difficultés.

M. TULEU. — M. de Seilhac nous dit que la participation peut être poussée plus loin :

« Mais la participation peut être poussée plus loin.

» Ces matelots embarqués sur les chalutiers à vapeur sont les premiers marins du port. Ceux qui pêchent encore sur leur petite barque vendent mal leur poisson sur un marché écrasé par les masses de poissons qu'y apportent les chalutiers. Et puis ils ne connaissent pas les débouchés et sont obligés d'écouler leur pêche sur place, et le plus souvent de la vendre à des intermédiaires. Là les patrons ne gagnent guère plus de 70 francs par mois et les matelots plus de 35 à 40 francs. »

M. MARIN. — Il n'y a pas lieu, dans un Congrès de participation aux bénéfices, de recommander ce que M. de Seilhac croit être la vérité, le système des primes, bien qu'il soit excellent par ailleurs. D'autre part, le système de la participation aux bénéfices se heurte, dans cette navigation d'armateurs, à un stimulant extrêmement faible. Nous allons voter une résolution un peu platonique à mon avis dans sa double partie.

M. BUISSON. — J'appuie cependant les conclusions de M. de Seilhac. Comme vieux coopérateur, j'en connais les inconvénients ; mais j'estime que pour faire de la coopération et la faire réussir il faut à sa tête quelqu'un pouvant faire marcher l'entreprise.

Il y a une manière de procéder qui présente peu ou pas d'aléas, c'est la suivante : Une maison est toute faite, le patron a son bateau, on continue de marcher avec lui, il connaît ses débouchés, il sait où il placera son poisson, il n'y a rien à inventer, et il faut s'arranger de façon à ce que ce patron trouve le même avantage en donnant à ses ouvriers une part dans la prise du poisson qu'ils pourront faire. Je vois là une facilité très grande pour appliquer la participation aux bénéfices, tandis que je crois qu'il y a une difficulté très grande, au contraire, pour faire de la coopération; car je crains qu'il n'y ait dans les ouvriers maritimes les éléments nécessaires pour créer de toutes pièces une organisation. Il faut donc souhaiter que l'éducation sociale dans ce milieu arrive suffisamment haut pour pouvoir employer ce système; mais d'une façon générale je maintiens en fait qu'en prenant les hommes tels qu'ils sont aujourd'hui, en prenant les coutumes, le niveau intellectuel qui existe dans cette classe particulière, on irait un peu vite en faisant de la coopération pure.

J'ai toujours été partisan de la participation parce que je l'ai toujours considérée comme l'acheminement vers la coopération; c'est un commencement d'éducation, c'est l'école de la coopération. Mais je dis que chaque fois que nous nous trouverons en présence de cas où la coopération devra s'appliquer à des gens d'un niveau intellectuel comme ceux que nous envisageons aujourd'hui (des pêcheurs naïfs, des bretons, etc.), il vaut mieux leur conseiller de faire de la participation pour améliorer leur situation que de leur conseiller de s'émanciper du premier coup et de n'arriver à rien. Il vaut mieux un bon tiens que deux tu l'auras.

M. LE PRÉSIDENT. — M. Gilman nous dit qu'il y a en Amérique pour les pêcheurs des organisations de participation aux bénéfices.

M. GILMAN. — C'est la coutume générale.

M. LE PRÉSIDENT. — Nous allons mettre aux voix le vœu dont je donne à nouveau la lecture :

« En ce qui concerne la pêche maritime, il y a intérêt à conserver le système de la navigation à la part, qui maintient le niveau moral et professionnel dans les familles de pêcheurs ; en outre, là où s'est introduite la navigation au mois, il importe de combiner le salaire fixe avec l'attribution d'une part prélevée sur le produit de la pêche. »

A côté, ne conviendrait-il pas de conserver le système de la navigation à la part en l'accommodant aux engins nouveaux ; car nous n'avons pas l'intention de maintenir un vieux système de pêche qui ne peut pas lutter contre le nouveau, mais nous avons l'intention d'accommoder aux moyens industriels de nos jours une organisation de travail qui paraît bonne. Y a-t-il intérêt à accommoder au nouveau mode de pêche le système de la navigation à la part ? Nous pourrions dire :

« En ce qui concerne la pêche maritime, il y a intérêt à conserver le système de la navigation à la part en l'accommodant aux nouveaux engins de pêche. »

Sans cela ne pourrait-on pas nous accuser, quoique bien à tort, d'être rétrogrades ?

Sous cette forme, je mets aux voix la résolution. *(Adopté.)*

UNE PERSONNE NE FAISANT PAS PARTIE DU CONGRÈS vient déposer sur le bureau la communication suivante :

« Des moyens de parer à ce que les exploitations industrielles, dans les moments de grande prospérité, ne dissimulent pas une grosse part des bénéfices qu'elles auraient à distribuer à leurs coparticipants, en faisant passer comme frais généraux des réfections importantes de matériel.

» Signé : DEHERME. »

M. LE PRÉSIDENT. — Nous ne pouvons pas ouvrir inopinément la discussion sur cette proposition puisqu'elle ne figure pas à notre ordre du jour. Si vous voulez la remettre au bureau, il l'examinera entre deux séances et verra si elle peut être ajoutée à l'ordre du jour.

Je donne la parole à M. Merlin, pour la lecture de son rapport sur la dix-neuvième question.

M. MERLIN, rapporteur, donne lecture de son rapport.

DIX-NEUVIÈME QUESTION

Quels sont les principaux avantages économiques et sociaux du contrat de métayage?

RAPPORTEUR : M. ROGER MERLIN

Publiciste, membre du Conseil d'administration de la Société pour l'étude pratique de la participation aux bénéfices.

On connaît la lumineuse définition donnée par M. Charles Robert du contrat de participation aux bénéfices : « La participation aux bénéfices est une libre convention, expresse ou tacite, suivant les cas, par laquelle un patron quelconque, industriel, commerçant ou agriculteur, individu ou Société quelconque, civile, commerciale ou coopérative, donne à son ouvrier, à son employé, en sus du salaire annuel, une part dans les bénéfices, sans participation aux pertes. »

M. Lyon-Caen a exposé devant vous, avec sa profonde science juridique, que cette convention était conforme aux principes essentiels du droit positif.

Par sa définition même elle peut s'appliquer — et elle s'applique en fait — à l'agriculture : M. Goffinon vient de vous le montrer. Il y en a plusieurs exemples en France.

La participation aux bénéfices n'est en somme qu'une variété du contrat de louage d'ouvrage.

Pourquoi rapprocher alors cette participation du métayage, contrat de louage de propriété dans lequel n'apparaît aucun salarié ? C'est par un motif d'analogie entre la situation des deux contractants dans chacune des conventions, situation qui met en évidence l'intérêt commun des deux parties dans l'un et l'autre cas. Dans la participation, l'ouvrier a intérêt à faire le plus d'ouvrage et de la meilleure qualité, car il en profite directement, puisque son quantum dans les bénéfices dépend de la production. Dans le métayage, le preneur a le même intérêt, puisqu'il bénéficie de la moitié des produits et que s'il augmente la part du maître, il augmente en même temps la sienne, sans craindre, comme dans le fermage, qu'à une situation future plus prospère puisse correspondre dans l'avenir une hausse de son loyer en argent.

C'est donc la similitude d'intérêts qui a rapproché ici deux contrats d'essence différente, au point de vue du droit. Et cette même similitude d'intérêts amène également des avantages économiques et sociaux analogues.

Avant d'examiner ces derniers, il convient cependant de donner une définition juridique et économique du métayage, d'étudier en second lieu ses conditions générales actuelles. Les avantages économiques et sociaux en découleront d'eux-mêmes.

I. — Définition juridique et économique du métayage.

Si nous remontons au vieux jurisconsulte romain Gaïus, nous lisons dans son traité : « Le colon partiaire partage la perte et le gain avec le maître par un droit de quasi-société. » Il assimilait le métayage au contrat de société, plutôt qu'au louage. C'est entre ces deux contrats qu'ont oscillé tous les commentateurs romains ou français qui ont voulu définir le métayage au point de vue légal. La raison de douter venait de ce que certains auteurs disaient que le louage ne pouvait exister sans un prix en argent, tandis que d'autres assuraient que la prestation en nature pouvait parfaitement le remplacer et maintenir au louage son caractère. Ulpien et Pau se rangent à l'avis de Gaïus. Pothier déclare que le prix des baux à ferme peut consister en un certaine quantité de fruits « tels que l'héritage qui est loué les produit ».

Le Code civil n'avait nullement éclairé la question. Les deux seuls articles qui traitaient du métayage se trouvaient au titre du contrat de louage, à la section III, spéciale aux règles particulières aux baux à ferme, et étaient rédigés de la façon suivante :

« Art. 1763. — Celui qui cultive sous la condition d'un partage de fruits avec le bailleur, ne peut ni sous-louer, ni céder, si la faculté ne lui en a été expressément accordée par le bail. »

« Art. 1764. — En cas de contravention, le propriétaire a le droit de rentrer en jouissance, et le preneur est condamné aux dommages-intérêts résultant de l'inexécution du bail. »

M. Troplong en concluait que, bien que le bail à colonage tienne du bail à ferme par d'étroites affinités, « il n'est pas cependant un bail à ferme dans la simplicité du mot, et il se rapproche beaucoup plus du contrat de société, dont il offre une application à l'industrie agricole ». Il n'y a — dit-il — ici aucun prix dû par le fermier : « C'est la terre qui le paye, c'est le propriétaire qui le prend sur sa propre chose, non à titre de loyer, mais à titre d'accessoire de la terre qui lui appartient, à titre de partie de la terre elle-même, *partibus rei*, comme dit si bien Cujas. » M. Troplong faisait enfin remarquer que la loi se sert des mots « à partage de fruits » : dès qu'il y a partage, il y a donc société.

La loi de 1889, relative au nouveau Code rural, a fait de ce bail, sous le nom de « bail à colonat partiaire », un contrat distinct, formant un titre spécial de la loi et rédigé en treize articles. L'article premier définit le contrat : « Le bail à colonat partiaire ou métayage est le contrat par lequel le possesseur d'un héritage rural le remet pour un certain temps à un preneur qui s'engage à le cultiver, sous la condition d'en partager les produits avec le bailleur. »

Le Code en est donc resté à l'idée qu'il y a ici un bailleur qui loue sa terre et un preneur qui est chargé de la cultiver en bon père de famille ; le loyer payé par le second au premier consistera dans une quote-part en nature des produits au lieu d'être représenté en argent, comme dans le fermage ; ce sera la seule différence aux yeux de la loi entre le métayage et le fermage, qu'elle considère ainsi tous deux comme une location de propriété. La définition juridique est fixée dans ce sens.

Mais au point de vue économique en est-il de même ? A cet égard, M. de Tourdonnet, dans son livre résumant l'enquête sur le métayage, ouverte par la Société des agriculteurs de France en 1879, donnait une définition qui entre plus dans la réalité des choses et qui satisfait même l'économie politique et sociale. La voici :

« Le métayage est un contrat par lequel le propriétaire, qui fournit le capital d'exploitation, se réserve la haute direction et la surveillance, et par lequel l'exploitant, qui apporte les bras et la force, exécute le travail, sous la condition mutuelle que les produits éventuels soient partagés par moitié entre les deux contractants. »

Le caractère d'association est ainsi éclatant. L'apport et le bénéfice de chacun sont nettement marqués.

Il n'y a pas seulement partage dans les bénéfices, il y a partage dans les pertes. C'est de ce caractère de parfaite association que nous déduirons les avantages de ce contrat, lorsque nous en aurons examiné les principales conditions.

II. — Conditions générales actuelles du contrat

Le partage des fruits se fait généralement par moitié, comme l'indique le nom de la convention. Il y a toutefois à cette règle de nombreuses exceptions dont voici les principales : le produit peut avoir une valeur extraordinaire, le sol une fertilité très grande, justifiant pour le métayer un bénéfice moindre que la moitié ; ailleurs, si le sol est aride, la convention peut lui accorder plus de moitié. Le domaine était-il en très bon état à l'entrée de l'exploitant, ce dernier aura moins de mal et le propriétaire sera en droit de lui réduire sa part ; ce droit lui sera d'autant plus reconnu qu'il a fourni au préalable des amendements, des engrais artificiels, des instruments aratoires ; toutes choses dont profitera le métayer et dont il n'aurait pas joui sur une terre voisine. Dans ce cas, c'est un retour à l'égalité véritable que de s'écarter de l'égalité mathématique.

Le partage a lieu en principe en nature. Il ne doit avoir lieu en argent que pour les produits animaux, au moment du partage du bétail, à l'expiration du bail, et à la suite de l'expertise quand le métayer a le droit d'emmener sa part dans le bétail. Le partage des produit du sol en argent en exige la vente collective. Or, le métayer a besoin de sa part de céréales pour nourrir sa famille et de sa part de racines pour nourrir son bétail. S'il y a excédent de racines, il a un avantage pécuniaire plus grand à augmenter son cheptel vivant.

Certaines denrées sont difficilement partageables : tels les œufs, le lait, le beurre, les volailles. Au lieu d'en exiger la moitié, on stipule généralement en faveur du propriétaire un certain abonnement, remplaçant un partage qui serait difficile à contrôler. Cet abonnement constitue la *réserve* au profit du propriétaire d'une quantité indiquée de chacun de ces produits. On les appelle aussi *menus suffrages*, *belles mains* ou *servines*.

Le bail est ordinairement annal, renouvelable par tacite reconduction. Un long bail, de douze ans par exemple, nous semblerait préférable au point de vue de la sûreté du preneur et l'exciterait aux améliorations foncières.

Quelle doit être l'étendue d'une métairie? « Il existe, dit M. de Tourdonnet dans son « Traité pratique », une relation normale mathématique, entre l'étendue d'un domaine cultivé à moitié fruits et la composition de la famille qui doit l'exploiter; relation qu'on ne doit pas rompre sans motifs sérieux. Or, comme la composition moyenne des familles est identique à elle-même, comme on peut plus facilement augmenter ou restreindre l'étendue territoriale d'un domaine, que modifier une moyenne dérivant d'observations générales et constantes, il en résulte qu'il est convenable et avantageux, lorsqu'on le peut, de réduire l'étendue à la quotité locale que peut exploiter une famille moyenne. »

La pratique indique une moyenne de 20 à 40 hectares, le plus souvent 30 hectares. M. Rieffel (Traité du métayage dans l'Ouest), réduit même cette étendue à 25 hectares. Quelques propriétaires ont vu augmenter leurs revenus par des dédoublements intelligents. Dès que le métayer doit prendre des journaliers, d'une façon continue et non pas aux époques des récoltes, ce qu'il est généralement obligé de faire, il voit ses gains singulièrement entamés par les salaires qu'il est forcé de prélever sur ses bénéfices.

Pour la culture de la vigne l'étendue devra être restreinte, le travail étant plus intense.

Le propriétaire est le chef de l'association et le métayer doit se conformer à ses vues, notamment en ce qui touche les assolements, les ensemencements, les récoltes, les amendements, les engrais, l'élevage et l'engraissement du bétail.

Nos deux hommes sont en présence. Qu'apporte chacun ? Le propriétaire fournit la terre, les bâtiments, les cheptels en tout ou en partie, les améliorations foncières introduites sur le domaine. Le métayer ne donne généralement que son travail et celui de sa famille. S'il a quelque capital, il apportera une certaine partie du cheptel. Il doit aussi fournir et entretenir ses outils. Mais ces deux facteurs, la terre et le travail, ne suffisent pas : il faut un capital, un fonds de roulement jusqu'à la réalisation par le métayer de sa part de récoltes. Qui fera l'avance de fonds et sera le banquier du métayer, qui généralement n'a rien en entrant ? Ce sera le propriétaire, qui ouvrira ainsi à son preneur un compte courant, dont ce dernier lui payera l'intérêt jusqu'au moment où, ayant réalisé des bénéfices par la vente de son bétail, il pourra commencer à rembourser son propriétaire. « C'est par là, dit de M. Tourdonnet, que les métayers touchent de l'argent, qu'ils se font des épargnes, qu'ils arrivent à l'aisance. »

Le métayer prend possession des lieux au 11 novembre après expertise des bâtiments et de la terre et estimation du cheptel. Le propriétaire conserve pleine autorité pour l'achat et la vente du bétail.

C'est vers le 11 novembre que se dresse le bilan de fin d'année, faisant ressortir les profits et pertes. S'il y a bénéfice pour le métayer, celui-ci pourra le réclamer s'il est arrivé, par ses profits annuels, à solder ses apports : moitié du cheptel vivant, moitié du matériel ordinaire, moitié du capital roulant. Sinon, les sommes dont il aurait besoin ne seraient que des avances qui viendraient en déduction de son avoir. Si le métayer laisse son bénéfice s'accumuler dans la caisse du propriétaire, de débiteur il peut devenir créancier et, d'accord avec le maître, employer cette somme en améliorations culturales, en extension de prairies, en augmentation du bétail, en opérations territoriales. On voit quel stimulant un Grand Livre bien tenu doit être pour un métayer honnête et intelligent qui, entré dans le métayage à titre d'ouvrier journalier, peut arriver, par son travail, à avoir une situation égale à celle du propriétaire : jamais le régime du salariat n'aurait opéré cette transformation.

On a reproché quelquefois à ce mode de culture la routine de ses méthodes. Il faut reconnaître que, pour un grand nombre de métayers, le progrès agricole n'a été souvent qu'un vain mot. Leur paresse jetait sur l'institution une sorte de défaveur : on prenait les conditions, le terrain des ancêtres, sans se soucier d'améliorer ni les unes, ni l'autre. En lisant l'enquête de 1879, quand elle déclare les conditions du métayage traditionnelles dans un département, elle nous donne l'impression de vieux errements contraires à l'amélioration culturale. Mais à côté de cela il y a eu, dans un assez grand nombre de régions, un réveil magnifique du métayage (1) ; il n'y a qu'à citer le Bourbonnais, le Limousin, la Mayenne, le Centre en général. Dans ces régions, grâce au retour des grands propriétaires vers leurs domaines, grâce à des causes locales quelquefois, comme l'introduction de l'usage de la chaux, le métayage a pu lutter victorieusement contre les raisons économiques ou sociales qui le battaient

(1) Voir notre enquête personnelle sur place, dont les résultats ont été consignés dans notre ouvrage couronné par le Musée social : « *Le Métayage et la Participation aux Bénéfices* », Paris, Arthur Rousseau, 1898.

en brèche. Mais alors, les deux associés de ce mode de culture ne se sont plus contentés des vieux procédés et des vieilles conditions traditionnelles. D'un côté, ils ont fait appel à toutes les améliorations culturales de la chimie agricole, qui est une science contemporaine; de l'autre, tout en respectant l'ancien principe du partage des fruits par moitié, ils ont conclu un contrat d'association dont toutes les clauses ont été établies clairement et contradictoirement, en pleine connaissance de cause de la part de chaque partie. Fréquemment, on a codifié les usages locaux, auxquels on se réfère en cas de silence du contrat.

III. — Avantages économiques et sociaux du contrat de métayage.

L'étude que nous venons de faire des articles essentiels de cette convention conduit naturellement à en découvrir les avantages.

Qui dit avantage, dit comparaison avec les autres modes de culture, le faire-valoir direct et le fermage.

Au point de vue du meilleur rendement d'une terre donnée, rien ne vaut le faire-valoir direct, quand, au travail du propriétaire lui-même et de sa famille, viennent s'ajouter l'intelligence et les capitaux appliqués aux meilleures méthodes. Mais, dès qu'il s'agit de prendre des salariés pendant toute l'année, le prix de culture devient élevé et la surveillance de tous les moments indispensable au maître.

S'il désire se relâcher de cette surveillance, s'il ne veut habiter son domaine toute l'année, il pourra hésiter entre le fermage et le métayage.

Le fermage est un contrat très limité dans ses applications. Le propriétaire reçoit une somme d'argent, le fermier cultive et perçoit les produits. Mais il cultive sans grand souci de l'avenir de sa terre, en ruinant souvent l'avenir au profit du présent. Nul lien entre les deux contractants; ce sont plutôt deux adversaires que deux associés, l'un ayant intérêt à augmenter le loyer, l'autre à le réduire. Sans doute, toute autre convention additionnelle est licite entre les deux contractants, mais l'acte principal ne les y invite pas, il faut un autre acte distinct, qui n'est pas la conséquence du premier: par exemple pour un prêt d'argent que consentirait le propriétaire.

Le métayage, au contraire, se prête avec une souplesse infinie à toutes les conditions qu'on veut lui imposer: partage dans toutes les proportions, et pouvant varier suivant la nature de la denrée à récolter; améliorations foncières, dont profitent les deux parties. Le métayer peut se passer de crédit, son maître est son banquier. C'est le crédit agricole réalisé.

Au point de vue économique le métayage a résisté vaillamment, et beaucoup mieux que le fermage, à la crise agricole de 1880 et des années suivantes. Le propriétaire et le métayer avaient les mêmes intérêts, le même champ d'activité, les mêmes attaches; ils ont lutté avec plus d'acharnement et ont remporté une victoire partielle, ou du moins ont été moins atteints que les fermiers qui, en face de la hausse des salaires et de la baisse des denrées, n'ont eu qu'une idée: ne plus payer et abandonner la ferme au lieu de chercher le succès dans un travail redoublé. Notre enquête personnelle dans diverses régions, en 1896, nous a permis de corroborer cette constatation.

En troisième lieu, le métayage, opposé au faire-valoir direct avec salariés, échappe à la hausse des salaires qui s'est manifestée depuis vingt ans: le métayer travaillant avec ses enfants n'a besoin de prendre des journaliers qu'au moment des récoltes. Le propriétaire à métayer récoltera, par le partage en nature par moitié, un bénéfice souvent plus considérable que s'il cultivait lui-même tout avec des ouvriers, exception faite pour les cultures à haut rendement, telles que la vigne, les primeurs, les fleurs, etc.

Enfin le métayer, consommant pour l'usage de sa famille et de ses bestiaux la plupart des récoltes du domaine qui constituent sa part, abandonne l'autre moitié en nature au propriétaire à titre de loyer, et n'a pas besoin de réaliser cette moitié en argent pour lui payer un fermage, comme dans un bail ordinaire. Par là, le métayer a souffert beaucoup moins de la diminution notable de la valeur vénale des produits agricoles.

Il nous reste à mettre en relief la valeur sociale du métayage. Il y a, disait déjà M. de Gasparin, dans le principe du partage des produits entre le travailleur et le capitaliste, une vertu secrète qui s'adapte merveilleusement aux faiblesses de la nature humaine, qui fait taire la jalousie et la cupidité et qui semble parfaitement adaptée à la situation actuelle des peuples. Dans les pays à métairies, on ne voit pas cette fureur aveugle contre la propriété qui anime parfois les esprits dans ceux à fermage. Courir ensemble les mêmes chances, craindre les mêmes fléaux, se réjouir des mêmes événements, pleurer des mêmes pertes, c'est établir une confraternité qui ne laisse pas prise aux mauvaises passions.

Dans le métayage, les intérêts et les volontés sont confondus : le capital mis en œuvre, fructifiant d'un commun accord, est apporté souvent par chacun des associés.

Le métayage permet, en second lieu, le développement d'un patronage bienveillant du propriétaire sur le métayer. Appelé à le diriger pour tous les détails de la culture, le premier peut, par un enchaînement heureux et fécond, exercer sur le second une influence morale d'autant plus suivie que l'intérêt et l'égoïsme auront été au préalable déjà satisfaits par ce régime. « Le métayer, dit M. de Garidel, éminent agriculteur dans le Bourbonnais, sorti par l'association de la misère, est reconnaissant envers celui qui l'en a fait sortir par sa bourse et ses conseils... Par leur exemple, par leurs conseils, les propriétaires ont maintenu chez beaucoup les idées d'ordre, ils ont arrêté les divisions de familles, défendu l'autorité des parents. »

Le bien qu'on fait à un autre profite également à son auteur. Il est clair que la surveillance du métayer, obligeant le propriétaire à résider sur ses terres, remédie à l'absentéisme que les économistes et les moralistes déplorent. Car, si dans le métayage le propriétaire n'est pas astreint à rester sur ses terres l'année entière, comme dans le faire-valoir direct, il est obligé d'y vivre neuf mois sur douze. L'habitation à la campagne est infiniment préférable à celle des villes au point de vue hygiénique et au point de vue moral. N'était la difficulté d'élever ses enfants, un propriétaire à qui ses revenus fonciers suffisent pour vivre, sans qu'il soit obligé de prendre une occupation libérale ou de se livrer au commerce et à l'industrie, ferait beaucoup mieux de séjourner sur ses terres. Le métayage, plus que le fermage, le retient ou l'appelle à la campagne. Si ce mode de culture n'était trouvé depuis longtemps, il faudrait vraiment l'inventer pour les besoins de cette cause : l'arrêt de la dépopulation des campagnes.

Le métayage empêche cette dépopulation à un second point de vue : celui de la famille des colons. En effet, le métayer n'est pas non plus propriétaire du sol qu'il cultive ; il ne peut le partager entre ses enfants ; généralement même il n'applique pas ses économies à l'achat d'un terrain, mais à l'amélioration de son cheptel, qu'il ne divise pas non plus entre ses héritiers. Le souci de leur laisser une part plus grosse à chacun ne le pousse donc pas à cette restriction volontaire appelée en anglais, par antiphrase probablement, « moral restraint ». Ce que le métayer lègue à ses enfants, a dit excellemment M. Cheysson, c'est, non pas une terre, non pas généralement grand argent, mais son contrat de métayage, qui ne peut se partager et dont hérite l'un d'entre eux Au contraire, le métayer a intérêt à avoir le plus d'enfants possible pour avoir le plus de bras. Il en devrait sans doute être de même dans le fermage ; mais le fermier, pour payer son loyer, s'efforce de réaliser tout ce qu'il peut de ses produits. Possesseur d'une somme d'argent, il placera le surplus, non pas en amélioration de sa ferme, mais souvent en rentes sur l'État, ou en achat d'un domaine qui lui soit propre : immédiatement voilà, avec la fortune personnelle, le souci de ne pas trop diminuer la part de chaque enfant et la restriction malthusienne. Il est bien connu que les riches fermiers de Normandie s'efforcent de n'avoir qu'un fils.

Enfin, dans le contrat de métayage, aucune discussion n'est possible sur le taux des salaires, et l'on sait combien cette discussion est souvent irritante. Le faire-valoir direct lui-même n'échappe pas à cet inconvénient, quand il est obligé d'avoir recours à des salariés. Dans la convention qui nous occupe, ce n'est pas même l'accord des volontés qui règle le bénéfice de chacun, c'est la nature, c'est même la loi divine.

Mais l'association ne sera véritablement féconde qu'à une condition préalable qui éclaire le côté moral de la question : c'est que chacun exercera complètement son rôle ; le propriétaire dirigera et conseillera, l'exploitant exécutera. Ce ne sera pas l'obéissance du mercenaire, ce sera une obéissance éclairée et créatrice. Si les volontés ne sont pas d'accord, mieux vaut presque une séparation, le fermage, le régime du salariat.

En résumé, le métayage offre les avantages suivants : 1° au point de vue économique, fusion complète des intérêts des deux contractants ; — pour le preneur, crédit à sa portée immédiate à des conditions fort avantageuses, possibilité pour ce dernier de ne pas vendre ses récoltes qu'il consomme sur place, ou moyen d'attendre le meilleur moment pour cette vente, par suite, meilleure résistance aux crises de mévente des denrées ; — pour le bailleur, certitude que sa terre ne sera pas ruinée, qu'il ne perdra jamais entièrement le revenu annuel de son domaine, comme il arrive souvent dans le fermage,

2° Au point de vue social : la fusion des intérêts amène la fusion des volontés, grand élément de paix sociale. Cette fusion permet au propriétaire de diriger son métayer au point de vue agricole, à une condition, toutefois, c'est que ce propriétaire réside sur ses terres, ce qui entraîne un grand avantage social. Le métayer a intérêt à avoir beaucoup d'enfants pour s'épargner l'embauchage de salariés, et comme il n'a pas de terre à lui, il ne cherche pas à la transmettre à un héritier unique. Enfin le propriétaire n'aura aucune discussion irritante avec des salariés, comme dans le faire-valoir direct.

PROJET DE RÉSOLUTION.

Le Congrès international recommande le métayage, au double point de vue économique et social, comme une association parfaite des intérêts, pouvant amener l'accord des volontés, si le propriétaire réside la plus grande partie de l'année sur ses terres, dirige son métayer vers le progrès agricole et que ce dernier accepte une collaboration profitable à l'intérêt commun.

M. BUISSON. — Je suis d'un pays où le métayage est très en honneur, la Haute-Vienne, et j'ai lu le rapport de M. Merlin avec le plus grand plaisir. J'avoue que, tout enfant, je voyais là une façon patriarcale d'exploiter un domaine. Il y a chez moi des familles qui, depuis quarante ans, sont sur la même propriété de père en fils. toutefois on ne partage pas tous les produits de la propriété, on ne donne exactement en partage que le blé et le cheptel. Les pommes de terre, la volaille, appartiennent au métayer, qui en fait de l'argent ou les mange...

M. LE PRÉSIDENT. — La volaille aussi?

M. BUISSON. — La volaille appartient au métayer. Cependant dans l'acte on stipule souvent qu'on devra donner au propriétaire tant de paires de volailles, et évidemment le métayer double toujours ce qui est porté sur le contrat parce que chaque fois qu'il apporte une volaille c'est pour lui une occasion de se mettre à table à la maison.

Mais je vous avoue (actuellement en France nous sommes obligés de l'avouer) que nous sommes très en retard au point de vue des instruments de production dans les campagnes. Le métayage est une excellente chose, mais il faudrait produire davantage, en appliquant tous les progrès de l'agriculture, ce que dans la prat e on ne fait pas. Le métayer reste là avec ses enfants comme mo fié ; je connais des fermes depuis quarante ans, j'y retrouve la m ne pierre, la même clôture et la même culture qu'il y a un demi-siè ; rien n'a changé. On trouverait chez moi, dans mon pays, des char-rettes à bœufs aussi naïves que celles qui sont dans l'exposition aux musées centennaux.

Le propriétaire a des immensités de terrains, il vit là-dessus très simplement, il ne dépense pas beaucoup ; nos bourgeois chez moi sont des gens qui vivent tout à fait tranquillement, dépensent peut-être trois ou quatre francs par jour, et ne s'inquiètent pas de pousser la production. Je suis persuadé qu'il y a dans mon pays des terres qui ne rapportent pas 1 %.

C'est à peine si on commence à se servir des engrais chimiques.

Nos paysans ont des enfants en quantité, ils vivent relativement bien. Autrefois vous n'auriez pas trouvé de vin dans nos campagnes ; aujourd'hui il n'y a pas un agriculteur qui n'ait du cidre et du vin dans sa cave ; ils boivent du café deux ou trois fois par semaine. Il y a évidemment au point de vue du bien-être un progrès très grand ; mais s'ils se nourrissent mieux qu'autrefois ils ne font pas, au point de vue social, tout ce qu'ils pourraient faire. Nous avons besoin en France d'une grande production pour lutter avec l'étranger ; il faut inciter le travailleur des champs à le faire.

M. MERLIN. — Je suis d'accord avec M. Buisson. C'est pour cela que j'ai mis :

« Le Congrès international recommande le métayage, au double point de vue économique et social, comme une association parfaite des intérêts, pouvant amener l'accord des volontés, si le propriétaire réside la plus grande partie de l'année sur ses terres, dirige son métayer vers le progrès agricole... »

Je crois en effet que votre pays n'est pas dans ce cas-là, le métayer n'est pas le propriétaire. C'est ce dernier qui devrait diriger son métayer d'une façon plus intelligente.

M. GOFFINON. — Au lieu d'aller à la chasse !

M. LE PRÉSIDENT. — M. Merlin aurait pu, à l'observation très juste de M. Buisson, faire la petite réponse que voici :

En France (je ne connais pas assez de résultats en dehors de la

France pour pouvoir en parler) le métayage donne des résultats quelque peu différents suivant les régions. En effet, dans le Limousin et dans le centre de la France en général, le métayage a laissé l'agriculture pauvre et routinière; dans d'autres régions il y a eu une coopération intelligente de la part d'un certain nombre de propriétaires. Ainsi le bétail angevin s'est amélioré grâce à des propriétaires ayant assez d'argent pour aider leurs métayers et assez d'empire sur eux pour les conduire; l'amélioration a été notable. La question a donc des aspects divers suivant les localités.

Cependant, on peut dire d'une manière générale, que partout où il se trouve des fermiers ayant des capitaux, c'est le fermage qui l'emporte; le fermier qui a des capitaux n'a pas l'intention de devenir métayer, parce qu'il veut rester son maître, diriger sa culture comme il l'entend, avec son argent, et payer régulièrement, quand il le peut, son fermage moyennant quoi il est entièrement quitte vis-à-vis du propriétaire.

Dans la Beauce, dans la Brie, dans le nord, le métayage existe très peu. C'est le sud et le centre de la France qui sont surtout les régions à métayage, en même temps qu'ils sont, sauf exception, des régions de culture pauvre, comme le disait M. Buisson.

C'est qu'en effet le métayage est une conception qui trouvait plus son application au moyen âge, c'est-à-dire dans un temps où le capital était très faible et où les bras de l'homme étaient tout. Voilà une terre, il fallait la travailler; il se trouvait en face d'un propriétaire n'ayant pas de capitaux, un laboureur n'ayant pas non plus de capitaux qui venait dire : Je veux bien cultiver votre terre, mais vous me donnerez la moitié du produit et vous en aurez la moitié.

Tandis que dans les régions comme la Brie, la Beauce, et certaines parties de la Normandie, il y avait plus d'excitation à l'activité industrielle; comme la terre rendait plus, il s'y est fait sur la terre et par la terre des épargnes qui ont constitué des capitaux; il s'est trouvé dans ces régions, bien longtemps même avant 1789, des gens capables de cultiver sous leur propre responsabilité, avec toutes les conséquences que la responsabilité implique. Cette responsabilité, étroitement liée avec l'intérêt personnel, conduit vers le progrès plus facilement que l'état stationnaire du métayage qui, de son côté, comme l'a dit M. Merlin, a des qualités familiales propres au point de vue de la stabilité.

Je ne voudrais pas aborder cette question grave : la stabilité est-elle l'idéal? Ce que je veux dire simplement, c'est que le contrat de métayage a sa raison d'être et que nous devons l'approuver là où il est pratiqué et nécessaire. Mais là où le capital est assez abondant pour qu'il y ait une autre manière d'amodiation de la terre, je préfère l'autre mode parce qu'il donne à la société comme à l'exploitant un revenu plus considérable.

M. MERLIN. — C'est tellement vrai que précisément la crise agricole de 1880 a développé le métayage là où le fermage existait.

M. LE PRÉSIDENT. — C'est facile à comprendre. Voici un fermier, il a un bail de 10.000 francs, mais son blé qui lui rapportait 15.000 francs n'en rapporte plus que 7.000 ; il est embarrassé pour payer son fermage et il dit à son propriétaire : « Je ne puis pas vous payer. » Tandis que s'il était métayer, qu'importe le prix du blé, on ne récolte pas moins de blé aujourd'hui qu'autrefois, on en récolte même davantage ; et alors si ce blé se vend meilleur marché, le fermier peut être embarrassé, le métayer ne l'est pas ; il récolte cette année-ci 400 gerbes, il en donne 200 à son propriétaire ; l'année prochaine il n'en récoltera que 100, il lui en donne 50 ; il vivra pauvrement, mais la difficulté qui vient de la différence entre la rente de la terre et le prix du principal produit de la terre qui est le blé se trouve supprimée dans le métayage tandis qu'elle existe dans le fermage. Voilà pourquoi il y a eu un retour au métayage et cela s'explique très bien.

On pourrait dire, par exemple :

« Le Congrès international recommande le métayage, au double point de vue économique et social, comme une association propre à amener l'accord des volontés. »

A concilier les intérêts si vous le voulez et à amener l'accord des volontés si le propriétaire, etc.

M. PAUL DELOMBRE. — Il résulte des idées qui viennent d'être produites que la formule comporte des amendements. D'autre part, nous sommes Congrès de la participation aux bénéfices, et, des définitions mêmes qui se trouvent dans le rapport, il ressort que, si le métayage peut être une association parfaite, en tout cas il échappe à la participation aux bénéfices, laquelle n'est pas une association. Comme, néanmoins, le métayage présente un véritable intérêt, on pourrait se borner à dire :

« Le métayage peut être recommandé dans certaines régions et dans certains cas, au double point de vue économique et social, si le propriétaire réside la plus grande partie de l'année sur ses terres, dirige son métayer vers le progrès agricole. et que ce dernier accepte une collaboration profitable à l'intérêt commun. »

N'ayant pas précisé le caractère de la convention en face de laquelle nous nous trouvons, nous ne sortirions pas trop de notre domaine ; nous nous serions bornés à une constatation de fait. Je crois que, dans ces limites, si M. le Président est de cet avis, nous n'aurons pas émis un vote nous entraînant trop loin de notre propre voie.

M. BUISSON. — Dans mon pays que je vous ai cité, ce sont les métayers eux-mêmes qui se plaignent; c'est presque une levée de boucliers des métayers contre les propriétaires, parce que ces propriétaires ne font pas les dépenses nécessaires pour mettre les terres en état. C'est d'eux évidemment que doit venir le progrès, et alors je demande à M. Delombre que dans son projet de résolution il y insiste.

M. PAUL DELOMBRE. — Voulez-vous « prenne l'initiative et donne l'exemple du progrès agricole » ?

M. BUISSON. — Le fermier couche à côté des porcs, tout cela est épouvantable ! C'est de l'incurie de la part des propriétaires, et si le rendement n'est pas plus considérable c'est évidemment à eux qu'incombe la faute. De sorte que dans la résolution que nous allons émettre il faudrait dire que c'est d'eux que vient le mal.

M. LE PRÉSIDENT. — Maintenant une des raisons n'est-elle pas que les propriétaires eux-mêmes ne sont pas très riches ?

M. BUISSON. — Ils sont pauvres parce que cela ne rapporte rien, mais ils ont des étendues de terrains considérables.

M. PAUL DELOMBRE. — Moi, je puis vous offrir 1.000 hectares pour 10 francs si vous le voulez. *(Rires.)*

M. BUISSON. — Des terrains qui, il y a quarante ans, étaient ensemencés de blé, aujourd'hui sont en friche. On se contente de vivre pauvrement. Le dernier de nos ouvriers ici à Paris vit plus heureux, mange mieux que la plupart des riches propriétaires de chez moi.

M. GOFFINON. — Il faut faire le crédit agricole.

M. BUISSON. — Un propriétaire plus intelligent a fait venir des métayers du nord; ils ont les plus belles récoltes, ils font l'élevage du cheval qui se vend admirablement et qui rapporte trois ou quatre fois plus que le blé. Ils sont venus là avec de l'outillage de leur pays, ils ont défriché des plaines où jadis l'herbe poussait avec peine et ils ont maintenant de beaux pâturages. Pour conclure, je crois que le remède serait celui qu'indique M. le Président : prendre en main les propriétés et faire de la participation aux bénéfices.

M. PAUL DELOMBRE. — J'ai encore un peu modifié le texte de la résolution. Voici ce que je proposerais au Congrès :

« Le métayage peut être recommandé dans certaines régions et dans certains cas, au double point de vue économique et social, si le propriétaire réside la plus grande partie de l'année sur ses terres, s'il prend l'initiative et donne l'exemple des progrès agricoles, et si le métayer accepte cette direction profitable à l'intérêt commun. » *(Adopté.)*

M. LE PRÉSIDENT. — La parole est à M. Beudin.

M. BEUDIN donne lecture de son rapport.

VINGTIÈME QUESTION

Avantages des Comités d'employés et d'ouvriers appelés, dans un certain nombre de maisons, à délibérer avec la direction sur la gestion des institutions alimentées par la participation aux bénéfices, ou, sous le nom de Conseil d'usine, *à donner leur avis sur des questions intéressant la marche même de l'entreprise.*

Quelles conditions essentielles sont à observer pour que ces Comités ou Conseils ne créent pas d'entraves à l'exercice de l'autorité patronale ?

RAPPORTEUR : M. BEUDIN

Ancien coassocié de la maison Leclaire (Redouly, Valmé et Cie),
Membre du Conseil supérieur du travail.

En principe on peut affirmer qu'il y a avantage, pour les maisons qui pratiquent la participation aux bénéfices, d'avoir des Comités composés d'ouvriers et d'employés dont la mission est de s'occuper, en commun, des affaires de la maison.

Il y a avantage parce qu'il y a toujours plus de ressources dans plusieurs intelligences que dans une seule, et que les membres de ces Comités, intéressés au premier chef, y apportent tout ce qu'ils croient bon et utile au succès de l'œuvre commune.

Il y a même avantage pour tout le monde à créer ces Comités ou Conseils d'usine, parce qu'en y admettant les travailleurs on les familiarise peu à peu avec l'administration des affaires et on les initie progressivement aux difficultés qu'ils ignorent et même qu'ils nient parfois, toujours par ignorance.

Ces Conseils ou Comités sont donc, pour eux, une école d'expérience et ils y acquièrent rapidement la conviction qu'il est bien plus facile d'obéir que de commander ; de plus, ils s'y préparent à prendre place, le cas échéant, d'un chef de service et même celle du patron.

Tout le monde bénéficie de l'apport intellectuel qu'apportent là, toujours sincèrement, les ouvriers ou employés appelés à donner leur avis sur la marche des affaires en général, et en particulier sur celles de l'entreprise à laquelle ils appartiennent.

L'expérience a démontré combien certains ouvriers et employés investis d'une portion de direction, font preuve de sagesse et de pondération, et même de clairvoyance, lorsque leurs intérêts sont en jeu.

En effet, combien de fautes ont pu être ainsi évitées ?

Que de prudents avis ont été ainsi donnés par ces modestes mais précieux collaborateurs !

Un autre avantage, considérable celui-ci, c'est que cette collaboration élève le travailleur et développe singulièrement chez lui le sentiment de la dignité, de sorte qu'on est tout surpris de les entendre parler, dans ces Comités, avec calme, après réflexion, vous faisant entrevoir souvent, dans un langage clair, des choses auxquelles on n'avait pas songé.

Ah ! c'est que l'ouvrier est plein de bon sens ; il n'y a guère que ceux qui ne l'aiment pas qui l'ignorent. Certes ! dans les réunions publiques, dans les cercles d'études, dans les bourses du travail, on discute bruyamment, c'est vrai. On fait souvent plus de bruit que de bonne besogne, c'est encore vrai ; mais ce bruit, ce chaos d'idées mal exprimées représentent, en somme, le morceau de charbon qui contient le diamant.

C'est à dépouiller les scories, c'est à dégager de son enveloppe grossière le précieux embryon fraternel, que la participation aux bénéfices excelle, et l'admission des ouvriers dans les Conseils d'une entreprise qui pratique ce système, c'est l'adjonction, à la direction, d'une force morale nouvelle, et de ce rapprochement il résulte, sinon la suppression totale des grèves, au moins un apaisement et un sentiment de conciliation qui fait battre le cœur de tous les amis de la paix sociale.

C'est pourquoi il y a non seulement avantage, mais on peut dire nécessité, pour les maisons qui pratiquent la participation aux bénéfices comme pour les autres, à appeler les ouvriers et employés à discuter en commun les intérêts communs.

Cependant, il y a des conditions à observer, des conditions primordiales sans lesquelles les avantages espérés se changeraient en désastre.

Je veux parler ici des pouvoirs à donner à ces Comités, à ces Conseils d'usine, et dans quelle mesure ils peuvent leur être délégués.

Ces pouvoirs peuvent être définis ainsi :

1° Pouvoirs disciplinaires.

2° Pouvoirs de recruter le personnel ouvrier.

3° Droit d'ingérence dans l'administration et dans la réglementation intérieure.

Pour que les Conseils d'usine, que je voudrais voir appeler partout Comités de conciliation, donnent de bons résultats il faut que les droits et les devoirs soient clairement et nettement déterminés ; il ne faut pas laisser le moindre doute, la moindre place à l'équivoque ; car si l'ouvrier est plein de bon sens, il est aussi fort enclin à se mêler de ce qui ne le regarde pas ; il a même un penchant pour cela, et si ses attributions ne lui sont pas parfaitement limitées, il se croira tout permis, et c'est alors la négation de l'autorité patronale ; c'est le gâchis.

Les Comités peuvent être élus par leurs pairs d'une part, et par la direction d'autre part, laquelle se réserve bien entendu la présidence. Les ouvriers peuvent avoir sans inconvénients la majorité ; leur sagesse, lorsqu'il s'agit de leurs intérêts, est une garantie, puis, c'est moins du mode d'élection que de la nature des attributions que peuvent résulter des conflits.

A mon sentiment, lequel d'ailleurs est basé sur une certaine expérience de ces choses, les Comités de conciliation peuvent avoir un pouvoir disciplinaire à la condition que ce pouvoir soit limité, c'est-à-dire qu'ils puissent faire comparaître devant leur juridiction les délinquants, les juger et prononcer les pénalités que la direction applique après examen, mais en aucun cas ils ne sauraient avoir le pouvoir suprême, je veux dire le renvoi définitif du coupable.

Je n'oublie pas que les ouvriers et employés membres de ces Comités ont une communauté d'intérêts avec la direction, mais il ne faut pas oublier non plus qu'ils n'ont pas les mêmes responsabilités. Ceci dit pour sauvegarder le principe, car il est extrêmement rare, quoi qu'on en ait dit, que les Comités prononcent la peine la plus forte ; c'est même là qu'est le danger.

En général, et quoique intraitable sur tout ce qui touche ses intérêts, l'ouvrier ou l'employé, investi momentanément par ses camarades d'un pouvoir disciplinaire, n'oublie jamais que le condamné d'aujourd'hui peut être son juge demain, et alors les jugements se ressentent d'une indulgence mutuelle qui peut devenir funeste si le patron n'a pas le droit d'intervenir en dernier ressort.

En un mot, le Comité doit être le tribunal de première instance ; la Cour d'appel, c'est le patron.

J'arrive maintenant au pouvoir du recrutement des ouvriers par les ouvriers. Il y a des exemples où le recrutement — qu'il ne faut pas confondre avec l'embauchage ordinaire, car il s'agit ici de l'adjonction, soit de nouveaux participants, soit de nouveaux sociétaires, futurs candidats aux divers postes de l'entreprise — il y a des exemples, dis-je, où le recrutement se fait sous couleur de libéralisme, par des Comités omnipotents. Cette manière de faire est, à mon sens, absolument condamnable; car le patron doit avoir le droit d'admettre et de conserver dans la maison un ouvrier qui lui paraît digne et capable d'en faire partie, de même qu'il doit avoir le droit de s'en défaire s'il juge que cet ouvrier compromet les intérêts communs.

En ce qui concerne l'ingérence des Comités dans les affaires proprement dites, ils ne peuvent être que consultatifs; il y a là une question de vie ou de mort pour l'industriel qui, sous couleur de coopération, s'oublierait jusqu'à se faire l'exécuteur des volontés d'un Comité irresponsable et incompétent dans la plupart des cas.

Les Comités peuvent être consultés avec fruit sur les questions techniques, sur les améliorations à apporter dans l'outillage, sur l'économie des matières ou sur l'emploi de ces matières, toutes questions où ils sont souvent plus compétents que les patrons eux-mêmes.

Mais il n'est pas admissible un instant que les traités, que les marchés, soit avec la clientèle, soit avec les fournisseurs, soient soumis à leur délibération, car il n'y a plus de direction quand tout le monde commande.

Pour la partie administrative dans une maison pratiquant la participation aux bénéfices, il est de toute évidence que les employés de bureau participants eux-mêmes, présentent aux ouvriers des garanties de loyauté dans la manipulation des affaires.

D'autre part, les inventaires de fin d'année étant établis par les mêmes employés, et contrôlés, soit par un arbitre-expert, soit par des délégués des participants ouvriers, il n'y a plus de place pour la méfiance; dès lors les Comités n'ont aucune raison de s'immiscer dans les choses administratives.

Les règlements d'ateliers doivent être faits avec la collaboration des ouvriers et employés, faits pour eux, non par eux.

Les Comités peuvent être appelés à discuter sur les modifications, non essentielles toutefois, que nécessitent parfois la marche du progrès ou les fantaisies du législateur, mais il faut le faire avec une extrême circonspection, et sans oublier que les responsabilités civiles ou morales de la direction impliquent tous les droits.

Voilà, bien sommairement pourtant, les principaux avantages résultant de la pratique des Conseils d'usine ou des Comités de conciliation, avec indications des conditions essentielles à observer afin que ces Conseils ou Comités ne soient pas une entrave à la marche normale d'une entreprise devenue œuvre commune.

En conséquence, j'ai l'honneur de soumettre au Congrès le projet de vœu suivant :

« Le Congrès émet le vœu que toutes les maisons pratiquant le système de la participation aux bénéfices soient pourvues d'un Comité de conciliation, présidé par la direction et composé d'ouvriers et d'employés élus par eux-mêmes, renouvelable chaque année, avec des pouvoirs clairement et nettement déterminés, afin de laisser intacte l'autorité patronale. »

M. LE PRÉSIDENT. — Vous venez d'entendre la lecture de ce rapport qui certainement a la qualité d'être d'un sens pratique net et clair. Nous allons ouvrir la discussion.

M. BUISSON. — Vous allez assister à ce phénomène assez bizarre d'un coopérateur qui représente, dans la voie que nous suivons, le progrès sur la participation, être plus restrictif qu'un participant! Je suis d'avis que dans toutes les maisons où l'on fait de la participation aux bénéfices, soit qu'il s'agisse d'une maison patronale, soit qu'il s'agisse d'une Société même coopérative, il y ait un Comité de conciliation; j'en ai institué un à la Société « Le Travail ». En fait, les attributions de ce Comité représentent la chose la plus délicate dans l'organisation d'une maison. Dans tous les cas, ce comité ne doit être que consultatif. Il faut qu'en dernier ressort le patron, le directeur ou le Conseil d'administration, ayant en charge la direction de l'entreprise, ait la haute main sur tous ses rouages; il n'est pas admissible qu'une entreprise, quelle qu'elle soit, puisse être arrêtée par un grain de sable; or ce Comité est le grain de sable qui, dans bien des cas, pourrait arrêter la machine.

Dans toutes les maisons il y a toujours des membres qui, par tempérament, sont destinés à faire de la contradiction et de l'obstruction; ils trouvent toujours à côté d'eux des imbéciles pour les suivre, et alors la situation devient, pour ceux qui ont charge de diriger la maison, absolument intenable. Ce sont les mouches qui tournent autour du bœuf, qui l'aiguillonnent, le piquent et finalement essaient de l'empêcher de marcher droit son chemin. Voilà le rôle que jouent souvent les Comités de travail que je trouve excellents au point de vue consultatif et extrêmement mauvais à tous les égards, s'ils possèdent d'autres droits.

Ce que j'ai fait accepter chez moi par des ouvriers qui sont leurs maîtres va plus loin que ce que vous nous conseillez de faire.

L'admission des sociétaires ne peut se faire chez nous que par la proposition du Comité du travail, mais elle est prononcée par le Conseil d'administration. Le Conseil d'administration, sans l'avis de ce Comité du travail, peut prendre tel membre que bon lui semble, de même qu'il peut renvoyer un sociétaire; le cas s'est présenté la semaine dernière, d'un seul coup nous en avons renvoyé trois qui étaient depuis treize ans dans la Société. Nous procédons ainsi : nous demandons l'avis du Comité du travail, nous le mettons en demeure d'écouter les observations du sociétaire incriminé, il délibère et émet un avis par écrit; cet avis nous est transmis et nous, membres du Conseil d'administration, nous lui donnons la suite que nous jugeons à propos. Je le répète, il y a chez certains ouvriers un besoin de faire de l'opposition à ceux qui les dirigent, souvent ils ne savent pas pourquoi; souvent c'est contre leur intérêt : n'importe, ils marchent tout de même; mais, messieurs, nous sommes tous persuadés ici que, dans bien des cas, il faut faire le bien des gens malgré eux.

A responsabilité égale droits égaux, mais il me semble dangereux d'admettre qu'on puisse laisser intervenir dans l'administration d'une maison un Comité qui aurait une espèce de droit de veto susceptible d'empêcher une question de se résoudre lorsque des intérêts matériels sont en jeu. Depuis dix-huit ans que je fais de l'association, j'ai déjà démoli quelques idées préconçues; je n'ai jamais hésité à m'élever contre des hérésies en honneur dans la classe ouvrière. J'agis ainsi parce que je crois que je suis dans la vérité et que c'est dans l'intérêt des ouvriers. J'estime qu'il est dangereux de leur donner dans les mains une arme dont ils ne savent pas toujours se servir avec raison; il est utile et très sage de leur demander leur manière de voir sur des questions de travail et au point de vue corporatif, ce sont des choses qu'ils sont à même de vous dire et sous ce rapport ce sont de précieux collaborateurs; mais au point de vue de l'administration, au point de vue surtout de la réception et du renvoi des sociétaires, j'estime qu'il serait dangereux de s'en rapporter uniquement à leur jugement.

M. BEUDIN. — Nous sommes d'accord.

M. BUISSON. — Si vous ne voulez pas vous tromper sur les droits à accorder aux ouvriers dans ce sens, il faut dire ceci : Il est sage d'instituer dans toutes les maisons qui font de la participation aux bénéfices un Comité de travail, mais dans tous les cas ce conseil ne peut être un empêchement à la direction de l'entreprise.

M. BEUDIN. — C'est un peu ce que je demande, je dis : « Avec des pouvoirs clairement et nettement déterminés, afin de laisser intacte l'autorité patronale. » C'est tout ce que vous venez de nous développer.

Je suis disposé à accepter néanmoins une modification.

M. PAUL DELOMBRE. — Ne croyez-vous pas que vous auriez satisfaction l'un et l'autre par un texte qui, tout en mettant en lumière le point dont vient de parler M. Buisson, ne ferait, en somme, que prendre acte des conclusions de M. Beudin? Voici ce que je proposerais :

« Il est désirable que les maisons pratiquant le système de la participation aux bénéfices soient pourvues d'un Comité consultatif de conciliation, dont les pouvoirs, clairement et nettement déterminés, laissent absolument intacte l'autorité patronale.

» Ce Comité, composé d'ouvriers et d'employés élus par le personnel, devrait être présidé par la direction. »

M. BEUDIN. – C'est la même chose que ce que j'ai fait, seulement c'est plus français.

M. GOFFINON. — Je suis d'accord avec mes deux collègues, excepté sur un point. Quand j'ai étudié moi-même le moyen d'établir la participation aux bénéfices, j'avais vu toutes ces difficultés et je m'étais demandé comment on pourrait y remédier. J'y ai remédié et je m'en trouve très bien. Je vous demande la permission de vous expliquer comment.

Au lieu de dire que ces Comités consultatifs seront nommés par les ouvriers eux-mêmes (pas de bulletin de vote avec les ouvriers, j'en ai une peur affreuse!), je dis : les plus anciens seront de droit membres du Comité consultatif. Quand un ancien se retire, où est le plus ancien? — C'est moi. — Entrez.

Cela fonctionne chez moi depuis trente-deux ans : on n'a jamais touché à mon autorité. Cela fonctionne également dans une autre affaire depuis quinze ans, nous n'avons jamais eu d'ennuis. Mais nous prenons les plus anciens et nous ne voulons pas de bulletins de vote. Nous évitons ainsi les coteries.

M. BUISSON. — J'ai fait quelque chose d'analogue dans la Société « Le Travail ». Le Conseil de famille se compose de 11 membres qui sont nommés par leurs collègues pour leur vie entière; il n'y a de remplacements qu'au fur et à mesure des vides qui se produisent par la mort ou par le départ des sociétaires; c'est le Comité lui-même qui fait les présentations. La semaine dernière, nous avons élu trois membres de ce Comité, le Conseil de famille avait indiqué trois noms, il y avait 50 votants : les membres présentés par le

Comité ont obtenu 38 voix. Nous sommes arrivés au même résultat que vous, tout en laissant une certaine initiative aux ouvriers.

Nous ne voulons pas dire à nos associés : Vous faites partie d'une Société et vous n'avez pas le droit de nommer les gens qui sont appelés à vous diriger. Il faut laisser l'initiative aux ouvriers de pouvoir nommer dans ce Comité ceux qu'ils voudront y voir venir; mais s'il était prouvé que ce Comité agit contre les intérêts évidents de l'entreprise et peut devenir une arme contre la Direction, il faut que le Conseil d'administration ou le chef d'industrie puisse le modifier. Ce que vous devez indiquer, monsieur Beudin et je suis d'accord avec vous, c'est que, au-dessus de tout, il y ait l'autorité patronale ou, dans une Société anonyme, l'autorité du Conseil d'administration.

M. TROMBERT. — A l'Imprimerie Chaix, nous avons un Comité consultatif non élu : il est présidé par le patron et est composé des chefs de service, des contremaîtres et des plus anciens ouvriers et ouvrières.

M. LE PRÉSIDENT. — Choisis comment ?

M. TROMBERT. — Choisis par le patron.

M. TULEU. — Nous sommes bien tous d'accord pour que le Comité soit purement consultatif. Dans ma maison, depuis 40 ou 50 ans qu'un Comité analogue fonctionne avec des membres élus qui forment la majorité du Conseil, jamais on ne s'est trouvé en désaccord ou du moins les désaccords ont été tranchés amiablement. L'accord s'est toujours établi aussi bien pour les intérêts du patron que pour ceux des ouvriers.

Dans des Comités semblables nommés régulièrement il ne faut pas se donner l'apparence de faire de pression comme chez M. Buisson. Il ne faut pas davantage faire entrer les plus anciens comme chez M. Goffinon, car il est à craindre que de cette façon il n'entre dans ces Comités ouvriers des gens qui seront certainement très dévoués, mais qui seront quelquefois un peu mous et qui n'oseront pas vous dire certaines vérités.

Comme patron, j'ai souvent entendu des vérités que mes chefs de services ne me faisaient pas connaître. Les nouveaux élus viennent avec un programme, avec des idées particulières ; très souvent ils se trompent, mais même dans ce cas, ils m'apportent des éclaircissements.

M. BUISSON. — Si vous voulez me le permettre, je vais vous donner lecture de l'article des statuts de ma Société qui indique le rôle de ce Comité du travail :

« Le Comité du travail a une mission conciliatrice, et il est chargé de maintenir l'harmonie... »

M. BEUDIN. — Nous sommes de plus en plus d'accord.

M. PAUL DELOMBRE. — Il y a deux questions distinctes, et, par conséquent, il est inutile de les mêler : une question de principe et une question d'application. Le Congrès est-il d'avis qu'il y ait lieu d'accepter des Comités consultatifs de conciliation ? Voilà le premier point... Alors nous pouvons dire :

« Il est désirable que les maisons pratiquant le système de la participation aux bénéfices soient pourvues d'un Comité consultatif de conciliation, dont les pouvoirs, clairement et nettement déterminés, laissent absolument intacte l'autorité de la direction ou du patron. »

M. LE PRÉSIDENT. — Je mets aux voix cette première partie. *(Adopté.)*

M. PAUL DELOMBRE. — Maintenant, on s'est demandé comment ce Comité serait constitué. L'expérience semble avoir été faite de divers modes de constitution, les uns reposant sur l'élection, d'autres sur la nomination par le patron ; on nous a montré, dans certaines maisons, l'élection comme ayant abouti à d'excellents résultats ; on nous a montré, dans d'autres maisons, que le patron avait seul choisi son personnel. Nous pourrions, si le Congrès le voulait, viser les différents cas, et dire, par exemple :

« Ce Comité consultatif, composé d'ouvriers et d'employés désignés, suivant les circonstances, soit par le patron, soit par le personnel lui-même, devrait être présidé par la Direction. »

Ainsi apparaissent les diverses possibilités de fonctionnement de ce Comité consultatif, sans que l'autorité patronale cesse de s'exercer comme direction et comme présidence. Suivant que telle ou telle industrie ou que tel ou tel patron auront le sentiment qu'ils peuvent ou non recourir à l'élection, le cas aura été prévu et le Congrès aura fait son œuvre. Nous dirions donc, d'une façon exacte :

« Ce Comité consultatif, composé d'ouvriers et d'employés désignés par le patron ou élus par le personnel, doit être présidé par la direction ou par le patron. »

M. MARIN. — Il y a aussi un autre moyen qui est pratiqué, comme par exemple dans la maison Chaix où, selon l'importance des services, il est indiqué d'avance que les chefs de services et contremaîtres auront le droit de faire partie de ce Comité.

D'autre part, il y a l'ancienneté.

M. LE PRÉSIDENT. — On pourrait mettre : « désignés par le patron ou par leurs fonctions. »

M. MARIN. — Je suis frappé de deux faits : d'une part, des avantages dont on nous a parlé tout à l'heure à propos de l'ancienneté; d'autre part, du mode dont nous a parlé tout à l'heure M. Trombert qui nous a dit : « Dans ce Comité de conciliation, il y a les chefs de service qui y entrent de droit, sans élection ni désignation. »

M. LE PRÉSIDENT. — Vous voudriez dire : « Admis de droit par leurs états de services ou par leurs fonctions ? »

M. PAUL DELOMBRE. — Voulez-vous cette formule :

« En cas de désignation par le patron, il est désirable que celui-ci tienne compte, dans le choix des membres du Comité consultatif, de l'ancienneté ou de l'importance des services. »

M. MARIN. — Je ne visais pas seulement le cas de désignation par le patron, je visais tous les cas.

UN MEMBRE. — Le patron, dans ce cas-là, n'aurait plus la direction.

M. GOFFINON. — Il préside toujours.

UN MEMBRE. — Dans la rédaction première, il avait été entendu que le patron avait toujours le dernier mot sur ce cas d'élection; ici, il y a un roulement où la direction n'a rien à voir, le droit d'ancienneté prime tout.

M. PAUL DELOMBRE. — Voici le texte rectifié, en tenant compte des diverses observations :

« Ce Comité consultatif, composé d'ouvriers et d'employés désignés par le patron, admis de droit en raison de leurs fonctions ou de leur ancienneté, ou élus par le personnel, doit être présidé par la direction ou par le patron. » *(Adopté.)*

La séance est levée à midi.

CINQUIÈME SÉANCE

MARDI APRÈS-MIDI, 17 JUILLET

Présidence de M. BEUDIN, assisté de MM. PAUL DELOMBRE et TULEU.

La séance est ouverte à 2 heures 30.

M. PAUL DELOMBRE. — M. Laroche-Joubert, qui avait demandé que l'on remît à cet après-midi la discussion sur la onzième question, est dans l'impossibilité d'assister à la séance, il m'écrit :

« La nouvelle que je reçois de Saint-Cloud m'oblige à me rendre à l'instant près de ma chère malade... »

Je serai l'interprète du Congrès entier en envoyant à notre distingué collègue nos vœux les meilleurs pour le rétablissement de la santé de sa chère malade. Dans ces conditions, nous abordons la onzième question.

M. LE PRÉSIDENT. — La parole est à M. Goffinon.

M. GOFFINON donne lecture du rapport suivant :

ONZIÈME QUESTION

Le contrôle des comptes par un arbitre-expert, nommé chaque année en assemblée générale par les participants pour l'année suivante, donne toute sécurité aux participants comme au chef de la maison.

RAPPORTEUR : M. GOFFINON

Vice-Président de la Société pour l'étude de la participation aux bénéfices,
Membre du Comité de la classe 102 (groupe de l'Économie sociale).

En 1889, à notre premier Congrès international de la participation aux bénéfices, la même question était inscrite dans les termes suivants :

« Quand la participation contractuelle, limitée ou non aux bénéfices industriels proprement dits, donne lieu à la fixation d'un quantum déterminé, n'y a-t-il pas lieu, tout en plaçant l'autorité patronale en dehors de toute atteinte, d'offrir aux intéressés la garantie d'un contrôle des comptes par voie d'arbitre-expert ?

» La participation contractuelle ainsi organisée n'a-t-elle pas, pour l'entrepreneur lui-même, l'avantage de l'obliger à tenir une comptabilité régulière ? N'est-elle pas de nature à faciliter la cession de l'établissement au personnel, en préparant la transformation de la maison patronale en association coopérative de production ?

» Cette transformation n'est-elle pas mieux préparée encore lorsque l'ouvrier, admis à devenir actionnaire, participe aux pertes, s'il y a lieu, comme aux bénéfices ? »

Voici les résolutions prises par le Congrès de 1889, en ce qui concerne cette question :

« 1° Le contrôle des comptes, par un arbitre-expert nommé chaque année en assemblée générale, par les participants pour l'année suivante, donne toute sécurité aux participants, comme au chef de la maison ;

» 2° La participation ne peut être organisée que là où il y a une comptabilité complète, régulièrement tenue ;

» 3° L'organisation du travail avec la participation aux bénéfices constitue un élément d'instruction professionnelle et d'éducation économique pour tout le personnel, qui est ainsi préparé à devenir successeur du patron, soit sous la forme de commandite simple, soit comme association coopérative de production.

» 4° Si le participant est admis à avoir une part au capital, il devient par ce fait un véritable associé, participant aux pertes comme aux bénéfices, ce qui prépare d'autant mieux l'avènement de la coopération proprement dite, dans laquelle tout propriétaire d'actions est en même temps ouvrier ou employé. »

Étant donné ce programme, nous avons à nous rendre compte si les maisons que nous avons signalées en 1889 comme pratiquant le contrôle des comptes par arbitre-expert, s'étaient bien trouvées de ce régime pendant les onze ans qui viennent de s'écouler, si elles persévéraient dans cette méthode et si de nouveaux exemples s'étaient produits.

Il résulte de l'enquête faite que l'exercice du contrôle des comptes par arbitre-expert, institué dans un certain nombre de maisons avant 1889, pour donner pleine sécurité aux participants, n'a donné lieu à aucun incident, et que ce contrôle continue à avoir lieu dans les mêmes conditions.

Depuis onze ans, il n'est pas parvenu à notre connaissance que de nouveaux exemples se soient produits. Nous n'avons pas appris non plus que des participants aient réclamé d'assister à l'établissement des inventaires, ni au contrôle de la comptabilité.

Dans sa déposition devant la Commission d'enquête extra-parlementaire des associations ouvrières, M. Charles Robert s'est exprimé ainsi, en ce qui concerne le contrôle des comptes par un arbitre-expert :

« Je crois pouvoir dire, messieurs, sans aucune exagération, que de la solution de cette question dépend entièrement l'avenir de la participation des employés et ouvriers dans les bénéfices. Pour que la participation s'établisse et se propage, il faut que le patron, le propriétaire de l'établissement ou le directeur d'une Société anonyme ne soit pas exposé, comme conséquence de la participation appliquée par lui, à se trouver sous le coup d'une demande d'ingérence dans les comptes, formée par ses employés ou ses ouvriers. »

M. Charles Robert qui avait étudié non seulement juridiquement le système, mais scientifiquement et pratiquement, n'était pas moins affirmatif sur la nécessité absolue d'avoir une comptabilité complète et bien tenue régulièrement. Il n'hésitait jamais à affirmer que la base fondamentale de cette organisation reposait sur la comptabilité, qui, contrôlée par un arbitre-expert, représentait la sécurité avec tous ses avantages.

D'ailleurs, cette comptabilité n'est pas seulement la base de toute répartition de bénéfices ; elle instruit sans cesse le chef de la maison sur la situation de ses affaires. Sans elle, un chef de maison ne sait jamais où il en est de sa situation financière, de celle de ses débiteurs et de ses créanciers, et, le jour où il voudra céder sa maison, comment pourra-t-il en indiquer la valeur ? Est-il admissible, dès lors, qu'il existe un si grand nombre de patrons qui n'ont pas de comptabilité organisée pour leur entreprise ; surtout dans l'agriculture, où les exploitations qui tiennent des comptes, même sommaires, constituent des exceptions ?

Nous ne pouvons que le répéter, le système de la participation, aussi bien que celui de la coopération, ne sont pratiques qu'avec une comptabilité complète et bien tenue.

Nous nous sommes demandé qu'elle pouvait être la cause de ce manque de comptabilité à notre époque d'instruction obligatoire. D'où vient qu'elle soit si ignorée et si délaissée? C'est que d'une part elle n'est pas considérée dans notre enseignement, en général, comme faisant partie du bagage du savoir de tout le monde; d'autre part, là où elle est enseignée, le programme en est bien plus compliqué qu'il n'est nécessaire. On a voulu en faire une science, ce qui nous paraît une erreur. On est arrivé à ne plus enseigner dans nos Écoles supérieures, et même dans nos écoles primaires, qu'une comptabilité scientifique. L'élève s'empresse de l'oublier au sortir de l'école, parce qu'elle est trop compliquée.

La Société d'études pratiques va être assez heureuse pour pouvoir créer des concours, dits Prix Charles Robert, grâce aux nombreux amis de cet homme de bien. Nous pensons que ce qui aiderait le plus au développement du système de participation, auquel M. Charles Robert a consacré de si généreux efforts, serait un concours sur une méthode simple et pratique de comptabilité.

La troisième question consiste à savoir si la participation aux bénéfices est un élément d'instruction professionnelle et d'éducation économique pour tous les participants, employés et ouvriers, et, dans l'affirmative, si le patron ne trouvera pas dans ses collaborateurs de la participation de futurs successeurs.

Cette question de transmission d'une maison industrielle est une de celles qui devraient préoccuper le plus un patron. Le plus souvent c'est celle qui le préoccupe le moins, parce que c'est une des difficultés de la vie d'un homme d'affaires, qu'il n'apprend à connaître qu'à la fin de sa carrière.

Il n'est plus contesté par personne, de notre temps, que pour réussir dans un métier, une profession ou une carrière, il faut avoir, non seulement le capital numéraire, mais encore et surtout celui du savoir. Mais, lorsque l'âge ou les infirmités obligent un chef de maison à se retirer, où trouvera-t-il le ou les successeurs avec ce bagage, s'il ne les a pas préparés?

Depuis le Congrès de 1889 la quatrième résolution s'est également confirmée, à savoir que tous les travailleurs participants qui ont une part au capital, obligatoire ou facultative, ont, pour la plupart, fait preuve d'un esprit conciliant et pratique.

M. LE PRÉSIDENT. — Ce rapport contient des éléments très intéressants. La question de l'arbitre-expert appliqué à la participation est très importante. Quelqu'un demande-t-il la parole ?

M. OMER DECUGIS. — Qui est cet arbitre-expert ? Par qui est-il nommé ? Quelle autorité aura-t-il vis-à-vis des participants demandant à avoir son appréciation en comptabilité ? Est-ce un arbitre au tribunal de Commerce ? Est-ce un arbitre salarié ou au contraire pris parmi les participants ? Ceux qui pratiquent la participation ont-ils employé ce mode ? Comment s'en sont-ils trouvés ?

M. GOFFINON. — Voici comment les choses se sont passées là où ce contrôle a été appliqué :

On a dit à l'Assemblée générale des participants : « Voulez-vous nommer un expert qui soit un expert reconnu au tribunal ou un ancien expert, pour venir contrôler les comptes chaque année ?... » On a remis aux participants une liste des experts au tribunal et on leur a dit : « Quel est celui que vous voulez choisir dans ce nombre ? »

Tout naturellement, ils ont demandé quel est celui qu'il fallait choisir. Dans l'exemple que je cite, nous leur avons dit : « Prenez celui que vous voudrez ; de préférence, puisque c'est une entreprise, prenez un architecte : il connaît mieux le genre d'affaires que nous traitons ; seulement, il faut que ce soit un expert. »

On a désigné un expert. Il est renommé tous les ans, depuis quatorze ans, à l'unanimité.

L'expert fait son contrôle, voit les écritures et déclare, comme on le fait en Angleterre : « J'ai vu les comptes et les amortissements, contrôlé les frais généraux, vérifié le capital engagé. Conformément à la clause de vos statuts, j'ai reconnu que la part qui vous avait été promise vous a été versée. » C'est fini ; il ne doit pas dire autre chose.

Voici pourquoi on a fait cela : notre maître à tous, M. Charles Robert, disait, en 1883, à l'enquête extra-parlementaire : « Pour que les participants aient une sécurité, un contrôle est nécessaire. » Ce contrôle a été établi ; il fonctionne depuis le début et les participants s'en sont toujours rapportés à lui.

C'est là un exemple ; il y en a un autre qui est un peu plus particulier.

Un entrepreneur, également du bâtiment, a organisé la participation aux bénéfices avec le concours d'un entrepreneur de la même profession. Le hasard a fait que cet entrepreneur était un ancien arbitre près le tribunal. Les ouvriers ont dit : « Quel contrôleur devons-nous choisir? Puisque celui qui nous a organisés est un ancien expert, et puisqu'il fait le même métier que vous, quel inconvénient y a-t-il à ce que nous le prenions?... » On l'a choisi. De sorte que depuis douze ans, ce contrôleur qui tous les ans est renommé à l'unanimité par l'assemblée, est un confrère, un concurrent. Cela se passe néanmoins très bien.

M. BUISSON. — J'insiste pour l'adoption du vœu qui résulte de l'étude faite par M. Goffinon. Nous sommes en présence d'un homme d'expérience. Il sait, mieux que n'importe qui, que les ouvriers croient difficilement à la participation et qu'une des conditions absolues pour les convaincre, réside dans cette question du contrôle des comptes.

Si le patron se contente de régler lui-même ses affaires, de fixer ses amortissements, de dire à la fin de l'année : « Voici ce qui vous revient », sans contrôle, sans garantie pour les participants, quelle que soit la somme distribuée, vous ne sortirez pas de l'esprit des ouvriers qu'on ne leur a pas donné l'intégralité de ce qui leur était dû.

La question de contrôle des comptes est la question délicate en participation. Il n'y a qu'un moyen d'inspirer confiance aux participants, c'est de faire appel à une personne expérimentée et très connue.

Dans les Sociétés anonymes, la question est résolue par la loi même. Les participants ne peuvent être plus exigeants que les actionnaires; les ouvriers qui voudraient ne pas s'en rapporter aux comptes approuvés par les actionnaires après avoir été vérifiés par la commission de contrôle seraient mal venus; car lorsque les gens qui ont des intérêts dans une affaire, qui y ont apporté des capitaux, ont approuvé les comptes, il serait extraordinaire que ceux qui n'y ont rien apporté, qui n'ont aucun risque, viennent les discuter.

Le cas n'est pas le même pour un entrepreneur. Il y a dans les comptes d'une entreprise des choses délicates que lui seul doit connaître. S'il était nommé une commission prise dans le personnel de la maison, il pourrait y avoir des indiscrétions commises, et ce serait une ingérence que le patron ne pourrait pas accepter.

Il n'y a de pratique que le moyen préconisé par M. Goffinon, et l'expérience démontre du reste que les ouvriers n'ont jamais trouvé à redire. Je vous invite donc chaleureusement à voter les conclusions du rapport de M. Goffinon et à émettre ce vœu que, dans toutes les maisons où est faite la participation, le contrôle soit fait par une personne en dehors de l'entreprise et de préférence par un expert du tribunal.

M. CHEYSSON. — Rien ne vaut un fait : M. Goffinon invoque son expérience personnelle et le succès qui l'a couronnée.

Mais, dans un Congrès, l'on examine aussi les questions au point de vue doctrinal et l'on envisage différentes hypothèses. Je demande la permission d'en soumettre une respectueusement au Congrès.

On a supposé jusqu'ici qu'il y avait harmonie entre le patron et les ouvriers qui s'entendent sur le choix de l'expert, et que les déclarations de l'expert étaient acceptées sans difficulté par les ouvriers. Ne pourrait-on pas faire une hypothèse contraire?

Ce qui me préoccupe, en effet, ce n'est pas la nomination de l'expert; j'admets qu'on puisse s'accorder sur son choix. Ce n'est pas non plus l'acceptation des déclarations de l'expert par l'Assemblée générale. Mais ce qui me paraît plus aléatoire, c'est l'entente entre le patron et l'expert. J'ai eu l'honneur, comme directeur du Creusot, d'appartenir à l'industrie; or, j'aurais éprouvé, pour ma part, quelque hésitation à soumettre mon budget à un expert et à le faire contrôler par lui. Non pas que j'eusse un secret à garder ou que je me fusse méfié de la bonne foi ou de la discrétion de l'expert : j'aurais été sûr d'être couvert par le secret professionnel, et d'avoir dans l'expert choisi un homme digne de toute confiance; mais, ce qui m'aurait paru plus délicat, c'eût été la concordance entre le point de vue de cet expert et le mien en ce qui concerne la rédaction du bilan.

Lorsqu'on dresse un bilan, on reconnaît, en effet, qu'il ne s'agit pas d'une opération arithmétique et purement mécanique, sur laquelle tout le monde doive se mettre d'accord. Il comporte une appréciation difficile et, dans une certaine mesure, discrétionnaire, pour la fixation de certains articles, qui influent grandement sur la détermination du bénéfice. Si vous passez en revue ces articles, vous verrez qu'ils dépendent au premier chef de la politique financière du maître de maison. S'il est très prudent, voire même timoré, il voudra tabler très bas, majorer les réserves, les amortissements, déprécier les matières premières, les stocks, les créances douteuses. Je suis, par exemple, directeur du Louvre ou du Bon Marché et j'ai dans mes rayons des quantités innombrables de marchandises : que valent-elles? Qui peut le savoir? Pas plus l'expert que le patron. Leur valeur va dépendre de l'angle sous lequel ce stock sera examiné, de la couleur du verre par lequel on le regardera. Il n'en faudra pas davantage pour faire apparaître ou disparaître les bénéfices. J'ai des créances douteuses; quel rabais leur infliger? Est-ce 50 °/₀? Est-ce 10 °/₀? Faut-il les passer par profits et pertes? Voici maintenant des machines : elles ont coûté 100.000 francs, il y a quinze ans; quelle est leur valeur actuelle? Elles se détruisent par leur service même; au bout d'un temps normal elles seront usées. Mais, sans attendre leur usure matérielle, si je sais qu'il y a au bout du monde une invention qui va faire mettre mes machines à la ferraille et si je suis prudent, je dois prévoir un amortissement pour les renouveler... Et ainsi de suite pour divers articles du budget.

En somme, dix personnes de bonne foi, et toutes également compétentes, peuvent pâlir sur le même budget et aboutir à des résultats inverses. Suivant votre disposition d'esprit, votre optimisme ou votre pessimisme, votre préoccupation de père de famille qui veut assurer l'avenir, ou votre ambition de directeur, qui tient à des résultats immédiats, vous aurez, pour le bénéfice, des chiffres absoluments différents. Dans une large mesure, le bénéfice est au pouvoir du patron; il est, suivant l'expression allemande, non subjectif, mais objectif. Pour un même bilan, il y aura autant de bénéfices qu'il y aura de patrons appelés à en déterminer le chiffre.

En présence de cette lourde responsabilité qui pèse sur ses épaules, et qui met en jeu sa fortune et son honneur, le patron a dressé son bilan de la façon qui répond à sa manière d'envisager l'avenir. Arrive un expert, d'ailleurs loyal et animé de sentiments excellents, mais qui ne partage pas ses vues. Il dira : « Pardon! vous avez exagéré la prudence; voici un stock que vous n'avez pas estimé à sa valeur ; voici une créance que vous avez trop dépréciée... » De même pour divers articles du budget... « Par conséquent, conclut l'expert, ce bénéfice qui, d'après vous, serait de 100.000 francs, j'estime, moi, qu'il est de 200.000. »

C'est là qu'intervient le conflit. Je le trouve insoluble et je demande comment le départager.

M. BUISSON. — Je lui dirai : « Ce bénéfice nous le retrouverons l'année prochaine. »

M. CHEYSSON. — Mais les ouvriers ne s'accommoderont pas de la réponse que veut bien me faire M. Buisson, parce qu'ils ne seront peut-être pas là l'année prochaine. C'est précisément la grosse difficulté dans certaines Sociétés anonymes, où les actionnaires demandent des distributions immédiates de gros dividendes et n'aiment pas le système des fortes réserves et des amortissements vigoureux. Quiconque a été dans l'industrie a eu affaire à ce problème.

Supposons aux prises ces deux hommes également honorables et convaincus, le patron et l'expert. Ils sont là, s'immobilisant chacun dans son point de vue et ne voulant pas en sortir. L'expert, pour défendre les intérêts des ouvriers, exige qu'on passe aux bénéfices ce que le patron veut que l'on mette en réserves. Allez-vous soulever le conflit devant l'Assemblée générale ? Allez-vous soumettre la politique financière et industrielle du patron à l'appréciation de cet expert ?

Il y a là, Messieurs, des préoccupations qui m'obsèdent depuis longtemps. L'occasion se présente de les exprimer. Je la saisis en toute franchise et je serais heureux qu'on voulût bien les solutionner. *(Applaudissements.)*

M. GUEY. — Il serait peut-être préférable, au lieu de choisir un arbitre-expert, de choisir un comptable-expert.

M. LE PRÉSIDENT. — C'est une question de mots.

M. BUISSON. — On ne peut pas employer un expert qui n'est pas comptable.

Je comprends les préoccupations de M. Cheysson. Je lui ai immédiatement fait une réponse que je ferais à un contrôleur quelconque.

Est-ce que la même difficulté ne se présente pas dans toutes les Sociétés anonymes ? Je vais me trouver cette année avec des bénéfices énormes et je vais proposer aux actionnaires de mettre aux réserves trois fois plus que je vais leur donner. Remarquez que le contrôleur pourrait venir dire : « Pourquoi portez-vous 300.000 fr. aux réserves alors que vous ne donnez que 100.000 francs ? » Je lui répondrais : « J'ai l'habitude de mon entreprise que j'ai créée, j'y ai des intérêts plus grands que ceux que vous représentez. Si je vous propose de faire une répartition de telle manière, c'est que je considère qu'il est bon pour l'entreprise qu'il en soit ainsi. Tenant la queue de la poêle, j'ai la prétention de savoir exactement ce que je dois faire pour mener à bien mon affaire. » C'est ce que dit un Conseil d'administration à une commission de contrôle lorsqu'elle vient vérifier les comptes.

La question des créances litigieuses est importante dans nos métiers du bâtiment où, lorsque nous établissons nos comptes de fin d'année, nous avons le tiers de nos mémoires qui ne sont pas réglés. On fait ce qu'on veut d'un bilan dans ces conditions.

Mais pourquoi voulez-vous que nous, membres du Conseil d'administration, nous allions proposer quelque chose qui irait à l'encontre des intérêts de la Société? Nos intérêts ne sont-ils pas les mêmes que ceux des différents participants?

Lorsque je vois à la fin d'un exercice qu'il y a de gros bénéfices, je dois prévoir les années mauvaises. Je le fais depuis dix-huit ans et je m'en trouve bien. Toutes les fois que j'ai eu des années excellentes, j'ai exagéré mes réserves. En supposant que vous retiriez quelques centaines de francs sur la participation, vous faites tort à un ouvrier de quelques centimes; mais vous, patron, qui touchez les deux tiers des bénéfices, vous perdez bien davantage. Cela se retrouvera plus tard.

Vous amortissez un matériel. Il arrive un moment où il est entièrement amorti; il faut bien qu'à ce moment le bénéfice ressorte. Ceux qui seront là à ce moment toucheront... Evidemment, il y là une petite nuance: ce ne sont pas ceux qui l'auront gagné qui toucheront; mais au-dessus de l'intérêt individuel, il faut voir l'intérêt général. Il faut d'abord faire vivre l'entreprise. En affermissant votre maison, vous assurez du travail à l'ouvrier, ce qui est plus important que les bénéfices que vous lui donnez par la participation. Faisant le partage en votre âme et conscience, vous avez accompli votre devoir; et je mets en fait qu'il ne peut y avoir là plus de difficulté que dans une Société anonyme.

M. PAUL DELOMBRE. — Vous me permettrez, d'abord, de remercier M. Cheysson qui, accablé de travail, comme vous le savez, a bien voulu nous consacrer quelques instants et nous apporter sa précieuse collaboration.

Si M. Cheysson n'avait pas tant de talent, je me permettrais de dire que la réponse que vient de lui faire M. Buisson serait plutôt de nature à fortifier qu'à dissiper ses doutes. C'est ce que semblait dire M. Cheysson à son voisin...

En effet, ce que M. Cheysson appréhende, c'est que, grâce à la participation aux bénéfices avec intervention d'expert, on n'arrive à faire chez les patrons ordinaires ce qui a lieu dans les Sociétés anonymes.

M. Cheysson nous dit : « Le jour où l'expert interviendra, il pourra, agissant comme le fondé de pouvoirs des ouvriers à qui l'on propose une répartition des bénéfices, se substituer aux patrons qui ont fait la proposition et déclarer qu'elle est inadmissible, comme insuffisante et qu'il n'y a pas lieu d'y adhérer. » Et plus on invoque contre M. Cheysson l'autorité qui se substitue à l'autorité du directeur en matière de Sociétés anonymes, plus on vient fortifier l'argumentation qu'il nous oppose et qui éveille les scrupules d'un certain nombre de membres du Congrès.

Est-ce à dire qu'il n'y ait pas de réponse à apporter à M. Cheysson qui en sollicite une avec sa bonne foi et sa loyauté habituelles ?

La question qui nous est soumise se rattache à d'autres questions sur lesquelles le Congrès a statué. Nous avons déjà mis hors de cause l'autorité patronale dans maintes questions ; cette autorité a été affirmée de telle sorte qu'elle fût au-dessus de tout soupçon. Elle ne peut être un instant l'objet d'un doute.

Dans la troisième question, nous avons dit : « Dans la mesure du possible, il conviendra, pour augmenter les garanties offertes aux bénéficiaires de la participation contractuelle, d'adopter et d'énoncer des bases générales déterminées dans chaque maison pour la confection de l'inventaire. » En se prononçant ainsi, le Congrès a bien compris qu'il y a lieu de dissiper les inquiétudes des participants qui se disent : « Nous sommes livrés à la merci du patronat : on nous promet la participation aux bénéfices, nous sommes sans garantie ; n'y a-t-il pas lieu d'adopter certaines garanties ? » Le Congrès a déclaré qu'il convient d'adopter ces garanties. Mais, en même temps, il a été unanime pour décider que, notamment en ce qui concerne la question des amortissements, le patron est le meilleur juge pour reconnaître si, dans une industrie déterminée, il y a lieu de prévoir une baisse ou une hausse des matières premières.

d'opérer ou non la transformation de l'outillage, de passer par profits et pertes des créances litigieuses; pour tout cela, il n'y a qu'une personne compétente, c'est le patron.

Il en sera de même pour la question de l'expert.

L'expert arrive, et sa mission est bien simple: Le patron s'est-il conformé aux garanties stipulées? A-t-il respecté les bases générales qui doivent présider de bonne foi aux calculs de l'inventaire ?... Il n'y a pas d'immixtion dans les opérations de l'industriel ; celui-ci est le maître de son industrie; il est seul responsable des pertes, et par conséquent le seul qui puisse dire de quelle façon il doit diriger son industrie. Voilà le principe. D'autre part, comme le Congrès désire tenir compte de cet élément, à savoir la défiance naturelle des petits travailleurs qui redoutent qu'on ne leur promette plus que ce qu'on peut leur donner, nous posons certaines règles, entre autres celles qui sont prévues dans la troisième question; elles sont consolidées par l'intervention de l'expert, intervention qui se produit, non pas dans la direction, dans la gestion, dans l'administration des entreprises, mais simplement dans le contrôle des comptes, et ce contrôle est admis librement par les parties intéressées.

M. CHEYSSON. — Je vous suis infiniment reconnaissant de vos explications; elles commencent à me rassurer, mais ne me donnent encore qu'un commencement de quiétude.

Il est dit, en effet, dans la troisième question, qu'on devra adopter « des bases déterminées » pour la confection de l'inventaire. Mais, derrière ces mots, je ne vois pas bien la pratique. Allez-vous enchaîner, par une formule que je ne pressens pas, le calcul de l'amortissement?

M. PAUL DELOMBRE. — En aucune façon.

M. CHEYSSON. Alors, qu'entendez-vous par ces bases déterminées ?

M. PAUL DELOMBRE. — Votre question a fait l'objet d'un examen approfondi au Congrès. Quand la troisième question est venue, immédiatement devait se presenter à l'esprit la question de savoir comment fonctionnerait la participation aux bénéfices.

Or, qui dit participation dit bénéfice ; qui dit bénéfice dit évaluations libres du patron. L'industrie suppose en effet une gestion libre du patron dont seul le patron doit être juge.

M. CHEYSSON. — Excellente formule !

M. PAUL DELOMBRE. — Ce qui n'empêche pas que puisqu'une convention intervient entre le patron, chef d'industrie, et les salariés, pour la participation aux bénéfices, on peut concevoir très bien que, dans cette convention, certaines bases générales soient fixées.

Le Congrès s'est demandé si ce ne serait pas aller trop loin que de prévoir un tant pour cent pour l'amortissement. Nous n'avons pas cru devoir admettre une pareille fixation, parce qu'il n'est pas possible de dire mathématiquement d'avance que telle ou telle proportion suffira. Il peut survenir telles circonstances où, dans une année, la totalité des bénéfices soit indispensable pour l'amortissement. Mais, ce que nous avons voulu faire, c'est appeler l'attention des participants éventuels sur la nécessité de l'opération de l'amortissement. Ils sont avertis que, malgré des bénéfices apparents, il peut se faire qu'il n'y ait pas lieu à répartition, parce qu'on aura dû satisfaire à des exigences exceptionnelles pour cet objet.

Je me garderais de dire que le taux plus ou moins élevé de l'amortissement n'a pas d'importance pour les ouvriers, qui, en cas de prélèvements excessifs une année, trouveraient, l'année suivante, la compensation de ce qui leur aurait été retenu. Le personnel se renouvelant, la personne qui serait lésée trouverait tout à fait platonique la perspective de cette compensation. Le juste, le droit, en matière de participation, c'est la gestion libre du patron, mais c'est aussi l'amortissement indiqué dans des conventions, dans des règles, de manière que l'on sache que les apparences de prospérité ne sont peut-être que des illusions et que personne n'est trompé. Il est bon qu'il intervienne des bases qui permettent à tous de voir si le patron s'est détaché de ce qui avait été son engagement vis-à-vis de son personnel. De là l'expert.

M. CHEYSSON. — Je viens d'entendre des explications où je retrouve la sagacité et le tact ordinaires de notre Président.

Je suis aussi d'accord avec M. Buisson sur l'autorité patronale : c'est le patron qui doit régler l'inventaire. Le point qui me préoccupait était que l'intervention de l'expert ne vînt gêner cette responsabilité.

Puisque votre intention est de laisser en dehors l'autorité patronale, malgré l'intervention de l'expert, ne pourriez-vous pas, dans votre onzième résolution, rappeler ce que vous avez dit antérieurement, par exemple dans les termes suivants :

« Le contrôle des comptes par un arbitre-expert nommé chaque année en Assemblée générale par les participants pour l'année suivante, et qui vérifiera la régularité des écritures en se conformant aux règles déterminées pour la confection de l'inventaire, donne toute sécurité aux participants comme au chef de maison. »

En un mot, il semblait que le projet de votre onzième résolution laissât à l'arbitre une latitude que je trouvais incompatible avec l'autorité patronale. C'est ce qui a inspiré mes questions, et j'espère que vous me les pardonnerez, puisqu'elles ont amené des déclarations si formelles.

M. LE PRÉSIDENT. — M. Cheysson demande que l'on mette une limite à la mission de l'expert.

M. BUISSON. — Qu'il n'ait qu'à vérifier la matérialité des écritures.

M. OMER DECUGIS. — Si on laissait la rédaction telle qu'elle est, il pourrait en résulter conflit entre le patron et l'expert. Cette crainte est légitime, car ce conflit existe dans les Sociétés anonymes. Il y a des actionnaires qui viennent s'immiscer dans la gestion des administrateurs.

Il faut que le rôle de l'expert soit limité et qu'en cas de conflit, ce soit le patron qui ait le dernier mot. Quelle serait, vis-à-vis d'un patron, la situation d'un expert venant dire : « Je n'approuve pas l'inventaire. »

M. BOISSIÈRE. — Il y aurait peut-être simplement à remplacer le mot contrôle par vérification ou examen.

M. BEUDIN. — Le contrôle des comptes implique l'examen.

M. BUISSON. — La vérification n'est pas un contrôle.

M. CHEYSSON. — Voici une rédaction qui exprime l'idée que j'exprimais tout à l'heure :

« Le contrôle des comptes par un arbitre-expert, nommé chaque année en Assemblée générale par les participants pour l'année suivante, et fonctionnant pour vérifier la régularité des écritures et la conformité de l'inventaire aux bases déterminées pour sa confection, donne toute sécurité aux participants comme au chef de la maison. »

M. GOFFINON. — Qui déterminera les bases de la confection de l'inventaire?

M. BUISSON. — Le contrat.

M. PAUL DELOMBRE. — L'avantage de la formule proposée est de rattacher à des propositions déjà prises la résolution nouvelle qui nous est soumise. On pourrait dire à la rigueur (et telle avait été la pensée du rapporteur), que l'adjonction demandée est superflue, car, je l'ai fait remarquer à propos d'autres questions, nous n'avons pas à revenir indéfiniment sur les résolutions admises. Nous disposons, pour nos délibérations, d'un nombre si court de jours, que nous sommes obligés de veiller à éviter les répétitions. L'œuvre du Congrès est jusqu'à présent homogène. Néanmoins et malgré ces réserves, j'estime qu'il ne saurait être mauvais que le Congrès se ralliât à la proposition de M. Cheysson, qui ne fait que confirmer ce qui a été admis et qui est conforme aux intentions du Congrès.

M. GOFFINON. — Dans la pratique de ce contrôle des comptes pour les deux exemples que je vous ai fournis, il n'y a jamais eu discordance entre l'expert, le patron et les intérêts de la maison.

M. LE PRÉSIDENT. — Il peut y en avoir ailleurs.

M. GOFFINON. — Un de mes successeurs de la maison Tassart, Balas, Barbas et Cie va vous lire l'article du règlement de la maison qui dit justement comment doit fonctionner l'arbitre-expert.

M. BALAS. — Voici la rédaction que nous adoptons depuis quatorze ans et dont nous nous sommes toujours bien trouvés, pour laquelle nous n'avons jamais eu de réclamation.

« J'ai constaté que l'inventaire est bien établi comme les années précédentes, que les éléments de cet inventaire sont en toute conformité à l'acte de Société et que la part de bénéfice prévue pour les participants par l'article premier des statuts a été bien appliquée. »

Il n'y a pas là d'indiscrétion qui pourrait servir à des concurrents; seulement, la maison est assurée de l'acceptation des comptes, de telle façon que les participants ne peuvent plus réclamer.

M. GOFFINON. — Je vous demande maintenant la permission d'expliquer pourquoi nous avons pensé au contrôle des comptes.

Un participant qui s'en irait ou qui serait renvoyé, pourrait, s'il n'y avait pas eu de contrôle des comptes, demander à son patron de faire un inventaire. Voyez-vous, dans le cours d'un exercice, un patron obligé de faire un inventaire parce qu'un ouvrier veut s'en aller? S'il en était ainsi, je dirais, comme Charles Robert, que ce serait une atteinte à l'autorité du patron. « Si jamais la participation aux bénéfices devait être une atteinte à mon autorité, disait Charles Robert, je l'aime beaucoup, mais je l'annulerais de mes mains. » Il a donc voulu éviter cela.

Je vous rappelle encore que l'expérience faite depuis tant d'années n'a soulevé aucun inconvénient; les amortissements ont été faits; le capital a été rémunéré; les ouvriers ont eu leur part de bénéfices conformément aux statuts et il n'y a jamais eu d'ennui.

Il y a des quantités de participations qui se sont établies depuis. Les ouvriers n'ont jamais réclamé d'inventaires.

Je dis dans mon rapport que la participation avec contrôle des comptes peut parfaitement marcher: mais elle peut aussi très bien marcher sans cela. Ce n'est donc pas une règle absolue.

M. LE PRÉSIDENT. — Personne n'a plus d'observation à présenter? Je mets aux voix la rédaction proposée par M. Cheysson. *(Adopté.)*

M. LE PRÉSIDENT. — M. Buisson a la parole.

M. BUISSON donne lecture de son rapport sur la douzième question.

DOUZIÈME QUESTION.

L'organisation du travail avec la participation aux bénéfices constitue un élément d'instruction professionnelle et d'éducation économique pour tout le personnel qui est ainsi préparé à devenir successeur du patron, soit sous la forme de commandite simple, soit comme association coopérative de production.

RAPPORTEUR : M. BUISSON

Directeur de l'Association ouvrière *Le Travail*, Vice président du Comité de la classe 103 (groupe de l'Economie sociale).

La question soumise à vos délibérations ne nous paraît pas devoir soulever de grandes controverses; il est incontestable que la participation aux bénéfices est au premier chef un moyen d'éducation sociale et professionnelle pour l'ouvrier qui, par cela même qu'il est intéressé à la réussite d'une entreprise, s'adonne à son travail avec plus d'activité, en même temps qu'il y déploie plus d'intelligence.

Les modifications profondes que subit l'industrie et le commerce amoindrissent considérablement l'action individuelle dans la production, et il n'est pas téméraire de dire que, dans un temps p u éloigné, la petite entreprise et le petit commerce auront disparu et seront remplacés par de puissantes organisations possédant les capitaux et tous les éléments nécessaires à leur fonctionnement.

Or pour que ces organisations produisent tous leurs effets, pour que leur marche ne soit jamais compromise, il faut à tout prix que l'élément producteur y soit directement intéressé par une part dans les bénéfices ; il faut qu'après les prélèvements à faire dans l'intérêt de l'œuvre elle-même, et l'attribution au capital d'une rémunération normale, il soit admis au partage dans les résultats obtenus. C'est là, suivant nous, une condition essentielle du succès.

La pratique de la participation ainsi que nous la comprenons, prépare les hommes à l'exercice d'une forme plus haute de l'organisation du travail.

Il n'est pas douteux, en effet. qu'en intéressant des travailleurs à l'avenir d'une entreprise, on éveille en eux le désir d'en connaître les rouages et le fonctionnement; or ce qu'ils connaissent le moins, on pourrait même dire ce qu'ils ignorent absolument, ce sont les côtés commerciaux et financiers d'une entreprise.

Certains esprits sont effrayés à cette idée que leurs ouvriers auront des velléités de vouloir connaître ce qui se passe chez eux. Nous ne le serions pas moins qu'eux si nous admettions le droit à tout participant de venir s'ingérer dans l'administration de l'œuvre à laquelle ils collaborent. Mais les choses ne vont pas ainsi, et le vouloir serait une utopie.

L'extrême limite en cette matière ne peut excéder le droit accordé par la loi aux actionnaires dans une Société anonyme, c'est-à-dire le contrôle par délégation.

S'exerçant sous cette forme, le droit des participants ne peut offrir aucun inconvénient; il suffit cependant pour éveiller dans leur esprit le désir d'apprendre, le désir de s'instruire.

A nos yeux, il a encore ce grand avantage d'obliger l'ouvrier à considérer que la question de main-d'œuvre est loin d'être tout dans une entreprise, qu'il y faut bien d'autres choses pour la faire réussir.

Au point de vue professionnel, les résultats ne seront pas moins appréciables.

La participation aux bénéfices moralise l'individu, le fait n'est pas douteux ; il ne peut pas être que, dans une collectivité où les efforts de tous doivent profiter à chacun, certains membres ne remplissent pas tout leur devoir.

Il se crée là un lien moral entre tous les participants qui les oblige à rechercher, chacun dans sa sphère, les moyens les plus propres à concourir au développement et à la réussite de l'entreprise ; c'est le champ ouvert à toutes les intelligences qui leur fera rechercher les moyens de production les plus rapides et les plus perfectionnés, leur permettant de faire mieux et aux meilleures conditions.

Pour peu que ces ouvriers soient mis à même de se rendre compte des résultats auxquels leurs efforts ont abouti, on en fera des auxiliaires précieux dont tout le dévouement sera mis à profit pour leur plus grand bien et dans l'intérêt général de l'œuvre. Et ainsi tout naturellement il se créera autour de l'entreprise un noyau d'hommes aptes à la diriger si, pour une raison quelconque, cette entreprise était appelée à passer dans leurs mains.

C'est là, incontestablement, l'acheminement vers une organisation plus complète : « l'association pour la production ».

On ne peut entrevoir cette association que continuant à être dirigée par des administrateurs pris dans les différents éléments qui concourent à la production et ayant toutes les connaissances commerciales et professionnelles qu'exige la bonne marche de l'œuvre entreprise.

Actuellement, il faut bien le reconnaître, pour un de ces éléments : le travail, l'éducation commerciale est encore bien faible, on peut dire qu'elle n'existe pas, et c'est certainement une des raisons qui, jusqu'à ce jour, l'ont empêché de prendre la place qui lui revient en raison de l'important concours qu'il apporte dans l'œuvre de production.

Rechercher et préconiser les moyens les plus susceptibles de lui permettre d'acquérir ces connaissances est un devoir pour quiconque se préoccupe de l'amélioration du sort des travailleurs.

Nous pouvons dire, Messieurs, sans crainte de nous tromper, que la participation aux bénéfices est une véritable école d'éducation sociale et professionnelle, dont il faut désirer voir faire une application très large, pour le plus grand bien des travailleurs et la paix sociale.

C'est là, Messieurs, le vœu que nous vous proposons d'émettre.

M. OMER DECUGIS. — Je demande ce que j'ai demandé hier : que l'on ajoute au mot « ouvriers » le mot « employés ».

M. LE PRÉSIDENT. — Vous avez satisfaction.

M. OMER DECUGIS. — Et aussi dans le courant du rapport.

M. CHEYSSON. — Vous désirez, nous désirons tous, que le système de la participation aux bénéfices fasse son chemin chez les patrons ; vous cherchez à les décider à devenir vos adhérents ; vous devez donc vous présenter à eux avec une attitude prévenante et un langage persuasif.

Or, si vous déclarez tout haut que le but ultime de la participation est l'association coopérative de production, n'allez-vous pas réfrigérer ceux des patrons qui n'éprouvent pas le besoin de cette évolution et qui, comme le charbonnier du proverbe populaire, s'obstinent à vouloir rester les maîtres chez eux? Ne serait il pas prudent de moins insister sur cette transformation lointaine de l'industrie? Les patrons pourraient dire comme dans certaine pièce de comédie : « Il n'est question que de ma mort là-dedans. » Si vous voulez attirer à vous les patrons, je doute que ce soit là un procédé de bonne stratégie.

M. BALAS. — Voilà longtemps que nous faisons de l'apprentissage dans notre maison. J'ai ici un diagramme qui montre que, depuis 1842, nous avons eu 108 apprentis. Il y en a qui font encore partie de la maison. Nous en avons 42 qui sont établis patrons.

Je crois qu'il y a là un élément éminemment favorable à entretenir ce qu'on appelle le bon esprit entre patrons et ouvriers et qui constitue la force de l'atelier.

M. LE PRÉSIDENT. — Ce ne sont pas les patrons de cette nature que M. Cheysson envisage.

M. CHEYSSON. — Ma proposition serait d'arrêter le texte après les mots : « ... pour tout le personnel ». Exiger d'un patron qu'en entrant dans la participation, il prépare son suicide, c'est lui demander une abnégation poussée jusqu'à l'héroïsme.

M. BUISSON. — Les mots pour moi ne comptent pas, il suffit que le but soit atteint. Nous sommes persuadés, avec tous ceux qui font de la participation, que c'est l'acheminement inéluctable vers la coopération. Les résultats sont là qui démontrent le chemin parcouru.

Il est avéré que le petit commerce, la petite industrie disparaîtront devant des organisations ou des patronats plus puissants, de même que les petits épiciers disparaîtront devant les Sociétés coopératives de consommation. Il ne restera que les grands épiciers qui pourront lutter avec ces dernières Sociétés ; de même j'ai la conviction que les patrons qui sauront donner satisfaction à leur personnel pourront lutter avec les Sociétés coopératives de production.

Du moment que le principe d'une part équitable dans les bénéfices est reconnue aux travailleurs, je ne sais pas si la participation n'est pas la meilleure manière de faire de la coopération de production. Si la participation est faite de bonne foi, si on ne s'en sert pas pour jeter de la poudre aux yeux des ouvriers, si on donne véritablement à l'ouvrier la part logique qui doit lui revenir dans le travail, c'est de la véritable coopération et c'est celle qui pour moi aurait, quant à présent, le plus de chance de réussir.

M. PAUL DELOMBRE. — Je voudrais soutenir la proposition de M. Cheysson qu'approuve d'ailleurs M. Buisson. Je vais dire pourquoi.

Pour ma part, je vois dans l'élimination du paragraphe final, non pas une restriction, mais, au contraire, un moyen d'élargir la proposition elle-même.

Lorsque, sur le rapport de M. Buisson, on indiquait que le personnel est ainsi préparé à devenir successeur du patron et que cette succession aurait lieu soit sous la forme d'une commandite simple, soit par les associations coopératives de production, on indiquait une évolution possible. Mais la participation peut être autrement féconde, elle peut conduire à des résultats autrement larges que ne l'implique cette formule qui, en soi, est restrictive.

En réalité, nous ne savons pas si, lorsque l'éducation ouvrière sera faite, ce sera vers la coopération qu'on ira, ou bien si ce seront des mutualités ou d'autres formes syndicales qui prévaudront. Ce que nous pouvons dire scientifiquement, en nous basant sur l'observation des faits, c'est que la participation aux bénéfices crée une organisation du travail qui porte l'ouvrier à un niveau supérieur à celui qui existait auparavant.

Quant à savoir si les petits patrons disparaîtront devant les grandes associations, si des associations générales se substitueront à l'initiative privée et au morcellement actuel, les uns disent que c'est certain; les autres sont plus sceptiques qui regardent les faits et constatent, par exemple, d'après les statistiques les plus sérieuses, que, contrairement à ce que beaucoup imaginent, le nombre des petits patentés n'a fait, sous le régime de la grande industrie, qu'aller en augmentant.

De sorte que, vouloir prévoir l'avenir et dire : « Ceci arrivera infailliblement », me paraît une prétention téméraire; je vois que l'honorable M. Cheysson, qui est un statisticien de premier ordre en même temps qu'un économiste, partage mes doutes.

Je ne suis nullement certain que les grands magasins, la grande industrie, le grand outillage, doivent se traduire, à un moment donné, en une coopération si étendue que le patronat disparaisse. Et, comme il y a au moins doute, à quoi bon soulever cette question? Tenons-nous-en à la résolution si sage que proposait M. Cheysson et qu'approuvait le rapporteur.

M. GOFFINON. — Vous retrouverez dans notre Bulletin ce que notre maître, Charles Robert, a dit souvent : « La participation aux bénéfices, c'est la meilleure école de la coopération. » Nous l'avons d'ailleurs voté en 1889.

J'ajoute un mot sur ces ouvriers devenant nos successeurs. Si un patron était sage, il se préoccuperait de savoir comment il trouvera des successeurs. C'est la chose du monde la plus difficile. Quand il se retirera, où trouvera-t-il des successeurs qui auront le capital argent et tout ce qu'il faut savoir pour être de bons patrons ?

Eh bien, messieurs, il n'y a pas de meilleure école que la participation pour se préparer des successeurs.

M. PAUL DELOMBRE. — Avec le respect que je dois à M. Goffinon, je dirai qu'il y a encore une meilleure école, c'est celle de la famille. Se vouer pour les siens, développer la famille, fonder la société sur cette base indestructible, la cellule familiale ! Et lorsque vous avez le malheur de voir cet idéal vous échapper, considérez vos collaborateurs comme vos enfants !

M. LE PRÉSIDENT. — Je mets aux voix la résolution ainsi conçue :

« L'organisation du travail avec la participation aux bénéfices constitue un élément d'instruction professionnelle et d'éducation économique pour tout le personnel. »

(Adopté.)

M. LE PRÉSIDENT. — M. Buisson, nous allons prendre la treizième question.

M. BUISSON lit le rapport suivant :

TREIZIÈME QUESTION

Si le participant est admis à avoir une part au capital, il devient par ce fait un véritable associé, participant aux pertes comme aux bénéfices, ce qui prépare d'autant mieux l'avènement de la coopération proprement dite, dans laquelle tout propriétaire d'actions est en même temps ouvrier ou employé.

RAPPORTEUR : M. BUISSON

Directeur de l'association ouvrière *le Travail*, vice-président du Comité de la classe 103 (groupe de l'Économie sociale).

Dans les différentes applications qui ont été faites de la participation aux bénéfices, il en est une qui se rapproche de notre idéal, c'est celle qui consiste à employer tout ou partie des capitaux octroyés à titre de participation en parts de propriété dans l'entreprise elle-même ; c'est le système adopté au Familistère de Guise, à la papeterie Laroche-Joubert à Angoulême, et par M. Van Marken en Hollande; c'est, à notre sens, purement et simplement une des meilleures formes que peut revêtir la coopération. Au point de vue de la participation, c'est certainement ce que l'on fait de plus large.

La cession ainsi comprise du capital devra donner d'excellents résultats d'abord parce que cette cession ne peut se faire que lentement, en laissant aux bénéficiaires le temps de s'imprégner des principes qui ont présidé à la fondation de la maison elle-même, et ensuite parce qu'elle les prépare à la direction et les habitue à l'idée de conservation des capitaux qu'ils possèdent dans l'entreprise ; il sera éternellement vrai que l'on ne tient bien qu'à ce que l'on a eu beaucoup de peine à acquérir.

Certes la formation et la réussite de Sociétés ouvrières dans les conditions ordinaires n'est plus pour étonner comme autrefois ; le temps a accompli son œuvre ; des exemples sont venus qui ont montré que si ce genre d'organisation est difficile, il n'est pas impossible ; des Sociétés ayant eu des débuts plus que modestes sont à l'heure actuelle devenues de puissantes organisations supportant la comparaison avec les maisons similaires de premier ordre.

Ces résultats, pour si brillants qu'ils soient, ne sont pas pour contenter les hommes qui voient dans la coopération l'organisation du travail dans l'avenir ; ils voudraient que ce qui est aujourd'hui une exception devienne la règle ; c'est-à-dire que la presque totalité des sociétés qui naissent réussissent.

Or, pour cela, que faut-il ? Simplement ceci : c'est qu'à leur formation, ces associations possèdent tous les éléments nécessaires à un parfait fonctionnement.

En un mot il leur faut : 1° un capital en rapport avec l'importance de leur industrie ; 2° qu'elles soient dirigées par des hommes imbus des principes coopératifs et ayant les connaissances commerciales et professionnelles leur permettant de les bien diriger ; 3° enfin que les travailleurs qui la composent aient une compréhension exacte de leurs devoirs qui les fasse s'entendre et s'employer au mieux des intérêts collectifs. C'est parce qu'elles ne remplissaient pas toujours ces conditions que de si nombreuses associations ont croulé.

Les données que nous indiquons comme indispensables pour réussir ne sont pas impossibles à réaliser ; le capital viendra aux associations dès l'instant où il verra qu'il y a direction intelligente et entente entre les associés.

Les hommes capables de diriger une entreprise et de la développer n'hésiteront pas non plus à entrer dans une organisation où il leur sera permis d'entrevoir une situation matérielle et morale en rapport avec leurs aptitudes.

Quant aux ouvriers capables d'accomplir leur devoir avec dévouement et intelligence, ils ne manqueront pas d'offrir leurs concours pour la réalisation complète de l'œuvre ; de l'association intime de ces divers éléments doit sortir l'organisation telle que nous la comprenons, c'est-à-dire une organisation dans laquelle chacun de ces éléments remplira la tâche à laquelle il est destiné comme aussi elle en recueillera les profits.

Notre souhait le plus sincère serait que les choses allassent ainsi, mais notre expérience nous oblige à admettre que longtemps encore les errements du passé influeront sur la façon de former les Sociétés ouvrières dont par cela même beaucoup succomberont.

Au contraire, notre expérience nous fait admettre comme un moyen presque infaillible d'arriver à l'organisation du travail en coopération si, au lieu de créer de toutes pièces des Sociétés, l'usage de la participation s'établissait dans la plupart des industries et si une partie des fonds distribués aux participants pouvait être employée au rachat des entreprises.

Cette façon de procéder aurait tous les avantages qu'on est en droit d'attendre du système que nous préconisons, en même temps qu'elle supprimerait le risque que comporte dans tous les cas toute nouvelle organisation.

Je vous invite donc, messieurs, à émettre le vœu suivant comme répondant à une idée juste et pratique :

« Qu'il est souhaitable que dans les maisons ou Sociétés où le participant est admis à posséder une part du capital, une partie des sommes attribuées soient employées à l'achat d'actions ou de parts sociales. »

M. CHEYSSON. — Je suis confus de prendre encore la parole; mais le Congrès peut être assuré que je ne m'y décide que par la gravité même de la question soulevée devant lui. D'elle en effet dépendent l'avenir et l'orientation de la participation aux bénéfices. Chacun de nous a donc le devoir de s'expliquer nettement à ce sujet.

Dans son remarquable rapport, M. Buisson nous convie à affecter les produits de la participation au rachat des actions de la maison, de manière à en transférer graduellement la propriété aux participants...

M. BUISSON. — Là où l'usage est établi. C'est-à-dire que je n'émets pas le vœu que, dans toutes les maisons où on fait de la participation, on trouve le moyen de permettre à l'ouvrier, avec une partie des bénéfices produits, de racheter la maison. Mais je dis que si le participant est admis à avoir une part de capital, il est souhaitable qu'une partie des fonds donnés aux participants soient employés au rachat de la maison.

M. CHEYSSON. — Il semble que, dans une partie de votre rapport, vous souhaitiez la généralisation de cette manière de faire.

Je crains que cette transformation ne se heurte à des difficultés pratiques, à de graves inconvénients, et qu'on ne lance ainsi la participation dans une voie qui lui ménage des déceptions.

Nous avons en face de nous trois exemples qu'on invoque toujours et qui ont, en effet, parfaitement réussi. Mais, qu'est-ce que ces exemples au regard de l'immensité de l'industrie? C'est une goutte d'eau dans l'Océan. Et si nous suivions M. Buisson dans son programme qui voudrait généraliser ces très rares exemples, nous finirions bien par arriver à des maisons qui, au lieu de bénéfices, subiraient des pertes.

On oublie trop, en effet, que le bénéfice n'est pas la loi générale de l'industrie. On a l'air de croire qu'il suffit d'être patron pour gagner de l'argent. Malheureusement, les statistiques qu'invoquait tout à l'heure M. Delombre, donnent un cruel démenti à cet optimisme; on sait que, sur dix maisons, trois ou quatre réussissent, trois ou quatre végètent et les autres succombent.

N'êtes-vous pas effrayés du sort de ces ouvriers qu'on aurait lancés dans cette voie de l'acquisition d'une usine, lorsqu'elle viendrait à sombrer dans leurs mains? Au lieu d'un foyer assuré, ils seraient en face d'une ruine industrielle à laquelle on les aurait associés.

Lorsque nous avons à donner des conseils aux personnes, qui peinent toute la journée pour gagner leur vie, qui ont le courage de mettre de l'argent de côté, et qui viennent nous dire : « Que nous conseillez-vous pour l'emploi de nos économies? », jamais nous ne leur conseillons de placer des fonds dans l'industrie. Nous leur disons : « C'est un placement qui peut donner des bénéfices, mais qui est aventureux : achetez bien plutôt des valeurs de tout repos, telles que des obligations des chemins de fer garanties par l'État, de la Rente. Sacrifiez le revenu à la sécurité. »

Je ne crois donc pas que ce soit donner un bon conseil aux ouvriers que de les diriger vers l'acquisition de valeurs industrielles et de les exposer à compromettre dans un placement aventureux une épargne, qui a un caractère sacré. Nous ne le faisons pas dans la vie courante; pourquoi le faire en Congrès?

D'un autre côté, l'ouvrier peut avoir besoin de disposer de son petit magot. S'il l'immobilise en actions industrielles, il ne peut pas battre monnaie avec ses actions. Par conséquent, le jour où il aurait à faire face à des nécessités pressantes, à l'établissement de ses enfants, ses épargnes seraient engagées dans cette aventure industrielle. C'est une souricière : on sait comment l'argent y entre, mais on ne sait pas comment il en sort.

Je n'hésite donc pas à demander qu'au lieu de ces placements industriels, le produit de la participation soit consacré à la prévoyance. Notre ami Charles Robert l'a dit; les Congrès antérieurs l'ont voté et je reste fidèle à ces traditions.

Nous sommes en présence d'un résultat concret à obtenir. Il est difficile pour les ouvriers, pour les modestes employés, de s'assurer contre la maladie, la mort, en un mot, contre les crises de la vie. Or, voici une aubaine exceptionnelle, qui provient de la participation. Faisons-en la dotation de la prévoyance. Si, sur le salaire quotidien, qui permet de vivre au jour le jour, il est difficile de prélever cette dotation, demandons la aux produits de la participation. Nous pouvons faire un bien énorme aux ouvriers, en les engageant à utiliser ainsi ces petits profits. Il est plus sage, plus prudent, plus efficace, de leur donner cet idéal, qui est à leur portée, que de leur en donner un autre qui est lointain, et qu'ils n'atteindront peut-être jamais, tandis que le malheur qu'il faut conjurer les guette et frappe presque journellement à leur porte !

M. BUISSON. — M. Cheysson nous a beaucoup émotionnés en nous parlant de toute l'épargne de l'ouvrier qui allait disparaître si on la mettait dans la maison où il travaille!

Évidemment, je ne conseillerais pas aux ouvriers de mettre toutes leurs épargnes dans des affaires commerciales; elles y courraient de trop grands dangers et il y aurait à cela de grands inconvénients.

Mais il y a épargne et épargne. Je prétends que la participation aux bénéfices est un sursalaire que vous donnez aux ouvriers. Je prétends que nous ne faisons rien de bien dangereux en venant dire à l'ouvrier qu'une partie de ce que son patron, ou la société qui l'emploie, lui donne gracieusement, il l'emploie à devenir un jour lui-même le maître de son instrument de travail. Il y a là une conception qui n'a rien de révolutionnaire et de bien effrayant.

S'il fait partie d'une coopérative, j'admets qu'on lui dise : « Cette coopérative vous donne des bénéfices; eh bien! avec ces bénéfices, prenez des actions de cette société, de façon à en devenir membre. »

Comment voulez-vous qu'avec cette participation aux bénéfices, il aille acheter des actions de chemin de fer. C'est joli de lui assurer la vie pour plus tard ; mais n'est-il pas aussi urgent de lui assurer sa vie journalière, son travail journalier ? Ne faut-il pas qu'il aide cette société à marcher, à prospérer ? N'est-il pas intéressant qu'il en devienne un membre militant ? Qui s'intéressera à elle, s'il ne s'y intéresse pas lui-même ?

M. CHEYSSON. — Il s'agit d'un patron.

M. BUISSON. — Du moment que le patron a permis qu'on acquière des parts de sa maison, c'est qu'il ne voit pas d'inconvénient à ce que ces ouvriers ou employés deviennent ses associés et même un jour les propriétaires de sa maison ou de son industrie ; donc il ne peut y avoir aucun inconvénient à recommander à ces ouvriers l'emploi d'une partie des sommes qu'ils reçoivent à titre de participation à l'achat de parts de la maison qui les emploie ; il est naturel que ces auxiliaires, par les bénéfices qu'ils acquerront, puissent trouver le moyen de devenir sociétaires dans la maison où ils travaillent. Ce n'est assurément pas sur leurs salaires journaliers qu'ils pourront faire des économies pour acquérir des actions ; mais il nous arrive tous les jours de voir dans notre Société des participants auxquels nous remettons à la fin de l'année 200 francs, 300 francs, et je ne vois rien d'extraordinaire à ce que l'on dise à ces gens : « Nous vous laissons libres de placer ces 200 francs, ces 300 francs, comme vous voudrez : mais songez que si vous les placez dans les Compagnies de chemins de fer, où ils vous rapporteront 3 %, ou dans les caisses d'épargne, et là peut-être un jour ils courront les plus grands dangers. »

M. PAUL DELOMBRE. — Le Président du Congrès proteste absolument contre cette hypothèse.

M. BUISSON. — « Il vaudrait peut-être mieux pour vous que vous les employiez à acquérir des actions qui vous rendront vous-mêmes membres de l'entreprise dans laquelle vous travaillez. »

M. CHAUMLLIN. — Il semble que la discussion qui vient d'avoir lieu émane d'un oubli des conditions dans lesquelles le Congrès a décidé d'examiner les questions de participation. Nous avons un ordre logique de questionnaire ; les personnes qui l'ont préparé paraissent avoir agi avec une sagesse remarquable. Nous avons trouvé dans les cinquième et sixième questions une déclaration que je voudrais vous rappeler :

« 5° Tous les modes d'emploi du produit de la participation sont légitimes, comme résultant d'une libre convention ; mais il est sage même au début, de consacrer à l'épargne une partie aussi forte que possible du surcroît de rémunération que la participation aux bénéfices rapporte au personnel ;

» 6° La capitalisation sur livrets individuels, formant un patrimoine transmissible à la famille, est préférable aux rentes viagères. »

Après avoir posé un premier principe, qui permet à tous les patrons qui veulent établir la participation, de choisir librement le système suivant lequel ils veulent établir la participation, le Congrès s'est bien gardé, dans les questions suivantes, d'émettre une préférence ; il a toujours eu soin, lorsqu'un mode de participation lui était indiqué, de le présenter sous forme conditionnelle et de dire par exemple : « Si le produit de la participation doit être consacré à une assurance-vie... » Il n'a pas dit : « J'émets le vœu que l'on consacre à une assurance-vie le produit de la participation ; » ... « Si le produit de la participation doit être consacré à des retraites ou rentes viagères... » Il n'a pas émis une préférence pour que la participation soit consacrée à des retraites ou rentes viagères.

Pourquoi s'inquiéter alors si, lorsque la treizième question arrive, nous la voyons présenter sous cette forme sage et dubitative : « Si le participant est admis à avoir une part au capital... » Nous ne faisons, en posant cette question, que déclarer que le patron qui veut que les participants aient la faculté de devenir ses copropriétaires, en a le droit, et que dans ce cas le participant devient par ce fait un véritable associé, participant aux pertes comme aux bénéfices.

Sans émettre un vœu de préférence sur ce mode de participation, je ne puis que me rallier aux observations présentées par M. Buisson sur un point qui me paraît indiscutable, à savoir que, lorsque quelqu'un donne son travail à une entreprise et que cette entreprise produit des bénéfices, il est naturel que ce collaborateur désire acquérir une part de la propriété à la prospérité de laquelle il contribue. Ceci nous met en dehors des affaires dont parlait M. Cheysson, qui ont une situation douteuse. L'entreprise dont nous parlons est en bénéfices. Sans doute il peut arriver un jour où il n'y ait plus de bénéfices ; mais rappelons-nous que l'ouvrier ou l'employé *admis* à participer n'est pas *obligé* de participer à la propriété ; comme le disait M. Buisson, il garde le libre emploi de ses fonds. Les statuts lui accordent simplement la faculté d'acheter des parts si ces parts sont disponibles. Il me semble que, limitée dans ces conditions, la participation au capital a une forme très sage.

En prenant la parole, Messieurs, je n'oublie pas que la grande entreprise à laquelle j'ai l'honneur d'appartenir, la Compagnie du Canal de Suez, qui est une entreprise où la propriété est divisée en un nombre considérable de parts, est heureuse lorsque le bénéfice qu'elle distribue à ses employés est utilisé par eux à acheter de ses actions. En effet, on ne peut mettre en doute que le lendemain du jour où l'employé a mis une part de son bénéfice dans le capital de la maison, il n'ait le plus grand désir de la voir prospérer.

M. TROMBERT. — En fait la plus grande partie des maisons qui pratiquent la participation aux bénéfices emploient les parts annuelles à constituer pour les intéressés une ressource en vue des vieux jours, soit sous la forme d'un patrimoine transmissible, soit sous celle de retraites, Cette destination a toutes mes préférences. Mais il y a des exemples tellement intéressants de participation consacrée à l'acquisition du capital social qu'on ne peut s'empêcher de souhaiter qu'ils soient imités. Aucune organisation ne saurait à un égal degré élever l'ouvrier en dignité et stimuler son zèle.

M. BOISSIÈRE. — Il serait dangereux de conseiller de transformer les produits de la participation en actions participant aux pertes comme aux bénéfices. Ce n'est pas le principe de la participation; le principe est de réserver un bénéfice assuré à ceux qui en profitent. En les invitant à transformer le bénéfice annuel en actions participant aux pertes, on fait intervenir un aléa qui n'est pas dans l'esprit de la participation. Autant il me semble désirable que, dans une certaine limite, on convertisse une part minime des bénéfices en actions participant aux bénéfices mais non aux pertes, autant je serai peiné de voir que l'on rentre dans cette voie de transformer tout le bénéfice en actions participant aux pertes comme aux bénéfices.

J'ai institué chez moi une participation; elle fonctionne depuis six ans. J'ai laissé aux adhérents la faculté de transformer leurs bénéfices en actions de la maison, mais avec cette condition que s'il y a des pertes, ils ne les subiront pas et que de plus, au-dessus de 500 francs, le capital sera toujours versé à la caisse des retraites. De cette façon, ils ont un intérêt dans la maison; mais ils courent le moins possible les risques inhérents à l'entreprise.

M. PAUL DELOMBRE. — Le Congrès est saisi de deux propositions : l'une accompagne le rapport de l'honorable M. Buisson; l'autre résulte des travaux du Congrès de 1889.

La conclusion du rapport de M. Buisson est ainsi conçue : « Il est souhaitable que, dans les établissements où le participant est admis à posséder une part du capital, une partie des sommes attribuées soit employée à l'achat d'actions ou de parts sociales. »

Le Congrès de 1889 avait dit : « Si le participant est admis à avoir une part au capital, il devient, par ce fait, un véritable associé, participant aux pertes comme aux bénéfices, ce qui prépare d'autant mieux l'avènement de la coopération proprement dite, dans laquelle tout propriétaire d'actions est en même temps ouvrier ou employé. »

Le Congrès aperçoit nettement la différence entre les deux textes. Par le premier, le Congrès demanderait que là où peut s'opérer la substitution de l'ouvrier au patron grâce au fonctionnement pacifique de la participation aux bénéfices, cette substitution fût généralisée dans la mesure du possible. En 1889, au contraire, se tenant sur le terrain de l'observation, sans émettre de vœu et par la formule qu'approuvait tout à l'heure M. Chaumelin, le Congrès a dit — et nous-mêmes l'avons fait dans d'autres cas : — « Si tel système l'emporte, voici quelles en seront les conséquences. »

Eh bien ! étant données les observations de l'honorable M. Cheysson, étant donnés les scrupules qui certainement ont frappé le Congrès, devant l'aléa manifeste qui apparaît dans l'état de l'organisation sociale et industrielle actuelle, dès l'instant où des ouvriers peuvent être, sans préparation suffisante, amenés à diriger de grandes entreprises, serait-il prudent que le Congrès allant plus loin qu'il ne l'a fait jusqu'ici, vînt déclarer : « Il est souhaitable que... » Ne vaut-il pas mieux simplement constater un fait et dire que, là où fonctionne le système de l'achat des parts ou actions, telle transformation déterminée s'opère ? Chacun l'appréciera comme bon lui semble. M. Buisson, qui est un coopérateur ardent et qui voit dans la participation l'aurore de cette évolution nouvelle, la coopération substituant au patron actuel l'ouvrier devenu coassocié, copropriétaire, M. Buisson aurait, ce me semble, satisfaction. Ce serait un moyen, peut-être, de fusionner les deux textes, et, du moment que le rapporteur n'y voit pas d'inconvénients, ce serait à coup sûr très sage.

Il y a des exemples qui montrent que la participation aux bénéfices, appliquée à des transferts de propriété analogues à ceux qu'on indique, aboutit à des résultats excellents. Pourquoi repousser cette transformation? D'autre part, il est indéniable que ce grandes industries, où on avait convié les ouvriers à appliquer leurs bénéfices à des acquisitions de maisons, se sont vues expropriées, non par l'État, mais par la concurrence libre de l'industrie; alors les ouvriers qui avaient acheté ces maisons se sont trouvés exposés à être ruinés. Jugez quelles rancœurs sont possibles! Que serait-ce si, au lieu d'être propriétaires de maisons, ils étaient devenus propriétaires de l'industrie, dans le cas où elle viendrait à sombrer?

Cela dit afin de rappeler combien sont complexes ces problèmes, pourquoi aller au delà de ce que la science actuelle comporte? Nous ne sommes ni des rhéteurs, ni des métaphysiciens; nous ne cherchons pas à réorganiser la société selon des idées préconçues : prenant la science sociale pour ce qu'elle est et pour ce qu'elle vaut, nous essayons de mettre en commun le peu que nous savons, grâce aux expériences déjà faites, et nous disons : « Voilà où on en est...»; puis, dans dix ans, dans quinze ans, d'autres congrès compareront à leurs propres constatations nos observations, celles de 1889, et diront : « On peut aller plus loin. »

Je crois que c'est de cette façon que l'on peut arriver à la solution de tels problèmes. Et, dès l'instant que le rapporteur dont on connaît la générosité d'esprit, et M. Cheysson, adhèrent à cette méthode, on pourrait s'arrêter là.

Vous avez entendu le rapport de M. Buisson où perce le savoir qu'il a acquis dans la direction de l'une de nos plus intéressantes associations ouvrières. Je ne veux pas faire à nouveau l'éloge de la Société *le Travail;* par une combinaison financière des plus ingénieuses, vous avez su, mon cher collègue, mettre le capital à la disposition du monde ouvrier.

En résumé, comme conclusion, on pourrait admettre ceci :

« Si le participant est admis à avoir une part au capital, il devient, par ce fait, un véritable associé participant aux pertes comme aux bénéfices... »

Voilà le côté Cheysson : Le participant n'est pas sollicité de se lancer dans cet inconnu.

Puis voici le côté Buisson : On pourrait ajouter : « ... ce qui contribue à préparer l'avènement de la coopération... ». Je dis « qui contribue », parce qu'il y a d'autres éléments qui concourent à cet avènement.

Nous nous en tiendrions, de la sorte, à une constatation scientifique de faits.

M. CHAUMILLIN. — Dans la douzième question, on a, à mon avis, sagement supprimé la fin du paragraphe dans laquelle on énonçait des idées qui pouvaient être considérées soit comme dangereuses soit comme contraires à l'opinion d'un certain nombre de patrons disposés à introduire la participation dans leur entreprise. Je ne vois pas vraiment quel inconvénient il y aurait à supprimer de la même manière la fin du paragraphe de la treizième question et à s'arrêter au mot « bénéfices ».

Nous aurions l'avantage, en disant que le participant devient un véritable associé, de préparer la pensée indiquée par M. Buisson (car la coopération par actions, c'est l'association complète, sous sa forme la plus absolue) et de la limiter en attirant l'attention de ceux qui voudraient faire la participation sous cette forme sur ce fait que le participant à cette propriété doit participer aux pertes comme aux bénéfices, contrairement à ce que supposait tout à l'heure et à ce qu'a établi dans sa maison un des membres présents. La personne qui, en admettant son personnel à participer à la direction de sa maison par l'achat de parts, limite cette participation aux bénéfices, en éliminant la question éventuelle des pertes, me paraît créer une organisation difficile à maintenir et qui peut l'entraîner à des conséquences bien graves.

M. PAUL DELOMBRE. — En ce qui me concerne, je ne vois que des avantages à l'adoption de cette proposition. C'est pour mieux donner satisfaction à M. Buisson que je proposais le paragraphe final que j'ai indiqué ; mais M. Buisson a, en somme, satisfaction complète, même sans l'adjonction de ce paragraphe.

M. BUISSON. — Les faits sont plus forts que les mots ! Au Congrès de 1889, nous avons beaucoup insisté. A ce moment, nous sommes venus nombreux des associations ouvrières. Il s'agissait de la constalation de ce fait que la participation dans ce cas devenait simplement de la coopération. Il y a eu des batailles qui ont duré des séances entières. Aujourd'hui nous venons un peu en philosophes, nous n'avons plus besoin de batailler. En 1889, nous étions de petits enfants avec lesquels on n'avait pas à compter, tandis qu'aujourd'hui nous traitons de puissance à puissance. Nous disons : « La participation est une excellente chose qui a donné de bons résultats et qui aboutit indubitablement à la coopération de production. » Par conséquent, que ce soit dans la résolution ou que cela n'y soit pas, cela nous est égal.

M. CHEYSSON. — Mon observation n'avait pas d'autre but que d'inviter le Congrès à ne pas inciter les patrons à donner aux ouvriers ce conseil d'employer les produits de la participation en actions de la maison où ils travaillent. La rédaction proposée me donne satisfaction et je m'y rallie volontiers.

M. CHAUMELIN. — Il est bon surtout de rappeler que la participation au capital doit entraîner la participation aux pertes comme aux bénéfices, car certains ne l'appliquent pas ainsi, témoin notre collègue.

M. OMER DECUGIS. — On peut être partisan de la participation aux bénéfices sans remplir cette condition.

M. LE PRÉSIDENT. — Je mets aux voix le paragraphe ainsi conçu :

« Si le participant est admis à avoir une part du capital, il devient par ce fait un véritable associé, participant aux pertes comme aux bénéfices. »

(Adopté.)

M. PAUL DELOMBRE. — Nous abordons maintenant les questions 16 et 17. Pour traiter ces deux questions extrêmement délicates, nous n'avons pas cru pouvoir mieux faire que de nous adresser à M. Cheysson. Je ne tenterai pas son éloge, celui que je ferais serait trop au-dessous de celui qui est dans votre esprit.

M. Cheysson n'a pu nous fournir un rapport écrit, mais je le remercie d'avoir bien voulu nous promettre le rapport verbal que vous allez entendre. Vous savez tous quelles sont les occupations de notre éminent ami : il est surchargé de besogne et je ne sais pas comment il a pu nous accorder les quelques instants qu'il nous donne. J'ai tenu, alors qu'il allait prendre la parole, à vous demander de le remercier de son inappréciable concours. *(Applaudissements.)*

M. LE PRÉSIDENT. — La parole est à M. Cheysson, pour un rapport verbal sur la seizième question, dont je rappelle l'énoncé :

SEIZIÈME QUESTION

Des clauses de déchéance dans la participation aux bénéfices

RAPPORTEUR : M. CHEYSSON

Inspecteur général des Ponts et Chaussées, professeur à l'École libre des sciences politiques, président du Comité de la classe 109 (groupe de l'Économie sociale).

M. CHEYSSON. — Les compliments que notre cher Président a eu la courtoisie de m'adresser ne font qu'augmenter mon embarras et ma confusion. Notre honorable collègue, M. Buisson, se reprochait de n'être pas arrivé en temps utile pour vous remettre son rapport imprimé. Au moins, ce rapport était-il manuscrit. J'ai encore plus besoin de votre indulgence que lui, puisque c'est un rapport oral que je vous apporte à mes risques et périls, mais aussi aux vôtres.

Le Congrès a soigneusement discuté les emplois que pouvait recevoir le produit de la participation, soit pour la prévoyance et l'épargne, soit pour la constitution d'un patrimoine ou de rentes viagères.

Quelle que soit l'affectation de ces bonis, leur propriété définitive doit-elle être subordonnée à certaines conditions de durée du séjour? Au contraire, sont-ils acquis d'une façon incommutable aux participants? C'est la question de la « déchéance », question très controversée, qui divise les meilleurs esprits, qui a été agitée dans nos congrès et sur laquelle on m'a fait l'honneur de me demander un rapport.

La question de la déchéance est une de celles qui mettent le plus nettement aux prises les deux conceptions en présence au sujet des rapports entre les patrons et leur personnel. Il y a, en effet, une première école que j'appellerai celle du patronat patriarcal, qui considère le patron comme un chef de famille. Il fait des cadeaux bénévoles à ses ouvriers; il ne leur doit rien, ne leur confère aucun droit, ne doit subir de leur part aucune ingérence et met à ses faveurs gratuites telles conditions que bon lui semble, entre autres celle d'une certaine fidélité. « Vous resterez 25, 30 ans à mon service, dit-il à ses ouvriers; si vous accomplissez telle limite d'âge, ce patrimoine, cette rente viagère vous seront acquis; mais dans le cas où il vous plairait de partir plus tôt, ou bien si j'étais obligé de vous remercier, je retiendrais cet avantage, non pas pour m'en attribuer le profit personnel, mais pour le répartir entre vos camarades et en faire bénéficier la collectivité. »

On ajoute — (c'est l'honorable M. de Courcy qui tenait ce langage, et quelques patrons le tiennent encore aujourd'hui), — qu'il y aurait à la fois duperie et injustice à laisser à des employés le patrimoine bénévole que le patron leur a constitué, quand ils vont, cédant à de blâmables surenchères, porter à des concurrents l'expérience professionnelle acquise au service de la maison. On allait même jusqu'à prononcer ce mot : « S'il en était ainsi, ce serait une prime à la désertion. »

Le système du patronat patriarcal comporte donc la clause de déchéance, c'est-à-dire que les avantages de la participation ne sont acquis que moyennant certaines conditions potestatives de la part du patron. Il est d'ailleurs loisible à l'ouvrier de ne pas les subir : il n'a, pour cela, qu'à ne pas entrer dans la maison.

Cette clause a quelque chose de semblable au dédit que payent les artistes, lorsqu'ils viennent à quitter le théâtre où ils ont contracté un engagement. Et nous en avons un grand exemple, venu de haut, dans notre loi des pensions civiles qui met, pour les fonctionnaires de l'État, la pension de retraite au prix de certaines conditions d'âge et de durée des services.

En face de cette première école s'en dresse une seconde, qui tient un langage tout différent: c'est celle du patronat qu'on peut appeler libéral. Elle rend un hommage convaincu à l'autre école; elle reconnaît que ces principes du paternalisme familial ont rendu dans leur temps de grands services, qu'ils étaient de mise autrefois, qu'ils peuvent l'être même aujourd'hui dans des milieux encore imprégnés de l'ancien esprit ; mais qu'ils cessent de l'être, quand le personnel a pris une conscience éveillée de ses droits, qu'il devient d'une susceptibilité ombrageuse, que la tutelle lui pèse et qu'il ne veut aucune chaîne, serait-elle dorée. Dans ces conditions, donner et retenir ne vaut. Il faut élever la dignité des ouvriers, en leur constituant des droits en regard de leurs devoirs, et en mettant à l'abri du bon plaisir les mesures destinées à leur assurer le bien-être moral et matériel.

On ajoute que la part de bénéfice, qui est attribuée à l'ouvrier à la fin de chaque année, est le résultat des services qu'il a rendus à ce moment, et qui sont acquis, quoi qu'il advienne, avec les droits y afférents. Ce qui a été ne peut pas ne pas avoir été. Si le participant prolonge son séjour dans la maison, il augmentera ses droits par de nouveaux services; quant à ceux du passé, ils lui confèrent des avantages dont on ne peut plus le dépouiller.

Cette seconde école repousse donc la clause de déchéance, comme attentatoire à la liberté et aux droits des ouvriers, non moins qu'aux intérêts bien entendus des patrons : un bienfait, qui enchaîne, irrite et perd sa vertu d'apaisement. On ne s'attache pas ses ouvriers en les rivant par un carcan à sa maison. On les retiendra peut-être, mais révoltés et frémissants. Mieux vaut compter pour obtenir la fidélité du personnel sur le contentement et la liberté.

Ces deux écoles, aussi différentes par leur esprit que par leurs conclusions, se sont trouvées aux prises en 1889 dans le Congrès de la Participation aux Bénéfices. La question de la déchéance a donné lieu alors à une discussion brillante, à laquelle ont pris part un certain nombre d'orateurs, entre autres notre éminent et à jamais regretté Charles Robert. A ce moment, notre ami n'avait pas encore accompli son évolution, et sans être personnellement très sympathique à la clause de déchéance, il voulait cependant la respecter dans les contrats où elle figurait. C'est sur sa proposition, où l'on reconnut son sens transactionnel et pratique, que le Congrès de 1889 prit la résolution suivante :

« *Le Congrès émet le vœu que la déchéance ne soit plus inscrite dans les conventions relatives à la participation aux bénéfices.*

» *Le Congrès reconnaît toutefois que l'organisation d'une caisse de prévoyance et de retraites peut comporter, dans l'intérêt même du personnel, l'application de cette déchéance, à la condition que son montant reste à la masse, et que, pour éviter tout arbitraire, les cas de déchéance soient déterminés par le Règlement.* »

La clause de déchéance reculait donc, mais faisait encore bonne contenance; elle couchait, en fait, sur ses positions, après avoir consenti certaines concessions de principe à la thèse contraire.

Depuis lors, les faits et les idées ont marché. La loi elle-même s'est mêlée de la question. Celle du 27 décembre 1890, qui modifie l'article 1720 du code civil sur le contrat de louage contient, en effet, un article 1er ainsi conçu :

« La résolution du contrat par un seul des contractants peut donner lieu à des dommages-intérêts. Pour la fixation de l'indemnité à allouer le cas échéant, il sera tenu compte des usages, de la nature des services engagés, du temps écoulé, des retenues opérées ou des versements effectués en vue d'une pension de retraite et, en général, de toutes les circonstances qui peuvent justifier l'existence et déterminer l'étendue du préjudice causé. Les parties ne pourront renoncer à l'avance au droit éventuel de demander des dommages-intérêts en vertu des dispositions ci-dessus. »

Cette loi, qui remet un pouvoir un peu discrétionnaire d'appréciation aux tribunaux, est une véritable menace contre la clause de déchéance.

D'autre part, il s'est fait un mouvement général en faveur du « Livret individuel », qui confère des droits définitifs à son détenteur. Au lieu qu'autrefois la pension était subordonnée à l'accomplissement de certaines conditions, le livret individuel appartient à son titulaire; quand l'ouvrier part. il l'emporte et ne peut en être privé sous aucun prétexte. Ce livret individuel devient de plus en plus familier dans l'industrie; la loi du 24 juin 1894 pour la retraite des ouvriers mineurs l'a introduit pour tout ce personnel, qui compte près de 200.000 ouvriers.

A l'exposition d'économie sociale, que je viens d'étudier de très près, puisque j'ai l'honneur d'être membre du jury, nous avons vu le progrès considérable que le livret individuel avait fait depuis 1889. M. le Président disait tout à l'heure que nous ne sommes pas seulement un congrès de savants, mais d'observateurs et de praticiens: or, c'est un fait, que je verse comme témoignage authentique dans nos débats, à savoir le progrès qu'a fait le livret individuel dans les institutions de prévoyance. Il commençait en 1889 à apparaître; aujourd'hui il tend à devenir la formule de plus en plus générale.

La loi du 1er avril 1898 sur les Sociétés de secours mutuels consacre le livret individuel et l'assimile pour les retraites au système du fonds commun, presque exclusivement usité jusqu'ici. En outre, elle permet (et c'est une conquête dont nous devons être reconnaissants au législateur et en particulier à notre président) la fédération des Sociétés de secours mutuels. Pourquoi tenons-nous tant à cette liberté? C'est que, désormais, nous pourrons faire échapper les mutualistes à la déchéance qui les frappait, quand ils changeaient de localité et de société. Grâce aux Unions de sociétés de secours mutuels, ils transportent avec eux leurs droits, pourvu qu'une société existe dans la localité où ils vont résider et que cette société soit affiliée à l'union régionale.

En un mot, ce sentiment de révolte contre la déchéance se fait jour de mille façons. Comme dernier argument, je citerai la conversion de Charles Robert qui, après avoir, au Congrès de 1889 fait une sorte de politesse à la clause de déchéance, a, pour la Compagnie d'assurances contre l'incendie l'*Union*, dont il était le directeur, renoncé de lui-même à cette clause en 1890. L'autre jour, devant le Jury. les représentants des différentes Compagnies d'assurances qui pratiquent la participation aux bénéfices et qui affectent le produit de la participation à la constitution d'un patrimoine pour leurs employés, sont venus faire valoir leur renonciation à cette clause de déchéance.

J'avais donc raison de dire que, depuis 1889, la question avait fait un grand pas. Je ne doute pas que, si nous avions la bonne fortune de posséder encore Charles Robert dans cette assemblée, où il semble que nous travaillions sous son égide, c'est lui-même qui vous aurait proposé cette résolution :

« Le Congrès estime que, sauf des circonstances exceptionnelles dont les patrons ou les Sociétés restent juges sous leur responsabilité, il convient en général de ne pas introduire de clause de déchéance dans les contrats de participation. » *(Applaudissements.)*

M. BUISSON. — Messieurs, en 1889, au Congrès de la participation, j'étais un des plus ardents pour monter à l'assaut de ce que nous trouvions inique, à savoir que l'on puisse, après avoir pris toute la vie d'un homme, après trente années de services suivis, lui dire : « Nous vous reprenons ce que nous vous avons donné. » Il y avait là quelque chose qui allait à l'encontre de toute idée de justice et, en quelque sorte, un attentat à la liberté individuelle.

On ne peut pas ainsi mettre un fil à la patte à un ouvrier en lui disant : « Si tu ne restes pas trente ans dans la maison, tu perdras le bénéfice de tes économies.

Nous eûmes eu gain de cause, et comme il y avait deux partis en présence, on fit la rédaction que vous connaissez.

J'ai vieilli depuis ce moment; j'ai pratiqué la participation dans mon association, et j'ai inséré une clause restrictive et des cas de déchéance dans nos statuts. Je l'ai fait sur le conseil de M. Charles Robert que je vins trouver lorsque je fis mon règlement; je lui tins à peu près ce langage : « En 1889, nous avons discuté cette question; aujourd'hui où je veux faire quelque chose de sérieux qui soit un exemple pour les Sociétés de l'avenir, que pensez-vous des restrictions à l'égard des participants ? Peut-on, à votre avis, exclure un participant dans des cas bien déterminés ? » Il me répondit qu'à son avis, la chose était possible et que même des jugements de tribunaux avaient donné gain de cause à des patrons qui l'avaient pratiqué. C'est à la suite de cet avis et après une longue discussion, que je rédigeais cet article de notre règlement intérieur :

« Le Conseil d'administration, après avis du Comité du travail, peut exclure du bénéfice de l'article 55 des statuts tout participant qui, par ses agissements, aura porté préjudice à la Société. »

Le cas s'est présenté. Nous nous sommes trouvés en face de gens qui, après avoir travaillé chez nous, ont cherché à nous faire du tort en allant trouver nos clients pour leur persuader que leurs travaux étaient mal faits. Et comme nous n'avons pas trouvé ce procédé très convenable, nous n'avons pas hésité à les priver du bénéfice de la participation.

M. CHEYSSON. — Le cas dont il s'agissait était-il celui d'un patrimoine constitué ?

M. BUISSON. — Non, il s'agissait des bénéfices de l'année en cours.

M. PAUL DELOMBRE. — C'est un manque à gagner, tandis que dans l'hypothèse de tout à l'heure, c'était l'expropriation d'un patrimoine constitué.

M. BUISSON. — Il est évident que, s'il s'agissait d'un sociétaire ayant acquis un droit à la retraite, ce droit, il le conserve absolument.

Remarquez cependant qu'il est intéressant de savoir que, quoiqu'on admette des ouvriers à la participation, on a le droit de ne pas donner de bénéfice à ceux qui vous font du tort.

M. LE PRÉSIDENT. — C'est l'application du règlement intérieur pour le cours de l'année.

M. CHAUMELIN. — S'ils n'ont pas travaillé, ils n'ont pas droit au bénéfice.

M. BUISSON. — Chez nous, n'auraient-ils travaillé qu'une heure, ils ont droit à la répartition.

M. CHEYSSON. — Si un ouvrier a causé à sa maison un dommage dont il serait responsable personnellement devant les tribunaux, je comprends que, sans mettre en jeu la clause de déchéance, le patron puisse avoir une action directe sur la part lui revenant, pour la réparation du dommage subi ; que ce dommage soit d'ailleurs matériel ou moral.

M. BUISSON. — Charles Robert m'a dit que le cas avait été jugé par les tribunaux qui, bien que la clause ne figure pas expressément dans les statuts, ont donné raison au patron.

M. LE PRÉSIDENT. — Ce sont des exceptions qui sont rares.

M. BUISSON. — Exceptions rares, mais que je crois nécessaires. Nous allons à une époque où l'on s'imagine faire une bonne action en faisant de la délation à l'égard des entrepreneurs. Eh bien, je mets en fait que c'est une arme contre cette delation. Remarquez que chaque fois que nous avons pris cette décision à l'egard d'un participant, nous l'avons affichée dans nos ateliers de façon que les autres sachent que nous avons le moyen de les atteindre.

M. LE PRÉSIDENT. — Comme moyen préventif, c'est très bon.

UN DÉLÉGUÉ — Un ouvrier qui s'est mis dans ce cas est-il conservé ?

M. BUISSON. — Il est renvoyé, mais cela ne l'empêche pas de passer à la caisse toucher ses bénéfices. Si d'avance il sait qu'il ne touchera rien, il ne commettra peut-être pas son acte.

M. CHAUMELIN. — Je ne suis pas absolument sûr que les tribunaux saisis de la question dans la forme où vous la présentez, répondent affirmativement. Si des statuts disent qu'un ouvrier qui n'aurait travaillé que quinze heures dans l'année a droit à des bénéfices, et si l'ouvrier a adhéré à ces statuts, je ne crois pas que, dans le cas où il aurait causé du tort à la maison, les tribunaux lui retireraient ces bénéfices. Mais les tribunaux, tout en maintenant le droit à la participation, vous accorderaient pour préjudice moral des dommages-intérêts qui pourraient être supérieurs à la participation même.

Cela ne touche pas à la question de déchéance. Vous avez le droit de mettre dans vos statuts, si vous êtes d'accord, tout ce que vous voulez : nous revenons à la troisième question. Du moment que c'est une convention, elle peut contenir des clauses comme celle que vous indiquez, à la condition que les deux parties les aient adoptées. Mais si les ouvriers venaient dire : « Nous n'avons jamais été appelés à admettre cet article », le tribunal ne vous donnerait pas gain de cause sur le retrait de la part de bénéfices; cependant, il vous accorderait des dommages-intérêts. C'est dans ce sens qu'on pourrait dire qu'en fait la déchéance est appliquée, mais non comme déchéance : comme compensation à un tort qui aurait été causé au patron.

M. BUISSON. — Quand vous rentrez dans une maison, vous êtes censé en accepter le règlement.

M. CHAUMELIN. — Ce n'est pas mon avis. Vous ne pouvez pas prétendre que votre ouvrier a accepté d'avance un règlement quelconque dont il n'aurait pas eu explicitement connaissance et même, dans ce dernier cas, si ce règlement contient des articles contraires à la loi, les tribunaux ne vous donneront pas raison dans un procès sur l'application de ces articles.

M. LE PRÉSIDENT. — Implicitement, ils doivent connaître le règlement de la maison où ils entrent.

M. BUISSON. — En tout cas, même dans les termes où est rédigée la proposition de M. Cheysson, elle me donne satisfaction.

M. LE PRÉSIDENT. — Je mets cette résolution aux voix. *(Adopté.)*

DIX-SEPTIÈME QUESTION

La participation aux bénéfices et les grèves.

RAPPORTEUR : M. CHEYSSON

Inspecteur général des Ponts et Chaussées, professeur à l'École libre des sciences politiques, président du Comité de la classe 109 (groupe de l'Économie sociale).

M. CHEYSSON. — Les grèves ne sont pas particulières à notre époque; le passé en a connu de très violentes, mais qui n'avaient des nôtres ni la profondeur, ni l'universalité : c'étaient comme des explosions accidentelles, tandis que maintenant elles n'ébranlent pas seulement une localité, elles s'étendent à des contrées entières.

En donnant la liberté de coalition, on avait espéré conjurer les grèves; on disait que, du moment où elle serait pourvue d'une soupape de sûreté, la chaudière risquerait moins de faire explosion. Vous savez que cette espérance n'a pas été confirmée par les faits : après la loi de 1864, les grèves se sont multipliées, non pas seulement en France, mais dans tous les pays, où elles sévissent à l'état endémique. Nous sommes tellement familiarisés avec cet événement que nous ne lui donnons plus qu'une attention distraite, à moins qu'il ne s'agisse de grèves qui, par leur ampleur ou leurs côtés tragiques, appellent particulièrement notre attention.

Si les grèves ont des causes nombreuses, en général elles sont amenées par des débats sur les salaires (70 0/0 des grèves n'ont pas d'autre cause), ou bien par la réglementation du travail, quelquefois aussi par des querelles de personnes. Mais la grève est un instrument à toutes fins, qu'on a mis au service des intérêts économiques ou même politiques. Vous savez que la défense du suffrage universel, dans certain pays, sa conquête dans d'autres, ont soulevé un certain nombre de grèves.

Nous avons en France un Office du travail, qui les enregistre et publie à ce sujet des statistiques intéressantes. On peut admettre que, tous les ans, dans notre pays, nous avons 100.000 ouvriers qui chôment 15 jours, ce qui fait 1.500.000 journées de chômage. Si l'on compare cet effectif des grévistes à la masse des ouvriers de l'industrie qu'on peut évaluer à 4 millions, on voit qu'en somme la grève se traduit par à peu près un tiers de journée par tête et par an, moins d'une minute de chômage par tête et par jour. Voilà à quoi se réduisent dans le creuset de la statistique les chômages qui sont subis par suite des grèves.

Il ne faudrait cependant pas se rassurer outre mesure par cette dilution homéopathique de la grève. Le corps humain présente parfois des signes extérieurs qui semblent n'être rien, mais qui, aux yeux d'un médecin expérimenté, méritent une extrême attention, parce qu'ils sont l'indice d'un vice de constitution et nécessitent une médication sérieuse.

Les grèves trahissent, elles aussi, un malaise social, un état d'antagonisme aussi fâcheux pour les ouvriers que pour les patrons. On ne saurait s'en désinteresser; c'est un symptôme des plus graves, et, malgré les atténuations édulcorantes de la statistique, on a grandement raison de s'en préoccuper.

Les médecins se sont mis à l'œuvre de toutes parts. On a présenté de très nombreux remèdes, les uns préventifs, les autres répressifs. Je n'en ferai pas la revue, qui m'entraînerait trop loin. Je me bornerai à vous rappeler les principaux d'entre eux : l'échelle mobile des salaires, leur taxation, l'arbitrage et la conciliation, les Sociétés coopératives de production, qui suppriment le débat pour les salaires, puisqu'elles suppriment le salarié et le patron.

Parmi ces remèdes, le seul dont nous ayons à nous occuper ici, c'est la participation aux bénéfices, et notre cher ami Charles Robert, dont le nom revient sans cesse sur nos lèvres, a consacré à ce sujet un charmant opuscule, où il a mis son cœur et son talent, et qui est intitulé : « Des moyens de prévenir les grèves ». C'est précisément le sujet que j'ai à traiter devant vous.

Il faisait remarquer que la participation aux bénéfices jouit d'une vertu essentiellement pacificatrice, parce qu'elle solidarise les intérêts du travail et ceux du capital. Tandis que ces intérêts apparaissent à quelques-uns comme antagonistes, ici, leur solidarité, leur harmonie éclatent à tous les yeux : on ne peut plus contester qu'il y ait identité entre ceux du patron et de l'ouvrier, puisque, à la fin de l'exercice, le bénéfice est réparti entre ces deux facteurs de la production.

Cette organisation donne une direction aux esprits; elle les détourne de cette haine, que certains entretiennent avec tant de talent et d'âpreté, quand au contraire il faudrait montrer que l'intérêt des uns et des autres est de marcher la main dans la main et de collaborer avec tout son talent et tout son cœur à l'œuvre commune de la production, puisque chacun doit en tirer profit.

Vous pratiquez la participation dans l'industrie et vous avez tous votre conviction faite à ce sujet ; mais, étant vigneron pratiquant, je vous apporte mon témoignage personnel sur les effets du métayage, qui est l'application de la participation à l'agriculture.

Vous savez, Messieurs, que les anciens économistes étaient très sévères contre le métayage; ils le considéraient comme une forme primitive, attardée, dont il fallait se hâter de sortir pour arriver de suite au fermage.

Mais, à la grande surprise des doctrinaires, l'expérience a démontré que, si le fermage subissait durement le contrecoup de la crise agricole, le métayage en était beaucoup moins atteint.

On a donc révisé ce procès et l'on s'est alors aperçu que le métayage devait son immunité relative à une vertu particulière, qui était précisément l'harmonie entre les intérêts des propriétaires et ceux des métayers. Malgré certaines infirmités organiques qui sont au fond du métayage, cette vertu sociale suffisait à lui donner une grande supériorité sur les autres formes. De sorte qu'aujourd'hui il s'opère un contre-courant en faveur du métayage, dont tous les maîtres de la science économique recommandent la diffusion.

Il y a là, ce semble, une démonstration expérimentale, dont nous avons le droit de nous emparer. Si le métayage a pu triomphier des préjugés qui semblaient avoir scellé la pierre tombale sur lui, c'est précisément par la force morale dont il dispose et que les anciens économistes n'avaient pas suffisamment aperçue, à savoir, cette harmonie qu'il fait régner entre les intérêts du propriétaire et ceux du métayer.

Telle est la vertu de la participation aux bénéfices : elle amène le contentement réciproque des deux parties en présence, améliore les rapports entre patrons et ouvriers, dissipe la prévention, la méfiance et substitue l'harmonie à l'antagonisme. Elle crée pour ainsi dire, dans le personnel de l'industrie, un nouvel « état d'âme », qui est tout-puissant dans l'atelier. Jamais un surveillant quelconque ne remplacera l'intimité du sentiment. La conscience vaut mieux qu'un gendarme et c'est précisément la conscience que vous mettez au service de l'industrie, en solidarisant les intérêts des ouvriers avec ceux des patrons. *(Applaudissements.)*

En outre, la participation entraîne des contacts fréquents, permanents, du patron avec son personnel. Elle suppose, en général, un certain noyau qui est formé de la vieille garde des ouvriers : le patron fait confiance à ceux qui le composent pour leur recrutement, sauf à intervenir parfois comme un modérateur, pour tempérer la rigueur que le noyau mettrait à ouvrir ses rangs. Il y a là comme un capital de bonnes relations et de paix, dont on sent le prix quand un nuage menacerait de troubler l'harmonie du ménage. C'est à ce moment que l'on est heureux de s'être préparé ainsi des rapports faciles, parce qu'on les retrouve et qu'ils préviennent les frottements, les « frictions », qui amèneraient les grèves.

Il semble donc que cet état d'âme que crée la participation soit un bon remède préventif et justifie la prétention du titre de l'opuscule de Charles Robert. Non pas, assurément, que l'on doive faire de la participation une panacée : en matière sociale, il n'y a pas de panacée, il n'y a pas de formule absolue, mais une série de moyens, dont aucun ne doit être négligé, pourvu qu'il converge au but.

A la condition donc de n'en faire ni une panacée, ni un article de foi, ni un article de loi, la participation peut, dans cette voie comme dans les autres, rendre de grands services, et je crois que nous pouvons proclamer l'influence bienfaisante qu'elle a pour prévenir les grèves. *(Applaudissements prolongés.)*

C'est ce qu'exprimerait la résolution suivante que j'ai l'honneur de soumettre au Congrès, comme conclusion de ce court rapport :

« Le Congrès estime qu'entre autres avantages, la participation aux bénéfices possède encore celui de conjurer les grèves et d'assurer efficacement la paix et l'harmonie entre le capital et le travail. »

M. GOFFINON. — Il n'y a plus rien à dire après un semblable exposé.

M. PAUL DELOMBRE. — Quand M. Cheysson a parlé, on est sous le charme d'une séduction telle, qu'on n'ose plus rien dire et on est singulièrement téméraire en demandant la parole.

Je voudrais le prier, cependant, de répondre à cette question : est-ce qu'il n'y a pas eu de grève dans les maisons qui pratiquent la participation aux bénéfices?

M. CHEYSSON. — Il y en a eu certainement.

M. PAUL DELOMBRE. — L'une des grèves récentes, la plus colossale, a porté, en effet, sur une des maisons qui ont la participation aux bénéfices. Dès lors, je me demande si le texte proposé au Congrès répond bien à l'état de choses que vous avez si lumineusement défini dans votre rapport. La participation aux bénéfices est un des moyens par lesquels on peut espérer conjurer les grèves. La participation va permettre aux grévistes de sentir qu'ils se frappent eux-mêmes, dès l'instant où ils arrêtent l'industrie dont ils vivent...

M. CHEYSSON. — Ma formule est elliptique, je le reconnais.

M. PAUL DELOMBRE. — Il y a peut-être quelque chose à y reprendre, une nuance, un rien... Voilà l'inconvénient des chefs d'œuvre, ils rendent exigeants; on les veut absolument parfaits.

« ...la participation aux bénéfices est un des moyens qui permettent d'espérer conjurer les grèves... »

M. CHEYSSON. — Il y a plus qu'une espérance.

M. PAUL DELOMBRE. — « ...est un moyen d'intéresser les ouvriers au travail de façon à prévenir les grèves... »

M. CHEYSSON. — Il n'y a pas un système qui n'ait de temps en temps ses défaillances : la méthode Pasteur, pour la rage, a les siennes, comme le soleil a ses taches.

M. PAUL DELOMBRE, — La modification serait bien simple : c'est le mot « efficacement » qui souligne l'affirmation et va peut-être un peu loin.

M. CHEYSSON. — J'en fais volontiers le sacrifice.

M. BUISSON. — Tout à l'heure, on demandait des exemples. Ce ne serait pas encore une raison pour dire que la participation n'est pas efficace. L'année dernière, la maison Leclaire et nous, nous sommes trouvés en face de notre corporation qui voulait absolument la grève. Ils sont venus nous dire : « Il faut que vous fassiez grève ! » Nous leur avons demandé : « Pourquoi faire? Ce que vous demandez, il y a longtemps que nous l'avons. »

La corporation se met en grève et trouve naturel de se dire : « Il faut que nous gagnions les deux premières maisons ou nous ne réussirons pas. » Ils ont joué du téléphone entre la maison Leclaire et la Société « Le Travail ». A M. Redouly on disait : « Nous avons la promesse de M. Buisson que demain tous les chantiers seront fermés. »

A la Société « Le Travail », on téléphonait de la Bourse du Travail : « La maison Leclaire a accepté... »

Je ne savais pas ce que M. Redouly avait fait, mais j'ai répondu par téléphone : « Quand vous aurez brûlé les bâtiments de la Société « Le Travail », nous nous mettrons en grève mais pas avant et, quant à présent, nous continuons à travailler. »

Une délégation vint me trouver. Je lui dis : « Croyez-vous que parce que vous vous mettez en grève nous devions nous y mettre? Nous ne sommes pas des salariés, nous sommes nos maîtres, et ce que vous réclamez, il y a longtemps que nous le réalisons. »

Ce petit jeu du téléphone que je vous racontais était pour vous dire que si, pour une raison ou pour une autre, des meneurs arrivaient à faire mettre en grève une maison pratiquant la participation, cela ne prouverait pas que ce fût là la règle à envisager, au contraire, la participation reste le moyen le plus efficace pour la conjurer.

M. LE PRÉSIDENT. — Je mets aux voix la résolution, amendée comme il a été proposé.

« Le Congrès estime qu'entre autres avantages, la participation aux bénéfices possède celui d'aider à conjurer les grèves et d'assurer la paix et l'harmonie entre le capital et le travail. »

(Adopté.)

Nous n'avons plus qu'à donner nos remerciements à M. Cheysson pour ses très intéressants rapports. *(Applaudissements).*

La séance est levée à 6 h. 15 m.

SIXIÈME SÉANCE

MERCREDI MATIN, 18 JUILLET

Présidence de M. ENGEL, assisté de MM. PAUL DELOMBRE et NICHOLAS PAINE GILMANN.

La séance est ouverte à 9 heures et demie du matin.

M. PAUL DELOMBRE. — Avant de reprendre nos travaux, je vous demande la permission d'exprimer la satisfaction que nous avons tous ressentie en voyant le compte rendu si remarquable qui a paru dans le journal « La Fronde ». Il est difficile de mettre au service d'une cause que nous considérons comme l'une des meilleures, plus de talent, de souci du devoir professionnel et de cœur. *(Applaudissements.)*.

QUATORZIÈME QUESTION

En principe, rien ne s'oppose à l'établissement de la participation aux bénéfices dans les exploitations agricoles qui emploient un nombre suffisant de travailleurs salariés, et où existe une comptabilité bien tenue.

RAPPORTEUR : M. GOFFINON

Vice-Président de la Société pour l'étude de la participation aux bénéfices, membre du Comité de la classe 102 (groupe de l'Économie sociale).

Avant tout, je dois exprimer le plus vif regret que notre distingué collègue M. Georges Maurin, avocat à la cour d'appel de Nîmes, qui a des connaissances si étendues en matière d'agriculture, ait été empêché, pour cause de santé, de rédiger ce rapport. Je m'efforcerai de suppléer de mon mieux à cette absence.

« En principe, rien ne s'oppose à l'établissement de la participation aux bénéfices dans les exploitations agricoles qui emploient un nombre suffisant de travailleurs salariés et où il existe une comptabilité bien tenue. »

Notre Société, qui a pour objet l'étude pratique de la participation du personnel dans les bénéfices, a pour principe de rester dans le domaine de la pratique, et par conséquent de ne s'occuper que des faits.

Notre regretté collègue et ami, Albert Cazeneuve, qui pratiquait le système dans sa grande propriété agricole d'Esquiré, près Fonsorbes (Haute-Garonne), avait publié un ouvrage sur la question. Il avait été le rapporteur compétent de notre premier congrès en 1889. Aussi mon devoir était-il de consulter cet important document pour me rendre compte si les progrès prévus et espérés alors s'étaient réalisés depuis dans la pratique.

M. Cazeneuve a affirmé la nécessité pour l'agriculture des règles suivantes que nous avions recommandées en toutes occasions pour l'industrie, le commerce et les entreprises financières. Avant toute application du système, le propriétaire devait : 1° faire une étude préalable ; 2° se livrer à une enquête sur le savoir professionnel de son personnel, l'attachement à l'entreprise, la stabilité ; 3° il devait aussi, particulièrement dans l'agriculture, connaître ses collaborateurs au point de vue de l'esprit de famille, de la morale et de la prévoyance ; 4° ces faits connus, il était indispensable de posséder ou d'établir une comptabilité appropriée à l'importance de l'exploitation.

Depuis 1889, c'est-à-dire depuis onze ans, que nous étudions pratiquement l'application du système dans l'agriculture, nous reconnaissons la justesse des indications de M. Cazeneuve.

Nous sommes d'accord sur la base fondamentale d'une étude préalable, d'une enquête sur le personnel, et sur la nécessité de la comptabilité. La pratique nous a démontré, notamment, qu'avec une comptabilité même très simple il est possible de déterminer exactement le bénéfice dans l'agriculture comme dans tout autre entreprise de production, avec inventaire régulier à l'appui.

Parmi les exemples qui sont à étudier, nous citerons d'abord trois institutions fondées par des hommes supérieurs : M. Mathieu Dollfus, au château de Montrose ; M. Laroche-Joubert père, sur sa propriété de la Texanderie ; M. le comte de Lariboisière, sur son domaine de Monthorin (Ille-et-Vilaine).

Ces trois propriétaires avaient organisé le travail statutairement avec la participation aux bénéfices. Les trois y ont renoncé. Une quatrième organisation de la participation faite par M. Cazeneuve. sur une grande propriété de 235 hectares, à Esquiré, a réussi.

Enfin nous exposons, à la classe 102, l'exemple du domaine de Grésy, qui est une exploitation de 20 hectares. Le personnel à demeure n'est composé que de trois ménages, une partie des gros travaux étant faits par des entrepreneurs, petits propriétaires du pays, dont nous avons fait aussi des participants, et par des vendangeuses, qui ne travaillent qu'un très petit nombre de journées chaque année. Cette fondation ne remonte qu'à 1893, mais elle donne de très bons résultats qui sont aussi exposés.

La place qui nous est réservée ici ne nous permet pas d'entrer dans assez de détails pour expliquer les causes des trois insuccès signalés ci-dessus, de MM. Dollfus, Laroche-Joubert et le comte de Lariboisière. On trouvera, dans la brochure contenant les statuts du domaine de Grésy, que je fais remettre à tous les membres du Congrès, une partie de ces causes. Je dis une partie, car j'ai appris depuis par les propriétaires qu'il fallait aussi compter avec les caractères des ouvriers agricoles de ces différentes contrées, la Bretagne, le centre et le midi de la France, ce qui constitue une nouvelle difficulté à vaincre.

Au point de vue de l'organisation du travail agricole, notre programme contient une autre question fort importante, celle concernant le contrat du métayage. Elle a été traitée avec la plus grande compétence par notre collègue, M. Roger-Merlin. Mais, sans vouloir revenir sur ce qui a été dit, nous devons signaler la remarquable et célèbre expérimentation de l'un de nos exposants de la classe 102, M. Bignon. Il l'a dénommée : *Association du capital et du travail dans la grande culture*. Cette organisation, qui a donné des résultats matériels et moraux, tient à la fois à la participation aux bénéfices et au métayage. Elle peut donc être donnée comme exemple pour les deux systèmes.

Un examen attentif de l'organisation du travail sur le domaine de Theneuille, qui remonte à 1849, fait voir que, dès les premiers temps M. Bignon, en homme de bien et très pratique, a résolu de procéder par le système des *améliorations* pour tout ce qui concernait cette propriété.

Il a voulu améliorer d'abord la situation matérielle et morale de ses métayers, par le logement, la nourriture, le vêtement; resserrer les liens de famille. De toute part il a trouvé une résistance à laquelle il ne s'était pas attendu. Heureusement que l'une des qualités dominantes de M. Bignon était une persévérance infatigable. Il a réussi à surmonter toutes les difficultés, avec ce grand principe de son programme : *améliorer toujours* jusqu'à la transformation, avec une comptabilité parfaitement tenue, ce qui lui a permis à toute époque de connaître son prix de revient et sa situation. C'est l'exemple le plus concluant qu'on puisse citer.

M. Cazeneuve nous a parlé, dans son ouvrage sur l'agriculture et dans son rapport de 1889, de la nécessité d'avoir un quantum déterminé. J'avais reconnu avec lui l'utilité de cette mesure partout, mais ayant constaté qu'il avait été l'une des causes principales des trois insuccès cités plus haut, j'ai remplacé le quantum par un fonds de réserve, qui nous permet, comme on le verra dans les statuts, d'avoir toujours de petites répartitions à faire, si nous avons une, deux et même trois mauvaises récoltes.

PROJET DE RÉSOLUTION

Le Congrès est d'avis que la participation aux bénéfices est aussi facile à établir dans l'agriculture que dans toutes autres entreprises, et quelle que soit l'importance de l'exploitation, pourvu, toutefois, qu'il soit fait une étude préalable, et qu'il y ait une comptabilité simple mais bien tenue.

M. GOFFINON. — J'ai donné l'exemple de M. Bignon qui a commencé par améliorer le sort de ses ouvriers, de ses métayers, et ensuite sa propriété. En résumé, la participation aux bénéfices est aussi facile à faire dans l'agriculture que dans le commerce, l'industrie ou la finance ; il faut seulement se donner beaucoup plus de peine pour faire ce qu'on appelle l'étude préalable, savoir quel est le caractère des gens avec lesquels on est, quelles sont leurs mœurs, leurs habitudes. Il faut surtout organiser pour améliorer.

Je voudrais bien que quelqu'un me fît quelques objections.

M. TULEU. — Je demanderai à M. Goffinon de vouloir bien faire entrer dans son projet de résolution la constitution de ses réserves.

M. GOFFINON. — Vous dites que dans la résolution il n'en est pas question ? Vous avez raison.

M. TULEU. — C'est peut-être une des causes des insuccès que vous avec cités.

M. GOFFINON. — C'est la cause principale ; je n'ai pas voulu dire la seule cause parce que c'eût été trop absolu, mais c'est la cause principale. Pour faire de la participation aux bénéfices dans l'industrie, le mieux est d'avoir un quantum déterminé ; mais dans l'agriculture, cela a de sérieux inconvénients.

Il est difficile de faire comprendre aux ouvriers les bénéfices que l'on fait ; nous avons déjà parlé de l'inventaire, ne revenons pas sur ce que nous avons dit, mais il est difficile de faire comprendre aux ouvriers comment et pourquoi on a des bénéfices. Dans l'agriculture, c'est plus difficile encore.

M. TULEU. — Il me paraît, en effet, plus difficile en agriculture de justifier le chiffre des bénéfices, parce que les bénéfices ne sont pas toujours en raison directe des résultats apparents.

M. GOFFINON. — Dans l'agriculture, il faut faire beaucoup d'amortissements (outillage, améliorations à l'infini) et alors vous voilà livrés aux caprices du patron. C'est pour cela qu'il faut que l'ouvrier reçoive toujours, ne fût-ce que pour ne pas le décourager. J'ai cherché comment on pourrait s'y prendre ; c'est alors que j'ai pensé à faire une réserve dans les bonnes années, puis dans les mauvaises années ne pas donner comme quand l'année est bonne, mais prendre dans la réserve de quoi donner une participation si petite qu'elle soit. Voilà comment j'ai comblé la différence.

M. TULEU. — J'estime que la constitution du fonds de réserve ne doit pas être faite pour donner la même chose chaque année. Il est intéressant que l'ouvrier puisse voir le résultat de ses efforts, mais il faut aussi qu'il puisse voir autre chose. Il comprendra mieux en recevant moins si l'année a été mauvaise ; on sait bien quand l'année a été mauvaise.

M. GOFFINON. — On lui donne moins quand l'année a été mauvaise, seulement on lui donne quelque chose.

M. TULEU. — Seulement nous devons avoir un fonds de réserve, parce que ce n'est pas une seule année qui est mauvaise, ce sont deux, trois, quatre années mauvaises qui se succèdent.

M. GOFFINON. — Eh bien ! j'ai distribué des bénéfices quand il n'y en avait pas. C'est l'histoire de toutes les Compagnies.

M. TULEU. — Maintenant, M. Goffinon dit qu'il a remplacé le quantum par le fonds de réserve. Moi, je ne vois aucun rapport entre le quantum et le fonds de réserve ; ce sont deux choses absolument distinctes. Je demandais d'introduire dans le projet de résolution qu'il était utile de constituer un fonds de réserve avec la participation aux bénéfices, pour paier aux mauvaises années qui peuvent se succéder.

M. LE PRÉSIDENT. — Avec un quantum fixe ?

M. TULEU. — Je n'ai pas parlé de quantum.

M. GOFFINON. — Il n'y en a pas.

M. LE PRÉSIDENT. — Qu'est-ce qui vous servait de base, du moment que vous n'avez pas fixé de quantum d'avance ?

M. GOFFINON. — La base, c'était de donner une rémunération au salaire dans la proportion de ce que je donne dans l'industrie, c'est-à-dire 10 % d'augmentation de salaire.

M. LE PRÉSIDENT. — Ce n'est plus de la participation.

M. PAUL DELOMBRE. — Vous jugez désirable la constitution d'un fonds de réserve, puisque, dans l'expérience que vous nous apportez, ce fonds de réserve existe. A l'aide de quelles ressources ce fonds est-il alimenté ? est-ce à l'aide d'un supplément de sacrifice que, de votre plein gré, vous faites, ou bien au contraire, est-ce au moyen d'une retenue sur les sommes qui auraient dû être réparties entre les participants ?

M. GOFFINON. — Je prélève tous les ans, aussi bien pour l'agriculture que pour mon usine à gaz, 10 % sur les bénéfices et, au lieu de les distribuer, j'en fais une réserve. Je n'ai pas de quantum déterminé dans les statuts, mais la vérité est que je prélève 10 % sur les bénéfices. Ces bénéfices, je ne les distribue pas, je les mets en réserve, et je prends dans cette réserve, des sommes variables, suivant que j'ai de plus ou moins bonnes années, pour faire des répartitions et me rapprocher autant que possible du quantum de 10 % des salaires. Eh bien ! les cinq années ont donné 11 % ; tout ce que j'ai distribué comme bonnes ou mauvaises années a donné 11 % des salaires.

M. PAUL DELOMBRE. — Par conséquent, le système en face duquel nous nous trouvons peut se résumer ainsi : Votre participation aux bénéfices aboutit à une somme X... (10 % en fait) à laquelle les participants ont droit; deuxièmement, vous constituez, à l'aide d'une retenue sur les sommes qui devraient en principe être allouées aux participants, une réserve qui est une épargne en quelque sorte obligatoire; cette épargne obligatoire, vous vous en servez dans les mauvaises années pour ramener à un taux moyen la répartition qui est faite entre vos travailleurs agricoles. Voilà bien le système?

M. GOFFINON. — Oui, comme cela j'évite les inconvénients que je viens de signaler.

Pour avoir des réserves, je ne prélève pas l'intérêt du capital foncier. Ce sont les bénéfices que je réalise dans l'exploitation qui font l'intérêt; mais quand j'ai peur de ne pas avoir de bénéfices du tout je ne prélève pas l'intérêt sur le capital foncier.

M. PAUL DELOMBRE. — M. Goffinon a une façon particulière de pratiquer la participation aux bénéfices; il commence par oublier ses droits et, mettant en commun, avec la générosité qui lui est habituelle, la part des ouvriers et la part du capital, il supprime la part du capital dans les mauvaises années pour assurer aux ouvriers la participation aux bénéfices. Ce n'est pas le Congrès qui pourra blâmer M. Goffinon.

M. GOFFINON. — Je tiens essentiellement à ne pas passer pour un philanthrope. Je vous ai dit qu'il y avait une comptabilité dans l'agriculture comme partout ailleurs; ma comptabilité (je pourrai vous la faire voir quand vous le voudrez) accorde un bénéfice brut de 6 %. J'aurais 3 % si je retirais l'intérêt du capital, mais je ne le retire pas; je ne le fais pas figurer aux frais généraux.

M. PAUL DELOMBRE. — Je serais désolé de faire passer M. Goffinon pour un philanthrope malgré lui, quoique ce fût de ces injures auxquelles on est peu accoutumé par le temps qui court. Cependant, puisque vous parlez de comptabilité très bien tenue, ne pensez-vous pas qu'avec une comptabilité sévère l'intérêt du capital doit apparaître avant toute répartition de bénéfices? Or, il me semblait avoir compris tout à l'heure que vous étiez tout prêt à ne pas tenir compte de cet intérêt de votre capital.

M. GOFFINON. — Je reçois cet intérêt dans les bénéfices. Si je prélève 3 °/₀ de l'intérêt du capital foncier, je le porte aux frais généraux, et les frais généraux viennent naturellement à être déduits du compte de profits et pertes. Il y a des quantités de maisons qui ne prélèvent pas l'intérêt de leur capital, il y en a même qui ne le pourraient pas, et c'est le cas dans l'agriculture.

M. PAUL DELOMBRE. — Vous touchez une très délicate question et j'étais certain de vous y amener par celle que j'avais l'honneur de vous poser. Peut-on considérer qu'une industrie, lorsqu'il n'y a pas rémunération de son capital, fait un bénéfice ?

M. GOFFINON. — Certainement.

M. PAUL DELOMBRE. — Cette question est des plus intéressantes pour la participation aux bénéfices. Il s'agit de savoir si, lorsque des industriels prennent l'engagement de faire participer à leurs bénéfices leurs collaborateurs, il est entendu que le capital s'efface et que, pour calculer la masse des produits à répartir, frais généraux déduits bien entendu, il ne sera tenu compte d'aucune rémunération préalable de ce capital; ou bien, au contraire, s'il n'y a bénéfices proprement dits qu'après la rémunération du capital : dans ce dernier cas, si un résidu existe, le bénéfice apparaît, mais alors seulement. C'est extrêmement important.

M. GOFFINON. — Nous sommes d'accord. Dans mon industrie du bâtiment, nous prélevons 5 °/₀ de l'intérêt du capital que nous portons aux frais généraux, mais je ne le fais pas dans mon agriculture.

M. PAUL DELOMBRE. — De sorte que voilà M. Goffinon pris en flagrant délit de philanthropie. J'en suis bien désolé !

M. GOFFINON. — Je vous demande pardon, c'est une autre manière de faire qui, encore une fois, en comptabilité n'est pas irrégulière.

M. PAUL DELOMBRE. — Dès l'instant que vous faites un cadeau, les tribunaux vous acquitteraient.

M. GOFFINON. — En ma qualité d'expert au Tribunal de Commerce, j'ai eu l'occasion de vérifier nombre de comptabilités où les patrons ne prélevaient pas l'intérêt de leur capital. Ce que je vous dis est courant. Seulement ils ne faisaient pas la participation aux bénéfices.

M. PAUL DELOMBRE. — Nous sommes un Congrès de participation aux bénéfices; nous cherchons à dégager, à la fin de ce siècle, les lois générales qui doivent permettre de guider ceux qui voudraient faire de la participation aux bénéfices; nous essayons de montrer tout ce qu'il y a de généreux dans le monde patronal; nous voulons le solliciter à de nouveaux sacrifices, tout en évitant de l'effrayer par la perspective de charges qui pourraient lui sembler démesurées; eh bien! serait-il prudent de donner à entendre, en dehors de toute philanthropie bien entendu, que, lorsqu'on s'engage à faire participer son personnel aux bénéfices, la comptabilité sera tenue de façon à compter des frais généraux où il n'y ait rien pour le capital? Je ne le croyais pas pour ma part; aussi dans votre œuvre si généreuse, un point m'était apparu qui, en comptabilité exacte de participation aux bénéfices, mériterait peut-être quelque réserve.

M. GOFFINON. — Il ne faudrait pas faire croire à l'agriculture qu'il n'y a que les riches qui peuvent faire de la participation aux bénéfices. Je prétends avoir une organisation qui justifie absolument ce que je donne et qui fait que j'ai un personnel dévoué, intelligent, stable. Je crois que c'est avec cela que je fais les 6 % de bénéfices.

M. PAUL DELOMBRE. — Eh bien! M. Goffinon, nous allons nous mettre très facilement d'accord, car il s'agit de comptabilité et on peut tenir la comptabilité de manières très diverses. A quoi aboutit l'œuvre que vous avez bien voulu fonder? Simplement à ceci : c'est que la part que vous accordez à vos participants est supérieure à ce que vous croyez. Si la comptabilité était tenue conformément aux véritables règles, sur les frais généraux aurait été imputée, pour intérêts au capital, une somme que vous ne comptez pas; vous faites donc ressortir un solde de bénéfices plus élevé, et c'est sur ce solde que vous effectuez votre répartition à vos ouvriers. Finalement, au lieu de donner à ceux-ci 10 % de vos bénéfices, comme on pourrait le croire, vous leur attribuez en réalité beaucoup plus. Vous êtes trop expert-comptable pour ne pas vous rendre à cette observation de fait.

M. GOFFINON. — Cela ne fait toujours que 11 % de leur salaire et c'est mon barème. J'estime que, pour que l'ouvrier comprenne que c'est suffisant, il faut qu'on lui donne 10 % de supplément de salaire. Vous dites avec raison que je leur donne 10 %, plus l'intérêt du capital. Je suis d'accord avec vous.

M. LE PRÉSIDENT. — Il y aurait peut-être un moyen-terme, ce serait d'appliquer aux capitaux qui sont confiés à l'agriculture un intérêt moindre qu'à ceux qui sont placés dans l'industrie. Dans l'industrie, c'est 4 ou 5 %, mais tout le monde sait que, dans l'agriculture, quand on a 2 % on est satisfait. Par conséquent, si on voulait rester dans la régularité, on pourrait commencer par appliquer 2 %, ce qui rendrait les bénéfices à partager plus considérables.

M. TROMBERT. — C'est pourquoi M. Goffinon se défend de faire de la philanthropie. Il dit que malgré cette participation aux bénéfices qu'il fait à son personnel, il touche 6 % de son capital.

M. BEUDIN. — Ce n'est pas malgré, c'est grâce.

M. LE PRÉSIDENT. — Vous faites vos amortissements?

M. GOFFINON. — Mes amortissements et mes améliorations.

M. LE PRÉSIDENT. — Maintenant, c'est peut-être un cas spécial.

M. GOFFINON. — Ce n'est pas de l'agriculture ordinaire.

M. TULEU. — Je demande à M. Goffinon s'il ne lui serait pas agréable de faire rentrer sa maison à participation dans les maisons qui font de la participation avec un quantum déterminé sur les bénéfices. M. Goffinon nous a dit qu'il prélevait 10 % du salaire; ce n'est pas de la participation aux bénéfices.

M. GOFFINON. — Je prélève 10 % sur les bénéfices et je les répartis.

M. TULEU. — Alors je retire ce que j'ai dit; j'avais entendu 10 % sur les salaires.

M. GOFFINON. — 10 % sur les bénéfices de fin d'année; je fais un fonds de réserve et, suivant les bonnes ou les mauvaises années, je prélève sur ce fonds de réserve de quoi faire environ 10 % de la main-d'œuvre.

M. TULEU. — Je suis content d'avoir fait cette observation, parce que mon voisin avait compris la même chose que moi.

Maintenant ne serait-il pas bon de mettre dans la résolution : un fonds de réserve pour parer aux mauvaises années?

M. BEUDIN. — J'appuie les observations de M. Tuleu en ce qui concerne le fonds de réserve.

M. PAUL DELOMBRE. — Nous pourrions peut-être aboutir maintenant à un projet de résolution. Le texte qui avait été admis en 1889 portait :

« En principe, rien ne s'oppose à l'établissement de la participation aux bénéfices dans les exploitations agricoles qui emploient un nombre suffisant de travailleurs salariés, et où existe une comptabilité bien tenue. »

Notre rapporteur aboutissait aux conclusions suivantes :

« Le Congrès est d'avis que la participation aux bénéfices est aussi facile à établir dans l'agriculture que dans toutes autres entreprises, et quelle que soit l'importance de l'exploitation, pourvu, toutefois, qu'il soit fait une étude préalable, et qu'il y ait une comptabilité simple, mais bien tenue. »

Des observations échangées, il résulte que ce texte devrait être amendé ; en tout cas, l'existence d'un fonds de réserve a été demandée comme adjonction au texte de la résolution.

Je me permets de soumettre au Congrès une autre résolution. Il est dit dans le projet de M. Goffinon : « Le Congrès est d'avis que la participation aux bénéfices est aussi facile à établir dans l'agriculture, etc. », je me permets de demander à M. le Rapporteur s'il est bien bon de mettre cette mention : « est aussi facile à établir », attendu que, sur les quatre exemples cités dans le rapport, il y a trois échecs. Ne pourrait-on pas se borner à dire : « La participation aux bénéfices peut être établie dans l'agriculture comme dans toute autre industrie. » ? Convient-il de dire : « quelle que soit l'importance de l'exploitation » ? C'est sous-entendu, si nous nous bornons à constater que la participation peut être établie dans l'agriculture comme dans toute autre industrie.

Si le Congrès adhérait au texte suivant, nous aurions résumé à peu près tout ce qui vient d'être dit :

« La participation aux bénéfices peut être établie dans l'agriculture comme dans toute autre industrie ; toutefois, elle exige plus particulièrement une étude préalable, l'existence d'un fonds de réserve, et une comptabilité simple mais bien tenue. »

J'appelle l'attention du Congrès, avant le vote, sur le mot « existence » que j'ai mis à dessein pour répondre aux observations de M. Tuleu. On aurait pu comprendre « elle exige la création d'un fonds de réserve », mais le mot « création » permettrait de supposer que cette réserve pourra être épuisée et qu'il y a lieu de s'occuper seulement de l'avenir, pour la reconstituer au besoin ; tandis que, selon la pensée de M. Tuleu, même dans les mauvaises années on doit désirer ne pas épuiser ce fonds de réserve..

(Le texte lu par M. Delombre est adopté.)

M. PAUL DELOMBRE. — Nous n'avons plus qu'une question, la dix-huitième.

M. MERLIN donne lecture du rapport suivant :

DIX-HUITIÈME QUESTION.

L'adoption, dans les Sociétés coopératives de production et de consommation, de la participation aux bénéfices en faveur du personnel, n'est-elle pas conforme aux vrais principes de la coopération ?
N'est-elle pas de nature à servir au plus haut degré les intérêts des Sociétés, en développant le zèle et la stabilité du personnel?

RAPPORTEUR : M. DE BOYVE

Directeur du journal *l'Emancipation*.

La coopération a pour but de créer une organisation supérieure à l'état social actuel.

Elle cherche à réaliser cet idéal en introduisant plus d'équité dans les rapports sociaux.

Aux conflits d'intérêts entre consommateurs et producteurs, employeurs et employés, la coopération substitue, par le fait d'une application de justice plus stricte, un état de paix.

La coopération, pour être conséquente aves ses principes, doit rechercher tout ce qui est conforme aux principes de justice et d'équité.

L'association de consommation, qui est la première étape de la coopération, et la participation des ouvriers aux bénéfices de leur travail, sont deux manifestations du même principe, de la même ascension vers une justice plus haute.

Elles réalisent, l'une le *juste prix des choses*, l'autre la *juste rémunération du travail.*

Ce *juste prix des choses* — après distribution des denrées et des marchandises au cours du jour — se fixe à la fin de l'exercice et les bénéfices acquis sont distribués aux associés au prorata des achats.

La *juste rémunération du travail* s'établit à la fin de l'année commerciale et chaque employé ou ouvrier reçoit la part de bénéfices que son travail, son assiduité, son intelligence ont donnés à l'association.

La coopération et la participation forment une association d'intérêts, association féconde puisqu'elle repose sur le vrai, sur le juste.

La coopération, sous quelque forme qu'elle existe, ne peut, sans participation, réaliser l'idéal coopératif.

Dans la consommation, la participation sert aussi bien les intérêts des associés consommateurs que ceux des employés.

Ceux-ci, par leur assiduité, leur bienveillance envers les associés, peuvent largement contribuer à les attirer au magasin coopératif, — de même que, par le bon entretien des denrées confiées à leurs soins, par l'attention à éviter tout gaspillage, toute perte de temps — ils peuvent contribuer à diminuer les frais généraux.

Toute Société coopérative de consommation doit donc donner une part de bénéfices à ses employés, non seulement parce que la justice l'y oblige, mais par intérêt bien entendu et encore pour encourager les employés à se donner tout entiers au succès de l'association.

Il importe que les employés soient les apôtres de la coopération et sachent, au besoin, répondre victorieusement aux attaques des mécontents que l'on trouve dans toutes les institutions humaines, quelque bonnes qu'elles soient.

Le taux de la participation du personnel dans les bénéfices est de 10 % à la Société coopérative « L'Abeille Nimoise » [1].

La répartition doit se faire différemment selon qu'il s'agit des employés de la cave, de la boulangerie ou de l'épicerie ; il doit être tenu compte, dans cette répartition, des années de service.

---

(1) A. — *Pour les employés de la cave :*
3/5 au caviste chef ;
2/5 aux autres employés au prorata de leur salaire.

B. — *Pour les employés de l'épicerie :*
4/5 au prorata des salaires ;
1/5 au prorata des années de service.

C. — *Pour les employés de la boulangerie :*
2/5 à répartir en égales parts entre la gérante et le maître de pelle ;
3/5 au prorata des années de service entre les autres employés.

Chaque participant doit posséder un compte individuel sur lequel est inscrit un tiers des sommes lui revenant après chaque répartition ; les deux autres tiers lui sont remis en espèces. Les comptes individuels doivent recevoir un intérêt de 3 %.

Le compte du participant peut être liquidé après vingt ans de service ou plus tôt, sur sa demande, pour une raison sérieuse, et avec l'assentiment du Comité.

Nous croyons ce système excellent pour attacher les employés à l'association qu'ils ont intérêt à voir prospérer de plus en plus.

Dans une association coopérative de production où, une fois le capital acquis, la compétence du directeur et le travail des associés sont les seules causes du succès, la participation des ouvriers associés, après payement de l'intérêt au capital, doit être entière.

Elle doit être distribuée aux associés d'après les principes de justice qui sont à la base de la coopération, c'est-à-dire proportionnellement aux bénéfices que donnent le travail manuel et intellectuel de chacun, en laissant une part pour la réserve et les fonds de prévoyance.

Une association ouvrière de production qui ne distribuerait les bénéfices qu'à un petit nombre d'associés, et soumettrait les autres à un salariat fixe, serait une association de petits patrons indignes de se ranger sous le drapeau des coopérateurs.

L'association de production, avec la participation dans toute sa largeur, peut seule réaliser l'idéal coopératif, en unissant par des liens de plus en plus étroits tous les travailleurs, aussi bien ceux de la pensée que ceux qui se servent de leurs bras.

On peut conclure que, soit dans l'association de consommation, soit dans celle de production, ceux qui ne mettent pas en pratique la devise si souvent répétée « Tous pour chacun, chacun pour tous », ne peuvent se réclamer du nom de coopérateur.

Nous invitons le Congrès à émettre le vœu que :

1° Les Sociétés Coopératives de consommation, dans un sentiment de justice, aussi bien que pour stimuler le zèle et assurer la stabilité de leur personnel, réservent une part de leurs bonis pour être distribuée à leurs employés.

2° Que les Sociétés coopératives de production, dans un même sentiment de justice et avec la pensée de resserrer toujours davantage les liens des associés, donnent à chacun de ceux qui font partie de l'association, sans exception, après un temps d'apprentissage limité, la part de bénéfices qui lui revient, selon ses aptitudes.

M. LE PRÉSIDENT. — Quelqu'un demande-t-il la parole sur ces deux vœux qui me paraissent des plus justes pour les Sociétés de consommation ?

M. GOFFINON. — A la condition cependant qu'elles fassent aussi des réserves. Elles ne peuvent prélever des bénéfices que quand elles en ont ; pour en faire, il leur faut des réserves.

M. OMER DECUGIS. — Je me demande pourquoi on a mis les Sociétés coopératives avant tout autre commerce. Pourquoi en faire un cas à part comme si c'était une maison de commerce spéciale ?

M. GOFFINON. — Il en est de même pour l'agriculture.

M. de Boyve et M. Charles Robert ont fait une très longue campagne sur cette question des Sociétés coopératives de consommation et de production. En Angleterre, on ne voulait pas permettre aux Sociétés coopératives de production et de consommation de faire de la participation aux bénéfices, tandis qu'en France on voulait le faire. M. de Boyve, qui est le représentant de coopératives de consommation, a alors donné un peu son exemple, comme j'ai donné le mien. Nous n'avons pas, monsieur Trombert, d'autres Sociétés coopératives qui exposent pour la participation aux bénéfices ?

M. TROMBERT. — Nous avons dans la classe 102 la Chambre consultative des Sociétés ouvrières de production. Elle a présenté un tableau qui signale une cinquantaine de sociétés coopératives de production faisant participer leurs employés aux bénéfices dans les proportions de 10 à 60 %.

M. OMER DECUGIS. — Il paraîtrait résulter du questionnaire qu'on pouvait craindre que les Sociétés coopératives ne subissent pas la loi générale de toutes les autres industries et ne soient pas aptes à faire participer les employés aux bénéfices. Cette idée a-t-elle germé dans certains esprits ? Je me demande pourquoi, car enfin une Société coopérative est une maison de commerce et je me demande pourquoi elle ne ferait pas participer ses employés aux bénéfices.

M. et madame VAN MARKEN viennent assister à la séance.

M. LE PRÉSIDENT prie M. Van Marken de prendre place au bureau.

M. PAUL DELOMBRE. — Ce que j'ai à dire est assez difficile à exprimer et je vous demande toute votre indulgence. On vient, d'ailleurs, d'indiquer par une question très précise, la complexité du problème en face duquel nous nous trouvons. On se demande pourquoi viser les coopératives alors que nous ne prenons pas la peine, sauf pour l'agriculture peut-être, de montrer que la participation aux bénéfices est désirable dans telle ou telle industrie, dans tel ou tel commerce.

La raison de cette mention particulière, c'est que, à côté du monde de la participation aux bénéfices, il y a un monde tout spécial, celui de la coopération, qui se remue beaucoup, qui est extrêmement intéressant, très actif, mais qui se fait de la coopération et de la participation aux bénéfices une idée qui, si on la pesait, n'apparaîtrait peut-être pas extrêmement lourde.

Nous avons défini l'autre jour la participation aux bénéfices « un contrat de salaire amélioré », ce n'est pas autre chose et nous n'avons pas la prétention de renouveler le monde. Nous croyons que, grâce à la participation aux bénéfices, une amélioration se produira graduellement, les rapports entre salariés et salariants deviendront moins tendus, une solidarité se fera mieux jour qui, aujourd'hui, est réelle mais n'apparaît pas...

M. OMER DECUGIS. — Dans l'esprit des chefs de maisons qui pratiquent la participation, il y a mieux que cela.

M. PAUL DELOMBRE. — Je ne voudrais pas greffer une discussion sur un exposé qui est extrêmement délicat à faire, mais, si nous revenions sur ce qui a été décidé précédemment, j'aurais à rappeler que la participation aux bénéfices n'est pas autre chose qu'un moyen d'améliorer le salaire.

Il n'en est pas moins vrai que, à côté de cet idéal — l'amélioration des salaires par la participation, — idéal sans doute modeste, limité, mesuré, très remarquable néanmoins et digne de susciter des initiatives, des efforts, des progrès incessants, il y a d'autres conceptions, d'autres buts poursuivis ; il existe une école qui rêve de la suppression du salariat, et qui voit dans la coopération, dans les Sociétés coopératives de consommation et de production, un moyen d'arriver à cette révolution sociale, révolution pacifique, sans contredit, mais transformation radicale des éléments de production actuels.

M. de Boyve, qui est notre rapporteur, est un des plus zélés représentants de cette école. Il a fait ressortir, dans son rapport, que toute coopérative de consommation, pratiquant la participation, doit établir ses répartitions de manière à n'exclure personne; on devrait parvenir à substituer, en fait, à la participation aux bénéfices la coopération pure et simple. En ce qui concerne les Sociétés de production M. de Boyve va même jusqu'à écrire la phrase suivante que je me permets de remettre sous vos yeux :

« Une association ouvrière de production qui ne distribuerait les bénéfices qu'à un petit nombre d'associés, et soumettrait les autres à un salariat fixe, serait une association de petits patrons indignes de se ranger sous le drapeau des coopérateurs. »

C'est une sorte de flétrissure, une sentence d'indignité, prononcée contre des groupes fort méritants, et je n'ai pas besoin de vous dire qu'en ce qui me concerne je proteste de toutes mes forces.

D'autre part, si, poussant ainsi les choses à l'extrême, on détournait les ouvriers d'établir des Sociétés de production sous forme de coopératives, à moins qu'elles n'acceptassent, suivant une règle sortie du cerveau, règle absolument arbitraire, de distribuer entre tous leurs membres, sans exception, les bénéfices qui seraient réalisés en fin d'année, la coopération aurait-elle gagné beaucoup à cette exigence et ne pourrait-on pas craindre qu'on eût découragé nombre de bons vouloirs et préparé l'écroulement de la Société de production elle-même? En tout cas je vois très bien qu'il n'y aurait plus de participation aux bénéfices.

De sorte que nous, Congrès de la participation aux bénéfices, nous devons formuler, évidemment, les réserves les plus formelles sur les conclusions mêmes du rapport. Est-ce à dire qu'il soit impossible pour cela d'aboutir, dans cette question, à un vote qui ne soit pas purement négatif? Nullement, et je serais désolé qu'il y eût, dans nos décisions, quoi que ce fût de désobligeant pour le rapporteur qui est un de nos membres les plus sympathiques et les plus dévoués. Je regrette qu'il ne soit pas là, car je suis persuadé que le Congrès s'associerait aux remerciements que je lui adresse.

Mais comme il importe, surtout dans ces questions sociales si délicates, d'éviter les confusions, les équivoques et les malentendus, nous pourrions nous inspirer des termes dans lesquels, en 1889, le Congrès, très sagement, s'était prononcé; seulement, au lieu de nous en tenir à ce qui avait été alors la conclusion du Congrès, c'est-à-dire une interrogation — ce qui pouvait sembler déjà beaucoup — nous pourrions faire un pas de plus (je crois que nous pouvons le faire sans danger) et arriver à une affirmation.

On avait dit en 1889 :

« L'adoption, dans les Sociétés coopératives de production et de consommation, de la participation aux bénéfices en faveur du personnel, n'est-elle pas conforme aux vrais principes de la coopération ?

» N'est-elle pas de nature à servir au plus haut degré les intérêts des Sociétés, en développant le zèle et la stabilité du personnel ? »

Je proposerais, sauf avis meilleur :

« L'adoption, dans les Sociétés coopératives de production et de consommation, de la participation aux bénéfices en faveur du personnel, n'est pas contraire aux vrais principes de la coopération. »

Immédiatement, par cette rédaction, une distinction apparaît entre une partie du personnel et l'autre, puisque, la participation intervenant, on vise l'existence d'un personnel en dehors du coopérateur lui-même. Ainsi nous rentrons dans notre domaine propre, nous restons fidèles à la participation aux bénéfices, nous travaillons à son extension. Au lieu de dire « n'est-elle pas de nature ? », nous disons :

« Elle est de nature à servir au plus haut degré les intérêts des Sociétés, en développant le zèle et la stabilité du personnel. »

Dans ces termes-là nous ne nous écartons pas de notre méthode scientifique et nous aboutissons à une conclusion que M. de Boyve lui-même ne pourrait pas répudier.

M. OMER DECUGIS. — Je crois que l'intervention de M. Delombre correspond bien à la question que j'avais précisée et qui vient effacer le caractère un peu particulier que le questionnaire avait semblé indiquer.

(Ce texte mis aux voix est adopté.)

PROPOSITIONS DIVERSES

M. PAUL DELOMBRE. — Nous avons épuisé la liste des questions qui avaient été admises par le Comité d'organisation du Congrès et qui devaient être soumises à vos délibérations.

Proposition de M. Deherme.

Nous avons reçu diverses communications. Voici, d'abord, une proposition de question, qui m'est arrivée seulement hier matin, sans lettre d'envoi et avec une simple signature au crayon ; elle est ainsi conçue :

« Des moyens de parer à ce que les exploitations industrielles, dans les moments de grande prospérité, ne dissimulent pas une grosse part des bénéfices qu'elles auraient à distribuer à leurs copar- ticipants en faisant passer comme frais généraux des réfections importantes de matériel qui augmentent la valeur de l'actif social et devraient être amorties sur plusieurs exercices. C'est ainsi que des charbonnages étrangers, et d'autres aussi peut-être, qui tiraient de la hausse de 1899-1900 des bénéfices extraordinaires, ont entièrement renouvelé leur coûteux outillage. Le dividende s'étant trouvé ainsi très réduit, on a pu s'appuyer sur les résultats relativement maigres de l'exercice pour justifier après coup la faible augmentation des salaires.

» DEHERME. »

Je suis obligé de rappeler que l'article 11 du règlement est ainsi conçu :

« Tout membre du Congrès qui désirerait traiter une question non portée à l'ordre du jour indiqué par le programme, devra en prévenir le secrétaire quinze jours avant l'ouverture du Congrès. »

M. BEUDIN. — Est-ce que M. Deherme est membre du Congrès ?

M. TROMBERT. — Je ne trouve pas son nom.

M. PAUL DELOMBRE. — La question est écrite à l'encre, la signature est au crayon. Je ne puis, aux termes du règlement, qu'opposer une fin de non-recevoir à cette question. Je crois, au surplus, devoir rappeler que le Congrès s'est occupé, non pas de la question spéciale des charbonnages, mais de la question générale des amortissements ; que le Congrès a été d'avis que, si l'on voulait rendre impossible toute extension de l'œuvre si intéressante de la participation, il y aurait un moyen infaillible à employer, ce serait d'annoncer que le chef d'industrie qui aura admis la participation ne sera plus maître de ses amortissements : et que le jour où, d'une façon quelconque, soit au moment des inventaires, soit après coup, on pourrait, au nom de la participation, mettre en cause la base même de l'industrie, c'est-à-dire la libre initiative patronale, ce jour-là, loin d'avoir assuré une amélioration des salaires, on aurait mis en péril, et la participation aux bénéfices, et les industries elles-mêmes.

Communication de M. Balas.

Nous avons été saisis, vous vous le rappelez, d'une motion de M. Balas; j'en donne de nouveau lecture :

« J'ai l'honneur de vous informer, conformément au règlement, que j'ai l'intention de soumettre au Congrès une proposition relative à la réorganisation des conférences qui avaient été fondées et avaient fonctionné en 1893 et 1894 sous le patronage du Musée-Bibliothèque.

» La proposition que j'aurais à présenter serait ainsi conçue :

» La Société pour l'étude pratique de la participation du personnel aux bénéfices,

» Appréciant l'intérêt qu'il y aurait à vulgariser les questions d'économie sociale se rapportant aux institutions patronales et ouvrières;

» Estime :

» Qu'il y a lieu de reprendre, avec le concours du Musée social et sous sa direction, les conférences populaires qui avaient été organisées en 1893 et 1894 sous le patronage du Musée-Bibliothèque, de la participation aux bénéfices et des syndicats professionnels, et de soumettre ce projet au Comité de direction du Musée social. »

Quoique notre collègue M. Balas soit absent, peut-être serez-vous d'avis qu'il y a lieu d'examiner cette proposition qui ne vise plus l'étude d'une question, il s'agit d'une propagande à faire.

Le Congrès peut être certain que l'institution créée pour favoriser le développement de la participation aux bénéfices en France, c'est-à-dire la Société pour l'étude pratique de la participation aux bénéfices, est entièrement à la disposition de tous ceux qui s'intéressent à cette œuvre; par conséquent, même dans le cas où la motion de M. Balas ne serait pas adoptée, nous ferons tout le possible pour que les décisions prises par le Congrès reçoivent la publicité nécessaire, pour que toute la propagande désirée soit effectuée, et pour que la tâche à laquelle vous avez bien voulu collaborer, loin de s'arrêter au lendemain du jour où vous vous serez dispersés, soit poursuivie énergiquement.

Néanmoins, on peut se demander si la proposition de M. Balas ne mériterait pas d'être appuyée. Il y a, à côté de la Société pour la participation aux bénéfices, une œuvre d'économie sociale extrêmement intéressante, le Musée social, qui se développe grâce à la générosité d'un philanthrope éminent, M. le comte de Chambrun, et qui pourrait peut-être, en joignant ses efforts aux nôtres, organiser des conférences populaires s'adressant non pas seulement au monde patronal, mais aussi, et plus spécialement peut-être, aux ouvriers.

On ne redira jamais trop combien les travailleurs (on a fait leur éloge il y a quelques jours dans ce congrès) sont désireux de s'instruire, combien il existe chez eux de bonnes volontés; d'autre part, nous assistons à une véritable éclosion de générosité, de philanthropie, de solidarité : elle est infiniment remarquable et tout à l'honneur de ce siècle. N'y aurait-il pas avantage à s'adresser directement aux ouvriers et à leur montrer les sacrifices du monde patronal pour appliquer la participation aux bénéfices? On pourrait faire des conférences populaires, et je crois que le Musée social, si on lui demandait son concours, ne nous le refuserait pas. En tous cas, nous sommes en face d'un vœu qui peut être accueilli avec satisfaction par le congrès. En l'acceptant nous aurions toujours marqué notre désir de ne rien négliger de ce qui peut faciliter l'expansion de la participation aux bénéfices, et je suis prêt, pour ma part, à me charger, si vous le voulez, de négocier avec le Musée social.

Il y a, toutefois, dans le texte de la proposition, un membre de phrase sur lequel j'appelle votre attention; la proposition est ainsi conçue :

« La Société pour l'Étude pratique de la Participation aux Bénéfices. . . . .
et sous sa direction. »

Ce sont ces mots « et sous sa direction » qui peut-être. à un moment donné, pourraient gêner ceux qui auraient à négocier l'organisation des conférences. Non pas que, *a priori*, il y ait lieu de rejeter l'idée de cette direction qui peut sembler excellente, mais il serait peut-être mauvais que, dans un vœu, on limitât ce que nous considérons comme un champ qui doit être très largement ouvert. Par conséquent, nous pourrions retrancher ce membre de phrase, et le Congrès pourrait, conformément au désir de M. Balas, émettre le vœu qui lui est demandé.

M. GOFFINON. — En 1889, quand on a rendu tous les documents qui étaient à l'Exposition, nous n'avons pas pu trouver le moyen de faire une exposition permanente comme nous en avions l'intention, seulement la deuxième et la troisième section se sont réunies pour faire un musée-bibliothèque rue de Lutèce. Cette bibliothèque a travaillé. M. Balas a eu l'idée de faire des conférences avec l'Association Polytechnique et, comme le disait M. le Président, des conférences populaires qui ont eu beaucoup de succès. Nous étions en plein succès de ces conférences, lorsque M. le comte de Chambrun est venu dire : « Je voudrais bien acquérir votre petit musée-bibliothèque qui ne marche pas, qui n'a pas d'argent ». Et, comme il en avait beaucoup, il a mis notre musée avec son grand musée d'économie sociale, Dès lors, nos conférences ont été interrompues.

L'idée de M. Balas a été de faire revivre ces conférences avec le concours du Musée Social qui certainement ne nous le refusera pas.

Seulement je suis de l'avis de M. le Président, il ne faut pas que ce soit sous une direction; c'est la participation aux bénéfices qui joint ses efforts au Musée social pour arriver à reprendre ces conférences qui ont été si bien faites et qui ont eu véritablement beaucoup de succès.

Voilà ce que vous demande M. Balas, mais nous exprimons le vœu que ce soit la Société de la Participation aux Bénéfices et le Musée social qui, d'accord, favorisent la reprise de ces conférences.

M. PAUL DELOMBRE. — Voici comment je proposerais de libeller le vœu :

« Le Congrès international, appréciant l'intérêt qu'il y aurait à vulgariser les questions d'économie sociale se rapportant aux institutions patronales et ouvrières, estime qu'il y a lieu de reprendre avec le concours du Musée social et de la Société pour l'Étude pratique de la Participation aux Bénéfices, les conférences populaires qui avaient été organisées en 1893 et 1894 sous le patronage du Musée-Bibliothèque de la participation aux bénéfices, de la coopération et des syndicats professionnels, et de soumettre ce projet au comité de direction du

Musée Social et au Conseil d'administration de la Société pour l'étude pratique de la participation aux bénéfices. »

(Adopté.)

Communication de M. Pantz.

Le Congrès a reçu une communication de M. Pantz, sur laquelle je n'ai pu que jeter les yeux. C'est une conférence que M. Pantz a faite, le 5 mai 1899, à la Société industrielle de Rouen, sur la participation aux bénéfices. Le Congrès n'attend pas que je lui donne lecture de ce travail ; des extraits pourront paraître dans le Bulletin que publie la Participation aux Bénéfices.

Communication de M. Guey.

Enfin, je ferai part au Congrès d'une dernière communication, des plus intéressantes; j'avais dessein de la réserver pour la séance de cet après-midi, et elle aurait été comme le couronnement des travaux du Congrès; mais nous avons encore un peu de temps ce matin, et il serait dommage de ne pas l'utiliser. Voici la lettre que j'ai reçue de M. Guey, président de l'Union syndicale des Employés et Représentants de commerce parisiens :

Communication au Congrès de la participation aux bénéfices au Palais des Congrès.

» Paris, le 15 juillet 1900.

» Messieurs,

» Au Congrès international des voyageurs et représentants de commerce, qui a tenu ses séances au Palais du Trocadéro les 8, 9, 10 et 11 juillet sous la présidence de M. Vewelle, assisté de MM. Roche, de Lille, Brochard et Guey, de Paris, vice-présidents, il a été présenté par M. Guey, président de l'Union syndicale des Employés Représentants de commerce parisien un rapport sur la participation aux bénéfices.

» La troisième section (Économie politique), après avoir entendu la lecture du rapport de son président, M. Guey, en a proposé l'adoption au Congrès réuni en séance plénière le mercredi 11 juillet à 2 heures.

» Le cinquième Congrès, le plus important qui se soit tenu jusqu'à présent, comptait les délégués de trente-six grandes Sociétés françaises et de dix-huit syndicats et fédérations étrangers, formant un total de cent-cinquante mille sociétaires représentés; il a adopté à l'unanimité, les conclusions de ce rapport et le vœu qui le termine, ainsi conçu :

« Le Congrès international des Voyageurs et Représentants de commerce émet le vœu que la participation aux bénéfices soit mise en vigueur dans les différentes industries et maisons de commerce françaises et étrangères au profit des voyageurs et représentants de commerce qui devront s'inspirer du sage principe économique suivant : Les affaires seront traitées pour le compte des patrons par les Voyageurs et Représentants de commerce avec le même zèle et les mêmes intérêts que s'ils les traitaient pour eux-mêmes. »

» La participation aux bénéfices figurait pour la première fois dans un Congrès de représentants et voyageurs de commerce.

A. GUEY.

» *Président de l'Union syndicale des Employés et Représentants de commerce parisiens.* »

Vous le voyez, le mouvement d'idées concernant la participation va de plus en plus en se développant. L'association des voyageurs et représentants de commerce est certainement au premier rang des associations où l'initiative privée est le plus en honneur. Vous vous rappelez que Gambetta, se déclara, un jour, fier de lui appartenir : n'était-il pas, pour la République, un infatigable commis voyageur? Eh bien ! cette grande association s'est occupée de la question qui nous est chère; je crois que le Congrès pourrait, s'il le juge convenable, prendre acte de la communication de M. Guey, charger son président de remercier celui-ci et de le convier à une entente avec la Société pour l'Étude pratique de la Participation aux Bénéfices, afin que tout ce personnel militant de 150,000 voyageurs et représentants de commerce fasse, d'accord avec elle, de bonne propagande et nous aide à élargir le champ de la participation aux bénéfices.

Cette question se rattache ainsi à la précédente. Ce ne seraient plus seulement le Musée social et la Société pour l'Étude pratique de la Participation aux Bénéfices qui interviendraient, nous aurions une nouvelle et puissante collaboration. En émettant le vœu que ces agents si dévoués veuillent bien joindre à l'écoulement de leurs produits matériels l'écoulement de notre marchandise morale, qui est la solidarité et la fraternité entre les divers facteurs du travail, nous aurions terminé nos travaux par une œuvre excellente.

Le Congrès veut-il autoriser son président à remercier de sa communication le président de la Société des Voyageurs de commerce, M. Guey, et le convier à s'entendre avec lui pour toutes les mesures de nature à développer en commun les études et la propagande auxquelles pourrait donner lieu la participation aux bénéfices? (*Marques d'approbation.*)

UN MEMBRE. — S'il était possible de nous donner les noms de toutes les Sociétés étrangères, cela nous ferait plaisir, car il ne faut pas que cette idée reste à l'état latent. Depuis sept ou huit mois, dans *le Représentant*, nous parlons de la participation aux bénéfices et nous cherchons à la faire pénétrer de tous les côtés. En conséquence je vous demande de bien vouloir nous dire si nous pouvons compter de temps en temps sur des communications à envoyer dans ces Sociétés. Cela se peut-il?

M. PAUL DELOMBRE. — Quoique cette question sorte un peu de l'objet des délibérations du Congrès, je puis répondre que toutes les communications que votre Société pourrait nous adresser seront accueillies par nous avec la plus vive gratitude. D'autre part, toutes celles de nos communications qui pourraient vous intéresser sont d'avance à votre disposition.

Il nous resterait à clore nos travaux mais on a annoncé, dans les convocations envoyées aux membres du Congrès, que cette clôture aurait lieu cet après-midi. Cette opération sera la préface naturelle au compte rendu que doit faire la Société pour l'étude pratique de la Participation aux Bénéfices.

Je serai très reconnaissant aux membres du congrès, qui nous feront le très grand honneur de venir à la séance de clôture, de vouloir bien assister à la réunion qui suivra immédiatement. Ils pourront écouter la conférence que M. Lami nous a promise sur les œuvres de prévoyance et d'économie sociale à l'Exposition actuelle. Je crois qu'on prendra grand plaisir à entendre M. Lami dont vous connaissez tous le talent.

D'autre part, des renseignements intéressants peuvent se trouver dans nos rapports ou bien être donnés à l'occasion des rapports ; de sorte que cette séance de l'après-midi, consacrée surtout à la Société pour l'Étude pratique de la Participation aux Bénéfices, complétera heureusement l'œuvre du congrès. C'est pour ce motif, que, avec une libéralité et une courtoisie dont je remercie de nouveau M. Gariel, il a été entendu que la Société pour l'Étude pratique de la Participation aux Bénéfices serait autorisée à tenir son Assemblée générale dans cette salle du congrès.

Quoique nos travaux ne puissent donc prendre fin que cet après-midi, permettez-moi de vous adresser personnellement mes très vifs remerciements pour la collaboration que nous avons obtenue de vous. Sans doute nous n'avons pas été aussi nombreux que nous eussions pu espérer l'être, mais ce n'est pas tant le nombre des agents que la valeur des idées qui permet les progrès sociaux. Pour fonder le christianisme, une poignée de croyants a suffi ; eh bien ! nous sommes un peu les apôtres d'une religion nouvelle, et je suis persuadé, pour ma part, qu'un petit noyau d'hommes dévoués à une cause juste peut suffire pour la faire rayonner dans le monde. En vous groupant autour de nous, vous avez bien servi la cause du progrès et j'oserai dire la cause de l'humanité. *(Applaudissements.)*

Merci à vous tous ; merci aux membres de la presse, qui nous ont apporté leur appui. Je remercie de nouveau, en particulier, la rédactrice si intelligente, si dévouée, du journal « *la Fronde* » ; nous avons tous été profondément touchés de voir qu'un mouvement d'affranchissement et de libéralisme comme le nôtre a toujours été accueilli dans ce journal qu'on dit féministe, que je dirai simplement humain. Merci encore aux dames qui ont bien voulu pour cette séance nous apporter leur grâce et leur sourire et, ainsi, le plus précieux des encouragements. *(Applaudissements.)*

M. LE PRÉSIDENT. — Je demande aussi à devancer un peu les remerciements qui seront sans doute adressés à notre Président cet après-midi, en lui exprimant la grande satisfaction que nous avons eue d'être présidés par un homme d'un talent aussi supérieur que le sien. Je n'ai jamais vu présider un congrès avec tant de netteté et d'amabilité pendant les trois ou quatre jours où nous avons été réunis. Je remercie en votre nom M. Delombre de ce qu'il a fait pour les progrès de notre congrès *(Vifs applaudissements.)*

M. PAUL DELOMBRE. — Messieurs, vous me comblez ! Ma tâche était bien facile car je ne faisais que résumer ce que vous aviez dit. *(Rires et applaudissements.)*

La séance est levée à midi.

SEPTIÈME SÉANCE

MERCREDI APRÈS-MIDI, 18 JUILLET

Présidence de M. PAUL DELOMBRE, assisté de M. GOFFINON et de M. PIAT.

M. LE PRÉSIDENT. — Nous avons, dans la séance de ce matin, ainsi que vous le savez, terminé l'étude des questions qui avaient été inscrites à l'ordre du jour du Congrès. Il a été indiqué que, dans la séance de cet après-midi, il serait procédé à la clôture du Congrès, puis, que l'Assemblée générale annuelle de la Société pour l'étude pratique de la participation aux bénéfices aurait lieu. Vous ne serez pas surpris si, avant de clore le Congrès, je vous demande la permission de renouveler les remercîments que, ce matin, j'adressais à tous ceux qui nous ont apporté leur collaboration si précieuse. Comme je le disais, nous n'avons pas été aussi nombreux qu'on eût pu l'espérer. Mais les membres du Congrès ont mis une telle compétence, un tel savoir, un tel dévouement, au service de l'œuvre à laquelle nous donnons tout notre cœur, que véritablement nous serions mal venus à regretter le nombre : nous avions la qualité, l'expérience et la valeur.

Je remercie, au nom des organisateurs du Congrès, tous ceux, français ou étrangers, qui nous ont fait le grand honneur et la grande amitié de prendre part à nos travaux. Je suis persuadé que je répondrai au sentiment général en adressant également de très vifs remercîments aux organisateurs de ce Congrès; je ne les nommerai pas, ils m'en voudraient beaucoup si je citais leurs noms, mais rien ne se fait sans une préparation, et ceux qui nous ont permis d'arriver aux résultats que nous avons pu constater, ceux-là ont tous les titres à notre gratitude; au nom du Congrès, je les remercie.

Les résultats de ce Congrès peuvent se résumer brièvement ; il est apparu, pour tous ceux qui ont suivi notre travail, que la participation aux bénéfices est un élément inappréciable de paix sociale et de concorde entre les divers facteurs de la production moderne. Il n'est pas apparu, en revanche, que ce fût une panacée et que l'on pût dire : parce qu'il y aura participation aux bénéfices, il y aura cessation de grèves, il y aura harmonie certaine ; en matière sociale, il n'existe pas de panacée.

Ce qui fait que ce Congrès n'aura pas été inutile et qu'il sera de plus en plus fécond lorsqu'on en connaîtra mieux les études, c'est qu'il a mis en pleine lumière combien, suivant les industries, suivant les commerces, suivant les régions, en raison des circonstances, la participation aux bénéfices comporte de formes variables, combien elle présente de souplesse. Pour qu'elle soit partout réalisable, pour que nul n'hésite à l'accepter, il faut laisser à l'initiative patronale toute la force dont elle est susceptible. Ce n'est point par des réglementations arbitraires qu'on peut espérer voir se développer la participation aux bénéfices. Si l'on essayait de l'imposer, on aurait simplement détourné d'elle les bonnes volontés, nui à la participation et à l'industrie. C'est une des conclusions les plus nettes auxquelles ait abouti le Congrès.

La participation aux bénéfices est une convention libre, qui ne ne peut être imposée par personne, dont les conditions peuvent varier suivant les localités, les régions, le temps, les industries, les commerces, qui peut être applicable aussi bien à l'agriculture qu'à l'industrie (nous l'avons reconnu après un rapport des plus remarquables), mais qui, applicable partout en principe, ne serait applicable nulle part si l'on avait la prétention de substituer à l'initiative libre des intéressés une autorité arbitraire.

Cette constatation a été suivie de quelques autres. Il a été indiqué que, dans l'intérêt patronal, il convenait de favoriser autant que possible le développement de la participation aux bénéfices. Là où cette participation peut être introduite, on a un élément de concorde qui n'existerait pas si la participation n'était pas intervenue. Le personnel se trouve intéressé à la prospérité de l'industrie, à celle de l'agriculture ; ayant devant lui des perspectives d'amélioration en raison de cette prospérité elle-même, il a un avantage évident à ne pas rompre le contrat de travail. Ainsi, au point de vue patronal, grâce à la participation aux bénéfices, un personnel d'élite se constituant de plus en plus et s'agglomérant autour des patrons, ceux-ci ont une possibilité de mieux utiliser les outillages, les matières premières, tous les facteurs à l'aide desquels fructifie l'industrie.

Si bien qu'on peut dire que la participation aux bénéfices constitue un élément excellent à l'aide duquel l'industrie pourra de plus en plus prospérer. L'intérêt des patrons est ainsi affirmé; le Congrès l'a mis en lumière. Et de même on a pu voir apparaître l'intérêt des ouvriers à adjoindre au salaire fixe un supplément dû à leur collaboration directe avec le patronat.

Du salaire fixe, il ne faut, certes, pas médire; de nos études il est résulté que le salaire fixe, si calomnié par quelques-uns, a été, en réalité, un très grand progrès social, qu'il aboutit à l'émancipation de l'ouvrier, qu'il forme la rémunération légitime de l'effort accompli, le juste paiement du service qui a été rendu. Mais le Congrès a reconnu que la participation aux bénéfices ayant, entre autres effets, celui d'amener une plus-value des bénéfices, une augmentation de la sécurité des industries, il est tout à fait légitime qu'un sursalaire en soit la conséquence, sous l'une des formes qui auront été librement convenues.

La condition matérielle des travailleurs n'aura pas été seule modifiée heureusement. Toutes les fois que la situation de l'ouvrier est améliorée, lui-même se sent plus fort, plus libre, plus apte à fonder un foyer, à entretenir sa famille, à élever ses enfants : la participation aux bénéfices, c'est le salaire perfectionné, et, par ce perfectionnement, c'est l'homme progressant dans des conditions économiques meilleures. L'industrie a intérêt à cette élévation morale qui, à elle seule, justifierait la participation aux bénéfices. C'est peut-être plus encore un profit moral qu'un profit matériel que le Congrès attend de la participation aux bénéfices.

Nous avons vu, par des rapports spéciaux des plus décisifs, que la participation aux bénéfices prépare ou élargit l'éducation de l'ouvrier, améliore les rapports entre patrons et ouvriers, crée, par conséquent, un état social meilleur dans lequel, l'harmonie des intérêts étant de mieux en mieux affirmée, on s'acheminera plus sûrement vers cet idéal : la paix sociale.

Nous avons cru devoir aller plus loin, et le Congrès, suivant la méthode expérimentale qui toujours a été notre guide, s'est attaché à des faits dont la méconnaissance aurait les inconvénients les plus graves. Ainsi, il n'est pas douteux que, du côté du monde patronal, certaines défiances peuvent exister. certaines hésitations se produire; les chefs d'industrie peuvent se demander si, par la participation aux bénéfices, ils n'auront pas éveillé autour d'eux, non point des amitiés et des sympathies, mais au contraire des animosités et, peut-être, des sentiments qui conduiraient à des empiétements.

Le Congrès a estimé nécessaire de mettre en évidence que l'autorité patronale doit être hors de cause; le Congrès, par des résolutions successives, a établi que la participation aux bénéfices c'est le salaire amélioré, mais que cette amélioration n'est possible que si l'autorité et la responsabilité patronales restent intactes. En ce qui concerne la répartition, les sommes à allouer, et, surtout, l'organisation même et la direction du travail, il n'y a qu'une autorité, l'autorité du chef d'industrie. Ceci dit nettement pour prévenir toute équivoque et pour qu'on ne s'imagine pas qu'il va y avoir, par la participation aux bénéfices, fusion de deux mondes en présence, absorption du capital par le travail, du patronat par le salariat. Rien, en matière sociale, n'est mauvais comme la chimère, et l'un des services rendus par ce Congrès d'économie sociale, ce sera d'avoir mis le monde du travail en face d'une réalité et non point d'une utopie.

D'autre part, en ce qui touche les ouvriers, le Congrès s'est dit que, selon toute vraisemblance, on est souvent en face d'hésitants, de timides, de craintifs, de gens qui sont peu habitués encore à ce qu'on s'occupe d'eux, de masses pleines de bon vouloir, extrêmement intéressantes et dignes de sollicitude, mais qui ne savent pas encore de quels efforts, de quels sacrifices, de quelle générosité d'esprit est capable le monde patronal pour le monde ouvrier; la plupart des œuvres d'économie sociale sont ignorées, ou, du moins, elles ne sont pas assez connues. On ne sait pas quelles merveilles de bonté, de philanthropie, de solidarité, recèle la société moderne, et bien peu de personnes ont pénétré dans les institutions si fécondes, si admirables, que cette Exposition d'économie sociale devait révéler à tous les yeux.

Il faut tenir compte des préventions, des soupçons, des ignorances. Ce qui est à désirer, c'est que l'ouvrier sente bien que, lorsqu'on lui parle de participation aux bénéfices et qu'on lui montre l'autorité patronale respectée toujours, néanmoins la convention librement acceptée à son égard est une convention qui lui offre toute garantie, qui ne sera pas faite simplement de bienveillance, mais où la justice et l'équité dominent. Si l'on peut faire apparaître, par une combinaison quelconque, que l'ouvrier participant se trouve à l'abri de ce qu'il pourrait considérer comme l'arbitraire, un grand progrès aura été accompli.

C'est pourquoi le Congrès a été d'avis, sur ce point, que, dans la mesure du possible, il y a lieu d'assurer au monde ouvrier des garanties spéciales. C'est ainsi que le Congrès a décidé que, dans la la mesure du possible, il serait à souhaiter que des bases d'inventaire fussent arrêtées et même indiquées, de façon à montrer à l'ouvrier, dès le premier jour, dans quelles conditions la participation aux bénéfices pourra fonctionner. Il ne s'agit pas — le Congrès l'a nettement indiqué — de faire prendre des engagements de telle nature que si, pendant une année déterminée, la répartition des bénéfices venait à être arrêtée parce qu'ainsi l'exige l'amortissement ou l'application de frais spéciaux, l'ouvrier pût réclamer. Loin de là, le Congrès a voulu prévenir cette éventualité. Il a été d'avis que si l'on avait la sagesse d'énoncer, parmi les bases essentielles de la participation aux bénéfices, la constitution d'amortissements suffisants, si on avertissait de la sorte l'ouvrier des conditions véritables dans lesquelles fonctionne l'industrie moderne, on l'aurait placé en face des réalités et, par conséquent, on aurait continué à travailler à son éducation matérielle et morale.

Le Congrès a fait un pas de plus, car il est allé jusqu'à déclarer que dans certaines maisons, là où ce serait possible, il serait à désirer que le patron admît des comités de conciliation. Nous avons longuement examiné cette question ; il a été établi que le personnel pourrait être amené à élire lui-même les membres de ces comités de conciliation. La résolution a été prise sous la condition expresse que la direction du comité resterait réservée au chef d'industrie.

Vous voyez, Messieurs, quelle a été l'inspiration de ce Congrès, composé de chefs d'industrie presque exclusivement (car nous n'avons pas vu assez d'ouvriers, de participants, se rendre à nos invitations et nous le regrettons infiniment) ; vous voyez dans quelle mesure large, avec quel esprit libéral, il s'est occupé d'assurer à l'ouvrier participant, pleine satisfaction et entière garantie en ce qui concerne ses rapports avec les chefs d'industrie. Je crois que nous avons ainsi marqué dans quelle estime le monde patronal tient le monde ouvrier; je crois que nous avons montré, d'autre part, étant donnée la confiance du monde patronal dans le monde ouvrier, quelle confiance celui-ci peut avoir dans celui-là.

Plus on examine, au point de vue social, les rapports de l'ouvrier et du patron, plus on voit que le plus grand nombre des désaccords viennent de ce qu'on n'a pas su s'entendre; on ne s'entend pas, on ne se comprend pas, pourquoi? parce qu'on ne se parle pas. Le jour où, grâce à la participation aux bénéfices, grâce à des indications très précises sur les conditions dans lesquelles s'exercera cette participation, le monde patronal sera entré en communication constante avec le monde ouvrier et où celui-ci se trouvera en rapports plus directs avec le monde patronal, une œuvre bien simple aura été faite : des gens de bon vouloir, les uns patrons, les autres ouvriers, auront vu ce qu'ils sont les uns et les autres, c'est-à-dire de braves gens; or, entre braves gens, on doit toujours s'entendre.

Vous voyez, Messieurs, de quel esprit de paix et de progrès est imprégnée notre œuvre. Il n'en est pas qui mérite davantage la faveur de l'opinion. Aussi combien il serait désirable que la participation aux bénéfices fût connue plus qu'elle ne l'est! Le Congrès a émis le vœu que des conférences populaires fussent organisées, de manière qu'elle pût être pleinement appréciée des masses qui l'ignorent encore. Nous avons reconnu facile, dans une certaine mesure, de déférer à ce vœu, et votre président a reçu le mandat de s'entendre dans ce but avec le Musée social. Je suis persuadé, pour ma part, que l'appel adressé à cette institution sera entendu. Le Musée social ne fera ainsi que répondre à la pensée humanitaire d'un de nos grands philanthropes, le comte de Chambrun, dont je vous demande la permission de saluer la mémoire. *(Applaudissements.)*

L'une des manifestations les plus intéressantes de ce Congrès est celle qui s'est produite presque à la dernière heure; nous avons vu l'une des grandes associations syndicataires modernes, l'association des représentants de commerce, venir à nous. Cette association a, dans une réunion toute récente, mis en première ligne, parmi ses sujets d'étude, la participation aux bénéfices, et son président, M. Guey, a bien voulu nous exprimer le désir d'entrer en relations avec nous. Le Congrès a été unanime pour remercier l'Association tout entière et son estimé président, et pour déléguer le président de la participation aux bénéfices en vue d'une entente qui promet d'être aussi cordiale que féconde. Je remercie de nouveau, au nom du Congrès, M. Guey et la grande association qu'il représente.

J'ai résumé d'une façon aussi simple que possible les travaux dont la séance de ce matin a vu le terme.

Je crois que notre œuvre est de celles qui sont bonnes. Nous n'en attendons pas de transformation sociale soudaine : nous n'avons pas la prétention de disposer d'une baguette magique à l'aide de laquelle les situations individuelles seraient modifiées radicalement du jour au lendemain ; je dis plus : je ne crois pas à l'existence de cette baguette magique et j'assure même que je me défierais beaucoup si quelqu'un, croyant posséder ce talisman, voulait s'en servir : je crois à l'évolution et non à la révolution.

Mais, parmi les éléments les plus sûrs de progrès social, je mets l'harmonie entre patrons et ouvriers ; tout moyen propre à établir cet accord doit rencontrer une chaleureuse adhésion. La participation aux bénéfices est l'un de ces moyens. Il est efficace, l'expérience l'a montré ; nous devons travailler à le faire connaître et accepter de plus en plus. Pour ce résultat, l'œuvre du Congrès aura été considérable, et je suis convaincu que vous tous, qui avez bien voulu y prendre part, vous n'aurez pas à regretter votre collaboration. Vous avez singulièrement facilité la propagande nécessaire ; vous avez fait acte de braves gens, d'honnêtes gens, de progressistes sincères ; soyez remerciés au nom du monde patronal et ouvrier, au nom du progrès même de l'humanité. *(Vifs applaudissements.)*

M. BALAS. — J'ai vivement regretté de n'avoir pu assister à la séance dans laquelle a été discutée la question des conférences. Je suis très heureux de voir ce projet adopté avec le plus bienveillant accueil et je vous en remercie infiniment.

M. LE PRÉSIDENT. — Nous comptons sur votre concours lorsque les conférences seront organisées et nous vous remercions de votre collaboration.

Personne ne demandant plus la parole, il ne me resterait qu'à procéder à la clôture du Congrès, si je n'avais un dernier mot à dire ; il est des dettes de cœur : comment résisterais-je au plaisir d'essayer de les payer.

Nous avons constaté — et c'est une des observations qui se sont dégagées le plus nettement de nos travaux — que, pour l'application de la participation aux bénéfices, il n'y a pas de loi générale et que, les situations industrielles variant à l'infini, il ne peut être question de règles absolues; la seule méthode qui puisse conduire à d'utiles enseignements, c'est l'étude constante des faits. Il y a un savant étranger qui s'est livré à une vaste enquête dans cet ordre d'idées, et dont le grand ouvrage, que vous connaissez bien, a mis en évidence l'extrême diversité des cas en face desquels on se trouve lorsqu'on s'occupe de participation aux bénéfices. M. Bohmert a rendu un très réel service en montrant, non pas seulement le nombre déjà élevé de maisons ayant adopté la participation, mais, en outre, et surtout, quelle souplesse, quelle flexibilité, elle offre, comme elle peut s'adapter aux nécessités multiples et changeantes du travail !

Or, il est quelqu'un qui a traduit en français l'ouvrage de M. Böhmert et qui l'a complété; quelqu'un qui prodigue à la participation aux bénéfices son temps, son labeur, son dévouement; quelqu'un qui a pris la part la plus large à l'organisation de ce Congrès : c'est M. Trombert; je vous demanderai de le remercier. *(Applaudissements.)*

Personne ne demande la parole? Je déclare clos le Congrès international de la participation aux bénéfices.

RÉSOLUTIONS

VOTÉES PAR LE CONGRÈS

Le Congrès international est d'avis :

I. — Que la convention librement consentie, par laquelle l'ouvrier ou l'employé reçoit une part déterminée d'avance des bénéfices, est recommandée par l'équité et n'est pas contraire aux principes essentiels du droit positif.

II. — Que l'État doit rester étranger aux conventions expresses ou tacites qui réglementent la participation des ouvriers et employés aux bénéfices.

III. — Que, dans la mesure du possible, et sous les réserves commandées dans certains cas, il conviendra, pour augmenter les garanties offertes aux bénéficiaires de la participation contractuelle, d'adopter et d'énoncer des bases générales déterminées dans chaque maison pour la confection de l'inventaire.

IV. — Qu'il peut être juste et utile, dans la répartition des bénéfices, de tenir compte de divers éléments spéciaux tels que l'importance des fonctions, l'assiduité, l'ancienneté des services.

V. — Que tous les modes d'emploi du produit de la participation sont légitimes, comme résultant d'une libre convention; mais qu'il est toujours sage, même au début, de consacrer à l'épargne une partie aussi forte que possible du surcroît de rémunération que la participation aux bénéfices rapporte au personnel.

VI. — Que la capitalisation sur livrets individuels, formant un patrimoine transmissible à la famille, est préférable aux rentes viagères.

VII. — Que, si le produit de la participation doit être consacré à une assurance Vie, l'assurance mixte est préférable à toute autre.

VIII. — Que, si le produit de la participation doit être consacré à des retraites ou à des rentes viagères, le calcul devra tenir compte des tables de mortalité les plus récentes et du taux réel de placement.

IX. — Que le produit de la participation peut être très utilement employé à stimuler l'épargne individuelle, ou à faire des avances aux ouvriers pour leur faciliter l'acquisition, par annuités, d'une maison.

X. — Que, dans les établissements où la répartition entre tous ne donnerait à chacun qu'une faible somme, et ou le personnel est stable, la participation collective affectée à des services d'intérêt commun aux participants est préférable, à la répartition individuelle.

XI. — Que le contrôle des comptes par un arbitre expert nommé chaque année en assemblée générale par les participants pour l'année suivante et fonctionnant pour vérifier la régularité des écritures et la conformité de l'inventaire aux bases déterminées pour sa confection, donne toute sécurité aux participants comme au chef de la maison.

XII. — Que l'organisation du travail avec la participation aux bénéfices constitue un élément d'instruction professionnelle et d'éducation économique pour tout le personnel.

XIII. — Que, si le participant est admis à avoir une part du capital, il devient, par ce fait, un véritable associé, participant aux pertes comme aux bénéfices.

XIV. — Que la participation aux bénéfices peut être établie dans l'agriculture comme dans toute autre industrie; toutefois elle exige plus particulièrement une étude préalable, l'existence d'un fonds de réserve, et une comptabilité simple mais bien tenue.

XV. — Qu'en ce qui concerne la pêche maritime, il y a intérêt à conserver le système de la navigation à la part, en l'accommodant aux nouveaux engins de pêche, car il maintient le niveau moral et professionnel dans les familles de pêcheurs; en outre, là où s'est introduite la navigation au mois, il importe de combiner le salaire fixe avec l'attribution d'une part prélevée sur le produit de la pêche.

XVI. — Que, sauf des circonstances exceptionnelles dont les patrons ou les sociétés restent juges sous leur responsabilité, il convient en général de ne pas introduire de clause de déchéance dans les contrats de participation.

XVII. — Qu'entre autres avantages, la participation aux bénéfices possède celui d'aider à conjurer les grèves et d'assurer la paix et l'harmonie entre le capital et le travail.

XVIII. — Que l'adoption, dans les sociétés coopératives de production et de consommation, de la participation aux bénéfices en faveur du personnel, n'est pas contraire aux vrais principes de la Coopération.

Qu'elle est de nature à servir au plus haut degré les intérêts des Sociétés, en développant le zèle et la stabilité du personnel.

XIX. — Que le métayage peut être recommandé dans certaines régions et dans certains cas, au double point de vue économique et social, si le propriétaire réside la plus grande partie de l'année sur ses terres, s'il prend l'initiative et donne l'exemple des progrès agricoles, et si le métayer accepte cette direction profitable à l'intérêt commun.

XX. — Qu'il est désirable que les maisons pratiquant le système de la participation aux bénéfices soient pourvues d'un comité consultatif de conciliation, dont les pouvoirs, clairement et nettement déterminés, laissent absolument intacte l'autorité de la direction ou du patron. — Que ce comité consultatif, composé d'ouvriers et d'employés désignés par le patron, admis de droit en raison de leurs fonctions ou de leur ancienneté, ou élus par le personnel, doit être présidé par la direction ou par le patron.

Le Congrès a, en outre, adopté la résolution suivante, non comprise dans son programme primitif :

« Le Congrès international, appréciant l'intérêt qu'il y aurait à vulgariser les questions d'économie sociale se rapportant aux institutions patronales et ouvrières, estime qu'il y a lieu de reprendre avec le concours du Musée social et de la Société pour l'Étude pratique de la Participation aux Bénéfices, les conférences populaires qui avaient été organisées en 1893 et 1894 sous le patronage du Musée-Bibliothèque de la Participation aux bénéfices, de la coopération et des syndicats professionnels, et de soumettre ce projet au comité de direction du Musée Social et au Conseil d'administration de la Société pour l'étude pratique de la participation aux bénéfices. »

BANQUET

DU CONGRÈS INTERNATIONAL

DE LA PARTICIPATION AUX BÉNÉFICES

Le mercredi 18 juillet, le soir de la clôture du Congrès, a eu lieu dans la grande salle du restaurant Marguery, un banquet où se sont réunis un certain nombre de membres du Congrès. M. Paul Delombre présidait. Quelques-uns des délégués étrangers avaient répondu à l'invitation du bureau : M. le docteur Akis de Navratil, délégué du Gouvernement de la Hongrie ; M. le professeur N. P. Gilman, délégué du Gouvernement des États-Unis ; M. le docteur Pogoieff, délégué du Gouvernement de la Russie. — Mme Van Marken avait gracieusement accepté de prendre place vis-à-vis de M. le Président, avec M. Van Marken, l'éminent industriel, vice-président du jury de la classe 102. On remarquait parmi les convives : M. E. Cheysson, inspecteur général des Ponts et Chaussées, président des Comités et du jury de la classe 109 ; M. Isidore Bertrand, président du Conseil des chambres syndicales de la Ville de Paris et du département de la Seine ; M. Goffinon, vice-président de la Société pour l'étude pratique de la participation aux bénéfices ; M. Deslandres, membre du jury de la classe 102; M. Balas, de la maison Tassart, Balas et Barbas : M. Piat, M. Beudin, M. Lami, M. Tuleu, M. Merlin, M. Trombert, membres du Conseil d'administration de la Société pour l'étude de la participation aux bénéfices.

Au dessert les discours suivants ont été prononcés.

TOAST DE M. PAUL DELOMBRE

Je n'ai pas l'intention de vous retenir longtemps, mais j'ai d'agréables devoirs à remplir.

En France, nous sommes très orgueilleux de la Française. Nous estimons volontiers qu'il n'est rien au monde qui égale sa grâce. Avons-nous tort? Je serais impardonnable de le penser. Jusqu'à présent, (tout amour-propre national mis de côté), j'ai éprouvé le même orgueil. Je garde mes raisons d'être fier, seulement je suis persuadé (nos hôtes ont certainement la même conviction), qu'il y a des Françaises, des Parisiennes, en tout pays, je veux dire des femmes possédant ce don exquis : le sourire qui vient du cœur. Et, en effet, nous voyons, ce soir, parmi nous cette Parisienne idéale, Mme van Marken. Elle apporte à l'un des hommes que nous respectons le plus et qui honorent le plus une nation amie, cet inappréciable réconfort : la douceur du foyer domestique, la sécurité joyeuse que donne, venant d'un être cher, l'approbation constante de l'œuvre accomplie chaque jour. Je salue en votre nom cette femme d'élite, je la salue avec un profond respect et une grande sympathie (on m'excusera si j'emploie cette expression), sympathie aussi vive qu'elle a été instantanée, amitié cueillie comme l'on cueille une gerbe de fleurs, en passant. *(Applaudissements.)*

Au risque d'être indiscret, je vous conterai une histoire qui m'était dite pendant ce dîner de famille. Elle pourrait se passer dans les temps légendaires. Jugez-en :

Il y avait une fois, à la tête d'une grande insdustrie, un homme et une femme admirables, on aurait pu croire à Philémon et Baucis, n'était l'âge. En ce temps-là, une distribution de prix à de vieux travailleurs eut lieu. La femme eut une idée : son mari travaillait depuis un quart de siècle; qui donc mieux que lui avait droit à la haute récompense que représente la médaille des vieux travailleurs? Déjà on appelait les ayants droit à cette récompense. La femme se pencha vers l'un d'eux et lui dit : « Laissez-moi disposer de cette médaille, je serais si heureuse de l'offrir à mon mari qui y a tant de titres! » Or, au même moment, le mari sortait de sa poche une médaille semblable qu'il avait destinée à sa femme. *(Rires et applaudissements.)*

Ces applaudissements disent à M. et à Mme van Marken combien en France, dans ce pays si souvent méconnu et calomnié, on sent le charme des vertus familiales. Qu'il s'agisse de la famille proprement dite ou qu'il s'agisse de la famille des travailleurs, ou bien qu'il s'agisse de l'humanité, cette grande famille, nous tous, dirai-je socialistes? non, hommes de l'école sociale, hommes de la paix sociale, nous sommes heureux de proclamer ce qui fait la force véritable du foyer familial, quel qu'il soit : C'est l'amour, c'est la confiance réciproque, c'est le sentiment profond d'une solidarité mutuelle, consentie, réfléchie, comprise. C'est à ce point de vue que je me place pour vous saluer l'un et l'autre très respectueusement. *(Applaudissements.)*

Maintenant, je remercie tous nos hôtes du grand honneur qu'ils nous ont fait en venant à cette réunion tout intime, toute discrète, toute modeste. Si je voulais juger, d'après leur importance sociale, les œuvres accomplies ou préparées par les hommes qui sont ici groupés, je crois qu'il y aurait peu d'endroits où l'on trouverait assemblés tant d'éléments de puissance; dans ces cœurs, dans ces esprits, il y a assez d'initiatives, assez d'élans de générosité, assez de foi dans le progrès, je ne dirai pas seulement pour améliorer la condition humaine, mais, ce qui est autrement difficile, pour éveiller de légitimes reconnaissances.

Mais il n'est pas nécessaire qu'il en soit ainsi ; je ne crois pas que nous puissions nous attendre à tant de gratitude. Nous avons la prétention de faire le bien pour le bien, sans regarder ce qui devra en résulter pour nous.

Les chefs d'industrie, les patrons, qui acceptent la participation aux bénéfices pensent, sans doute, que des résultats utiles en pourront sortir pour leur industrie, mais s'ils appliquent la participation aux bénéfices, c'est surtout parce que, se sentant solidaires du monde ouvrier, ils croient devoir contribuer, d'une façon fraternelle, à élever tous ceux qui, autour d'eux et avec eux, concourent au développement de la production et de la richesse. *(Applaudissements.)*

En agissant comme ils le font, ils songent bien moins, en général, aux raisons scientifiques si bien mises en lumière par le Congrès, qu'à la tâche nouvelle : l'union cordiale du capital et du travail,

Eh bien ! je suis convaincu que, la notion du devoir social pénétrant de plus en plus dans les consciences, nous arriverons, non pas à une transformation complète, absolue, des conditions du travail, mais à une amélioration assez satisfaisante pour que les exemples donnés et les progrès accomplis encouragent à de nouvelles initiatives. *(Applaudissements.)*

Vous êtes les promoteurs de mouvements dont on peut se promettre les résultats les plus heureux ; chacun des exemples que vous donnez en enfantera d'autres. Plus vous vous prodiguez, plus nous sommes en droit d'entrevoir des horizons pleins de promesses, d'avoir confiance dans l'avenir ; aussi nous nous tournons vers vous comme, dans nos montagnes, le voyageur se tourne vers une aurore, vers l'aube qui se lève. *(Applaudissements.)*

Je regarde non pas seulement tels ou tels de ceux qui peinent, mais tous ceux qui ont besoin d'aide, de réconfort, et je dis aux détenteurs du capital, à ceux qui ont pour eux la richesse acquise : tendez une main généreuse aux deshérités ; soyez miséricordieux à toute souffrance ; appliquez la participation aux bénéfices, multipliez les œuvres de solidarité sociale, propagez la mutualité ; faites qu'on sente en toutes vos actions le souci de l'humanité ; et alors, conscients des merveilles que peut accomplir l'initiative privée, nous pourrons écarter ces interventions arbitraires de l'État, qui affaiblissent l'individu et gênent sa liberté ; nous développerons la personnalité humaine ; nous serons des hommes et nous ferons des hommes. *(Applaudissements.)*

Un simple mot résumera ces quelques paroles.

Je lève mon verre à la mémoire de Charles Robert *(bravos, applaudissements)*, l'homme qui s'est donné tout entier au sentiment et à la science : il ne faut jamais séparer l'un de l'autre. Ce fut un grand cœur, ce fut un esprit généreux, et notre vœu doit être que les exemples qu'il donna soient suivis. Tous, répondant à l'un de ses désirs les plus vifs, nous nous attacherons à cette œuvre si utile : le développement incessant de la participation aux bénéfices ; et, de la sorte, nous aurons travaillé à étendre, par elle et avec elle, la confiance réciproque, la dignité, la bonté, la solidarité entre tous les hommes, faits pour s'aider et pour s'aimer les uns les autres. *(Vifs applaudissements.)*

TOAST DE M. VAN MARKEN

Ce n'est pas la première fois que nous sommes Mme van Marken et moi les hôtes de la Société de participation, mais je dis que nous sommes des enfants gâtés. Je n'ai jamais rencontré ici, dans ces banquets de la participation aux bénéfices, de femme autre que la mienne, et j'en suis fier. Je ne dis pas qu'elle ne le mérite pas, mais en tout cas je suis fier que tout le monde soit d'accord avec elle.

Je vous remercie, messieurs, de cet accueil si cordial que nous avons toujours reçu ici. Vous avez rappelé tantôt que la Hollande vous était chère ; la France l'est pour nous et Charles Robert était aussi pour nous un ami, il en a donné des preuves convaincantes.

Messieurs, je n'ai plus qu'à vous remercier et à boire à l'avenir de la Société, à son nouveau Président et à ses membres. *(Applaudissements.)*

TOAST DE M. CHEYSSON

Les Congrès — et en particulier le nôtre — ont de telles affinités avec l'Exposition d'Economie sociale que vous m'excuserez sans doute de vous entretenir d'une préoccupation qui se fait jour de divers côtés : celle du sort qui attend cette exposition.

L'exposition d'économie sociale — M. Lami vous en a parlé avec la compétence parfaite que vous lui connaissez — est profondément belle ; pour tous ceux qui ont essayé de pénétrer dans son intimité, elle a des révélations inattendues. C'est certainement là qu'on voit l'âme de la France, notre cher pays, qui est calomnié, comme le disait tout à l'heure notre président, et qui a tout intérêt à être connu, tel qu'il est en réalité. Notre littérature se plaît à insister sur nos défauts, à les grossir, à les généraliser. Les étrangers sont tentés de nous croire volontiers sur parole, et de prendre à la lettre le mal que nous disons de nous. Mais ces prétendus portraits nous défigurent et nous calomnient. Lorsqu'on va droit aux réalités et qu'on pénètre dans les profondeurs du pays, on constate tout ce qu'il a de sève, de générosité, d'élan. On n'a donc pas à le flatter, mais à le décrire ; la vérité suffit. *(Applaudissements.)*

Or tel a été précisément le service que lui a rendu l'exposition d'économie sociale. A qui l'étudie, elle ménage des enseignements d'une très haute importance et elle prouve combien la France a été ingénieuse, quand il s'est agi d'aller au secours des misères de la vie. Tous les patrons, toutes les collectivités, toutes les associations se sont mis en quête de remèdes et, sans s'être concertés les uns avec les autres, obéissant à leur impulsion généreuse, ils ont pris d'admirables initiatives, qui font grand honneur à notre pays. On est ébloui de tout ce que contient de générosité l'âme de la France; c'est ce qu'il faudrait mettre en pleine évidence et crier sur les toits.

Or, Messieurs, pour quelques rares personnes qui s'aventurent dans ces recherches, il en est beaucoup d'autres, qui n'en ont pas le temps, qui, sollicitées par les mille spectacles de l'Exposition, fascinées par son fourmillement, passent auprès des richesses de notre palais, en sentant confusément qu'il y a là-dessous des profondeurs, mais sans pouvoir s'arrêter à les explorer. C'est un mur, derrière lequel il y a quelque chose, mais dont on ne fait pas le tour, faute de loisir. En un mot, une exposition de ce genre ne se livre pas au passant ; pour en pénétrer le sens intime, il faut une étude approfondie, dont l'Exposition ne nous laisse véritablement ni la latitude ni le moyen.

Il s'est donc élevé dans l'opinion publique une protestation, dont vous avez tous entendu, comme moi, les échos.

On se plaint que ces richesses, dont la réunion a coûté tant d'efforts, soient à la veille de s'éparpiller sans retour, avant qu'on ait pu en tirer parti. Est-ce au moment où les travailleurs, les penseurs, les hommes d'État, échappés au tourbillon qui les emporte aujourd'hui, trouveraient enfin les loisirs et le recueillement nécessaires pour utiliser ces matériaux et méditer tous ces enseignements, qu'on laisserait se détruire ce merveilleux ensemble !

Pareil problème s'est déjà posé à l'Exposition de 1889 (j'évoque sur ce point le souvenir de notre ami M. Goffinon); à ce moment, j'ai eu l'honneur, dans un banquet comme celui-ci, de vous en entretenir et vous avez fait à mes paroles un accueil dont j'ai gardé un reconnaissant souvenir. Je disais, comme aujourd'hui, qu'il était véritablement lamentable que toutes ces richesses fussent à la veille d'être dispersées sans lendemain, qu'après un tel effort pour les réunir, on fût condamné à un tel gaspillage.

Cette fois-ci, le problème se pose presque encore dans les mêmes termes : faut-il, par exemple, chercher, comme nous l'avions rêvé en 1889, à rassembler tous ces tableaux après l'exposition dans un grand local ?

Nous avons alors trouvé à cette solution bien des difficultés et, sur ce point encore, M. Goffinon pourrait nous servir de témoin. Nos efforts ont enfin abouti à la création du Musée social et, par conséquent, n'ont pas été vains. Cette fois, nous obtiendrons sans doute place pour un petit musée de choix à la galerie Vaucanson du Conservatoire des Arts et Métiers ; mais, à moins d'une combinaison que je n'entrevois pas, je n'ose pas espérer que nous puissions réussir à garder toutes nos collections intégrales dans un Musée : il faudrait pour cela des locaux et des crédits dont nous n'avons pas la disposition, au moins actuelle.

Il existe un autre moyen que je me permets de vous soumettre, sachant votre sollicitude pour tout ce qui touche à ce grand sujet. Il consisterait à publier, à la suite de l'exposition, un certain nombre d'albums qui reproduiraient les tableaux des principales expositions, par exemple les grands prix et les médailles d'or les plus remarquables. Dans mon projet, que j'ai présenté hier matin au Jury du groupe de l'Economie sociale, on aurait, pour chacune des 12 classes qui composent ce groupe, un Atlas qui serait formé de ses grands prix et médailles d'or. A ces 12 albums serait annexé un treizième Atlas, en guise de préface, qui serait consacré à l'exposition centennale, placée en ce moment dans le vestibule du Palais.

Les voies et moyens de mon projet seraient demandés aux exposants eux-mêmes, dont les tableaux figureraient à l'album ou qui souscriraient à la collection.

Je crois que, si l'on faisait appel aux grandes Sociétés, aux Compagnies de chemins de fer, aux maisons qui ont obtenu ces grands Prix et médailles d'or, cet appel serait entendu. Je n'en veux pour preuve que l'accueil fait à un appel semblable que nous avons fait dans chacune de nos classes pour la dépense des comités d'installation ; dans la classe 109, que j'avais l'honneur de présider, nous avons réuni dans l'espace de quelques jours, en nous bornant aux industriels, une somme de 10.000 francs.

En outre, si l'on s'adressait aux grandes collectivités de notre pays, aux Chambres de commerce, à certains syndicats importants, on pourrait avoir encore de ce côté des concours sérieux.

Enfin le public lui-même, par la voie commerciale d'un éditeur, pourrait apporter un complément de ressources à l'entreprise.

J'espère qu'ainsi provoquée par un appel pressant, l'initiative privée nous aidera à ériger en l'honneur de notre pays un véritable monument, qui aboutirait, non seulement à sa réhabilitation, mais encore à son apothéose.

On veut, en effet, la condamner, la décréter de banqueroute, afin d'édifier sur ses ruines l'intervention de l'État. Cette publication viendrait au contraire apporter au public le témoignage de la fécondité de l'initiative privée et de tout ce qu'on peut attendre d'elle.

Il y a là une œuvre à la fois de patriotisme et de science, de nature à mériter toutes vos sympathies. *(Applaudissements.)*

Vous avez déjà, en 1889 comme je le rappelais tout à l'heure, donné votre approbation à un projet que je vous avais présenté d'accord avec quelques-uns de nos amis, pour que l'exposition d'économie sociale de 1889 pût se survivre à elle-même. Je vous demande d'être fidèles à vos précédents, en voulant bien aussi donner votre sympathie au projet dont je viens de vous esquisser les grandes lignes.

Si nous possédions encore notre ami Charles Robert, dont M. Goffinon nous a parlé aujourd'hui avec une émotion si communicative, il prêterait à ce projet l'appui de son autorité et de sa parole entraînante; mais notre Société a éprouvé à la fois un malheur cruel et une rare bonne fortune. L'ancienne monarchie disait : « Le roi est mort, vive le roi », Nous pouvons dire à notre tour : « Le président est mort, vive le président » ; car nous avons trouvé un successeur digne de celui que nous pleurons. Avec lui, nous continuerons les glorieuses traditions du passé. *(Vifs applaudissements.)*

Je vous demande de boire à l'avenir de la Société de la Participation aux Bénéfices et à son développement, pour le plus grand profit de la prospérité industrielle et de la paix sociale. Je vous demande aussi de joindre à ce toast celui que je porte à la survivance de l'Exposition de l'Economie sociale et je les résume tous les deux dans la santé de notre cher et aimé président. *(Applaudissements prolongés.)*

TOAST DE M. BALAS

Je demande à M. Cheysson, avec toute la déférence qui lui est due, de compléter son idée : nous avons commencé dans notre industrie à faire la biographie de quelques-uns de nos participants, choisis parmi les plus méritants et les plus dignes; je crois que si les maisons qui pratiquent la participation aux bénéfices voulaient suivre cet exemple, on arriverait ainsi à grouper une série de bons exemples de nature à provoquer les bons sentiments et à propager l'idée de participation. Ce serait le Livre d'or de la participation aux bénéfices.

Je vous demande, messieurs, de vouloir bien faire appel à toutes les maisons qui appliquent la participation aux bénéfices, pour constituer ce Livre d'or.

TOAST DE M. ALEXANDRE POGOIEFF

Je suis l'étranger qui parle très mal le français, et malheureusement s'il y a des chansons sans paroles, on ne peut pas dire qu'il y a des discours sans paroles *(rires)*. Je suis un russe, j'ai organisé pour la première fois la section de l'Économie sociale russe, j'ai eu beaucoup de travail à cette occasion, mais c'est pour moi un véritable plaisir, car cela me permet d'être ce soir au milieu de vous.

Le nom de M. Cheysson est très connu en Russie, ce qu'il a dit ce soir sera reproduit dans mon pays. Il est l'initiateur de l'Économie sociale à l'Exposition de 1889, et je salue le nom de ce savant français.

Je bois à ma Russie bien chérie, et je bois à la France qui est la protectrice éternelle des idées instructives et bienfaisantes de tout l'univers. Je bois à M. Cheysson qui est le fondateur de l'Économie sociale. *(Applaudissements.)*

M. BEUDIN. — Ceci est la preuve une fois de plus que lorsqu'on parle avec le cœur on parle toujours français.

TOAST DE M. LAMI

Eh bien ! monsieur Cheysson, je vais vous apprendre une bonne nouvelle.

Vous venez de nous parler de votre désir très patriotique de continuer l'Économie sociale; vous nous l'aviez dit hier à l'issue de la séance du jury, et un de nos collègues qui est ici, un excellent esprit (M. Tuleu), a eu la même idée. En revenant ensemble aujourd'hui de notre séance de la participation, il me disait : « Je suis tourmenté, je n'en dors pas, j'en parle à ma femme constamment *(rires)*, je suis pénétré de désespoir à la pensée que toutes ces richesses de l'Économie sociale vont être dispersées ! Comment faire ? »

Je le laisse aller, et il ajoute : « Il me semble qu'il y aurait quelque chose à faire, et je donnerais volontiers mon concours le plus absolu ». Or, vous n'ignorez pas que M. Tuleu, fondeur en caractères, possède un fonds considérable pour donner au point de vue pratique un caractère artistique à ce dont vous parliez tout à l'heure.

Je lui répondis : « C'est une excellente idée, et justement M. Cheysson nous en a parlé hier : nous avons entendu son excellent programme, bien que d'une exécution difficile, et déjà dans sa pensée il voyait se développer ces albums en couleur. »

Par conséquent, vous avez en M. Tuleu le concours le plus empressé, et votre idée doit certainement se répandre dans le monde de l'Économie sociale, non pas seulement dans la classe que vous présidiez et où vous aviez des institutions patronales susceptibles de venir en aide à cette organisation, mais dans toutes les classes. Je suppose que dans toutes on a réalisé également quelques sommes, de sorte qu'on peut arriver à obtenir un certain chiffre, et si vous voulez demander à M. Tuleu le concours qu'il ne demande qu'à vous prêter, vous arriverez certainement à faire une œuvre intéressante que pour ma part je demande à voir se répandre plus particulièrement dans la masse populaire, car c'est là, je crois, où elle aura réellement de l'action. *(Très bien ! Applaudissements.)*

TOAST DE M. BALAS

J'applaudis à l'idée de M. Lami, en ce qui concerne les conférences.

Quand l'agriculteur a bien préparé son champ, la semence qu'il confie à la terre lui rapporte une récolte abondante qui le récompense de tous ses efforts.

Si vous voulez que l'économie sociale porte tous les fruits que nous sommes en droit d'attendre d'elle, si vous voulez qu'elle arrive à résoudre victorieusement les problèmes difficiles qu'elle rencontre tous les jours, il faut préparer le terrain chez l'élément travailleur ouvrier et créer des conférences qui activeront la préparation de ce terrain.

C'est dans ce but que je vous demande de vouloir bien apporter votre concours au développement de ces conférences populaires. *(Approbation.)*

TOAST DE M. GOFFINON

Je veux rappeler à M. Cheysson que le magasin des objets de 1889 était dans les écuries du quai d'Orsay et que j'ai eu l'honneur de dire à cette époque-là, contrairement à l'avis de notre président, M. Léon Say, qu'il n'était pas possible de laisser disperser tous ces documents, et que nous les réunissions. M. Léon Say m'a répondu : « Je ne vous croyais pas si naïf, monsieur Goffinon ; comment, vous voulez faire une exposition des objets que vous avez là ! mais vous n'avez pas d'argent. » — « Non, nous n'avons pas d'argent, mais M. Charles Robert et moi nous en trouverons et nous réunirons ces documents si on veut bien nous donner la deuxième et la troisième sections. M. Cheysson a dit alors : donnez-leur la deuxième et la troisième sections, ils en feront ce qu'ils pourront... » Nous avons réuni ces sections, grâce au concours de ce vieil ami ; nous avons pu faire un Musée-bibliothèque dans un local de la rue de Lutèce, et ces documents-là sont devenus le Musée d'économie sociale. Du reste, le grand philanthrope qu'est le comte de Chambrun n'y a pas été de main morte, il nous a offert 50.000 francs.

Je me rallie donc complètement à ce que demandait M. Cheysson. Je suis bien vieux, mais ce qui me reste d'énergie et de bonne volonté je le donnerai de grand cœur à l'idée de M. Cheysson. *(Applaudissements.)*

TOAST DE M. BERTRAND

Je vous demande bien pardon : je ne suis pas orateur. Je me promets de faire beaucoup pour l'idée qui vient d'être émise. *(Applaudissements.)*

M. GOFFINON. — Nous l'applaudissons parce que c'est une puissance.

M. BERTRAND. — Nous avons quelque argent ; je le dépense volontiers et on ne me dit rien ; alors, j'en abuse et, quand je prends un engagement, je crois que je pourrai le tenir.

Je suis enchanté de me trouver ici en compagnie de notre ancien ministre, M. Delombre, pour lequel j'ai une estime toute spéciale ; je ne sais pas si elle est partagée. *(Vive approbation.)* Malgré cela, je l'ai de plus en plus. Je vous propose donc de boire à la santé de M. Paul Delombre que j'estime profondément. *(Applaudissements unanimes.)*

TOAST DE M. BEUDIN

Il va sans dire que tout le monde s'associe aux paroles que vient de prononcer M. Cheysson : nous sommes tous d'accord pour que les documents qui sont à notre exposition soient recueillis, soient conservés pour les générations futures. M. Cheysson nous a dit tout à l'heure qu'il désirait que les premiers prix et les médailles d'or fussent conservés : je lui demande s'il ne pourrait pas étendre cette faveur un peu plus loin. Je crois qu'il serait bon d'encourager ceux qui n'ont pas encore de grands prix, et ce ne sont pas les moins intéressants. A mon avis, ce sont ceux qui commencent et, par conséquent, ce sont ceux qui ont le plus besoin d'être encouragés. Je demande donc à M. Cheysson s'il ne croit pas qu'il soit possible d'ajouter à cette mention les médailles de bronze et même les autres prix s'il croit pouvoir le faire. *(Applaudissements.)*

TOAST DE M. DESLANDRES

Messieurs, je tiens d'abord à vous remercier d'une façon toute particulière de l'insigne honneur que vous m'avez fait en m'appelant à participer avec vous à cette réunion toute familiale.

Représentant les classes ouvrières dont je suis un des éléments les plus dévoués, je suis très touché de votre marque de bonne confraternité.

Appelé à participer au travail du jury de la classe 102, en compagnie d'éminents collaborateurs comme M. Goffinon et M. Trombert dont la talent est à la hauteur de la conscience *(Applaudissements)*, je ne puis faire autrement que de vous dire ici toute la satisfaction que j'ai obtenue dans l'examen des travaux soumis à notre sanction.

Si je tiens à vous exprimer toute ma sympathie c'est parce que mon cœur est rempli d'un sentiment pur, d'un sentiment tout à fait impartial à l'égard des institutions que j'ai eu l'honneur d'examiner.

J'appartiens, je vous l'ai dit, aux classes obscures, et c'est parce que je le pense de toute mon âme, que j'y consacre toute mon intelligence et tout mon dévouement; que je tiens à vous déclarer combien ceux qui sont représentés ici par ma volonté et par ma voix, savent que mon cœur bat avec le vôtre quand il s'agit d'institutions comme celles que nous avons à étudier tous les jours.

Si l'on pouvait examiner d'une façon microscopique les œuvres que nous avons exposées les uns et les autres. l'apaisement se ferait d'une façon générale, et bien des transformations auxquelles nous aspirons tous, pourraient s'opérer, croyez-le bien.

Ce que je vous demande, messieurs, c'est qu'avec vos intelligences supérieures, avec vos cœurs généreux, avec vos volontés que j'ai su apprécier, vous écoutiez cette masse incomprise qui, comme le dit Michelet, quelquefois gronde, j'en conviens, mais touche le cœur de ceux qui se consacrent à sa défense.

Je suis arrivé au bout de ma tâche et j'ai dit tout ce que je pensais. C'est sans hésitation que je parle et surtout sans flatterie, c'est parce que je suis le représentant d'une classe qui souffre, qui lutte constamment, d'une classe qui est bonne et qui mérite toute votre attention; c'est parce que je sais qu'entre autres choses vous êtes bons par dessus tout, que je vous remercie d'avoir su remarquer qu'à côté de ces éléments d'indifférence qui peuvent se glisser dans le peuple, il s'y trouve aussi des éléments qui méritent la confiance.

Vous avez raison, messieurs, car malgré toutes les divergences, toutes les compétitions, toutes les erreurs qui peuvent exister dans un pays comme le nôtre, vous pouvez encore espérer que dans l'avenir, le peuple français fera tout pour s'arracher des profondeurs de la souffrance ; et qu'avec des hommes tels que vous et des sentiments tels que les vôtres, il s'affranchira de la misère pour monter vers le soleil de l'humanité. *(Applaudissements.)*

TOAST DE M. TROMBERT

Je voudrais seulement dire un mot à l'occasion de la chaude allocution de M. Deslandres. Il a parlé de cœur et de conscience: je dois dire hautement que dans nos relations au sein du jury de la classe 102, nous n'avons trouvé chez M. Deslandres que cœur et conscience. C'est pourquoi je lui serre fraternellement la main. *(Applaudissements.)*

TOAST DE M. BEUDIN

J'applaudis comme tout le monde aux paroles chaleureuses qui viennent d'être prononcées; seulement est-ce qu'il y a encore des classes obscures? Je voudrais bien que M. Deslandres changeât ce mot. Il n'y a plus de classes obscures, il y a des classes de déshérités, pas autre chose. Quant à ceux que vous appelez obscurs, ils sont aussi clairvoyants que nous et ont un cœur aussi vibrant que le nôtre. Je supplie M. Deslandres de supprimer ce mot de « classes obscures » qui me fait peine!

TOAST DE M. CHEYSSON

Quoique ayant déjà abusé de la parole, je vous demande la permission de laisser monter de mon cœur à mes lèvres les observations, que m'ont suggérées les toasts vibrants de MM. Deslandres, Tuleu, Goffinon, Bertrand et Beudin.

Je crois qu'il y a entre les classes, — ne disons pas « obscures », puisque le mot déplaît à M. Beudin, — mais les plus nombreuses, un malentendu social, et qu'il faudrait pour le dissiper bien peu de chose : le contact. C'est, parce que ces classes ne se connaissent pas, qu'il y a entre elles des nuages qui leur dérobent la vérité. Lorsqu'on se voit tel qu'on est, lorsqu'on se rapproche, tous ces malentendus se dissipent : on voit des hommes, qui sont faits pour se comprendre et s'aimer, qui peinent ensemble et ne demandent pas mieux que de se tendre une main fraternelle. M. Deslandres vient de subir l'effet de ce contact, et je suis convaincu que, chaque fois que la classe dont il est le représentant se rapprochera des autres, le même effet de pénétration pacifique se produira. Il faut donc marcher droit à ce malentendu social, à ces spectres, à ces chimères, à ces cauchemars qu'on se forge à plaisir. Si l'on consentait à voir les autres tels qu'ils sont et non pas tels qu'on se les figure, la paix sociale pourrait y gagner profondément.

Je remercie donc M. Deslandres de ses paroles, qui nous ont été droit au cœur et il peut donner l'assurance à ses amis qu'ils ont ici des amis sincères et dévoués, animés du désir très vif d'avoir avec eux des relations cordiales et de collaborer avec eux à l'amélioration de leur sort. *(Applaudissements.)*

Puisque j'ai la parole, souffrez que je la garde encore un instant pour revenir à ce projet, dont je vous ai cité les grandes lignes. Je vous remercie de l'accueil que vous lui avez fait et qui est pour moi un puissant encouragement. Je suis en particulier reconnaissant à M. Tuleu qui, d'avance, avait eu la même idée que nous, et qui vient de nous avouer, avec beaucoup de bonne grâce, qu'il en avait fait même des confidences conjugales sur son chagrin de voir disparaître toutes ces richesses sociales.

Quand nous sommes hantés d'une pensée, nous avons grandement raison de prendre pour confidente la compagne de notre vie; je suis sûr que M. van Marken agit de même. Je ne voudrais pas, certes diminuer le mérite social de M. van Marken; mais il me pardonnera si je proclame tout haut ma conviction que Mme van Marken, ma gracieuse voisine, est pour beaucoup dans les admirables choses qu'il a faites. *(Applaudissements.)*

Mon ami, M. Goffinon, m'a fait aussi un très grand plaisir en nous disant qu'il voulait bien prêter à ce projet le concours de son expérience. M. Goffinon est un homme prudent et expérimenté: quand il adopte une idée, c'est qu'elle est sage; par conséquent, s'il a bien voulu donner son adhésion au projet, c'est qu'il l'a trouvé à la fois utile et pratique. Je suis heureux de sa bonne déclaration et je la lui rappellerai à l'occasion.

Quant à M. Bertrand, qui est le bon sens enjoué. et qui sait allier à sa bonne humeur les desseins les plus élevés et le sens le plus net des besoins de l'industrie, il nous promet aussi son précieux concours. Nous nous appuyerons sur lui et sur sa caisse, dont il a la clé : — (il nous l'a dit et nous le lui rappellerons aussi), — en lui demandant de l'ouvrir pour nous.

Maintenant, j'arrive à M. Beudin. M. Beudin est encore plus de mon avis que moi-même *(rires)*; il est plus royaliste que le roi, et plus papiste que le pape. Dans ma modération, je m'étais arrêté aux grands prix et à quelques rares médailles d'or; M. Beudin veut aller plus loin et il songe aux jeunes, auxquels il veut faire une place au soleil. Vous avez un grand prix, mon cher collègue, je commets cette indiscrétion, dût le jury m'en blâmer; c'est donc généreux à vous de songer à ceux qui sont encore des débutants, à ceux qui n'en sont qu'aux mentions honorables ou aux médailles de bronze.

Mais votre noblesse de cœur ne vous a-t-elle pas entraîné un peu loin? les ressources seront-elles en harmonie avec vos ambitions? Si c'est possible, personne n'en serait plus heureux que moi, mais j'ai peur que ce ne le soit pas et que, même circonscrit aux grands lauréats, le projet ne soit d'une réalisation difficile.

Il est entendu que nous ferons pour le mieux d'après les ressources qui seront mises à notre disposition. Si M. Bertrand et ses amis de la Chambre syndicale nous ouvrent le Trésor de Golconde ou des Mille et Une Nuits, nous serons heureux d'élargir notre cadre. En un mot, dans la limite des ressources disponibles, nous tâcherons de donner toute l'ampleur possible à ce monument national qu'il s'agit d'élever à la gloire de la France et de l'initiative privée, à cet inventaire social, qui servira de point d'arrivée au XIXe siècle et de point de départ au XXe, et qui, comme ces colonnes milliaires placées le long des routes, aux principaux carrefours, permettra de mesurer plus tard le chemin parcouru ! *(Vifs applaudissements.)*

TOAST DE M. ALEXANDRE POGOIEFF

Le célèbre poète allemand, Gœthe, a dit justement que les paroles ne disent rien si elles viennent de la langue et non du cœur. Mes paroles viennent du cœur et vous comprenez ce que je veux dire. Pendant vingt ans j'ai étudié les questions d'économie sociale et M. Cheysson a été mon précepteur et mon instructeur. Les ouvrages de M. Cheysson sont toujours sur ma table. Le nom de M. Cheysson est très connu en Russie, M. Cheysson est le fondateur de l'économie sociale non seulement pour la France mais pour l'univers et je bois à la santé de M. Cheysson *(Applaudissements.)*

TOAST DE M. BERTRAND

Vous avez dit, M. Pogoieff, que votre professeur depuis vingt ans était M. Cheysson ; un professeur de la taille de M. Cheysson cela n'a pas de prix, mais pour vous nous ferons une diminution. Avec seulement 20 roubles par an, deux fois deux font quatre, vous nous donnerez seulement 400 roubles pour notre inventaire. *(Rires.)*

TOAST DE M. GILMAN

Me sera-t-il permis de vous adresser quelques mots de gratitude et de félicitations dans ma propre langue, pour m'éviter tout emploi erroné des termes de votre *belle France?* C'est avec le plus grand plaisir que je me vois à la même table que la plupart des promoteurs et des champions de la Participation, dont les noms me sont familiers depuis longtemps, et de qui j'ai eu la bonne fortune de pouvoir répandre le noble travail social en Angleterre et en Amérique — travail admirable d'union des intérêts du patron et de l'ouvrier dans une association plus étroite que celle ordinairement pratiquée.

Le nom d'un grand homme longtemps associé à ce mouvement vient inévitablement à nos esprits, évoquant nos profonds regrets : M. Charles Robert répondait presque toujours personnellement aux fréquentes questions que, durant de longues années, je lui ai adressées au sujet de la Participation en France, et je voyais avec plaisir arriver le moment où il me serait donné de faire sa connaissance personnelle à cette Exposition de 1900. Cette voix éloquente s'est tue ; mais l'œuvre magnifique et les hautes vertus de l'homme restent comme un exemple et un stimulant pour nous. *(Applaudissements.)*

Dans vos mains, monsieur le Président, la fortune de la Société française de Participation est en sécurité. nous le savons. Son principe même a de nombreux amis aux États-Unis, et, quoique les dernières années n'aient pas vu naître chez nous beaucoup de nouveaux cas, l'esprit de coopération gagne en force chaque jour et se fera puissamment connaître et sentir dans un temps prochain.

Puissent la gloire et la prospérité récompenser tous ces efforts sur les deux rives de l'Atlantique, pour le plus grand bien de la paix industrielle !

TOAST DE M. PAUL DELOMBRE

Je vous demande la permission de remercier, d'une façon générale, les représentants de l'étranger qui ont bien voulu honorer de leur présence et fortifier de leur concours le Congrès de 1900 de la participation aux bénéfices.

Maintenant il va falloir se séparer. Avec quels regrets nous le ferons, après tant d'heures si utilement employées, et qui nous ont été si douces ! Mais, dit le proverbe, il n'y a si bonne société qui ne se quitte. Je ne voudrais pas, cependant, lever la séance sans adresser en votre nom des remerciements tout particuliers à M. Cheysson, sans lui exprimer toute l'approbation que méritent ses paroles, et sans formuler, pourtant, une critique que son amitié me pardonnera.

L'approbation ne saurait, selon moi, porter (je n'ai pas besoin de le dire) sur la partie de son discours où il a bien voulu me viser; depuis trop longtemps nous sommes liés pour que, sachant sa bienveillance et sa courtoisie, je puisse prendre à la lettre l'éloge infiniment trop aimable qu'il a fait de moi. Mon cher ami, votre savoir, votre intelligence et votre cœur se réunissent quand vous voulez juger votre ami, et ce sont vos qualités que vous lui attribuez pour faire pencher la balance en sa faveur. Sinon, combien léger risquerait d'être le plateau où sont ses mérites réels! Je tâcherai, du moins, de ne pas rester trop au-dessous des devoirs que vous m'avez tracés.

M. Cheysson a montré qu'il serait extrêmement regrettable que les œuvres qui ont pu paraître groupées un instant au Congrès vinssent à ne pas rester réunies et mises en lumière d'une façon définitive. Aurons-nous la douleur de voir disperser ces témoins des efforts qui honorent si magnifiquement cette fin de siècle!

Je ne crois pas que l'on exprime suffisamment la réalité quand on constate que, au cours de ces vingt-cinq ou trente dernières années, il s'est produit dans la démocratie un mouvement digne d'attention; je crois que nous assistons, sans peut-être nous en rendre toujours compte, à l'une des transformations sociales les plus fécondes, les plus profondes, les plus consolantes, qui aient eu lieu au profit de l'humanité.

On raconte que, vers la fin du siècle dernier, Voltaire, dit un jour à des jeunes gens: « Mes enfants, vous êtes heureux, vous allez assister à de grandes choses. » Je suis persuadé que nous assistons à de grandes choses. On ne le voit pas suffisamment; on voit surtout les agitations superficielles. S'il s'agit d'un pays comme la France (je ne veux désigner que celui-là parce que c'est le nôtre) on est frappé des divisions qui y éclatent, on regarde les partis se disputant le pouvoir; on conclut de ces luttes passionnées, que, dans le fond de la nation, fermentent des colères, des haines; on se dit qu'il existe des symptômes de désorganisation, de décrépitude, peut-être de mort. Ce n'est pas exact.

Lorsqu'on regarde de près les phénomènes sociaux, quand on assiste par exemple à l'éclosion d'une exposition comme celle ci; quand, au moment même où les passions semblent le plus surexcitées, alors que tant d'éléments de division paraissent produire partout la discorde, on observe, au contraire, que, dans le silence, dans la paix, des travailleurs de tous ordres, sur tous les points du territoire, n'ont eu qu'une pensée, — tenace, obstinée, admirable, — mettre en œuvre la grandeur nationale ; quand on constate chez tous les peuples la même préoccupation, la même ambition ; lorsqu'on voit cette rivalité pour le bien, cette émulation féconde pour le rapprochement des hommes et des peuples, on est en droit de se dire que ces querelles transitoires, sur laquelle l'attention est presque exclusivement appelée chaque jour, pèsent bien peu dans la destinée d'une nation, on a le droit d'être optimiste envers et contre tous, et de contempler avec confiance le progrès général de l'humanité. *(Vifs applaudissements.)*

Vous disiez tout à l'heure qu'il y a dans les couches profondes du peuple des sentiments généreux, des aspirations non plus seulement vagues, mais qui se précisent. Dans le monde patronal, il se dessine également des sympathies, il se produit des mouvements de cœur, grâce auxquels le rapprochement inévitable sera hâté.

Cessons donc de nous arrêter à ces menus détails, à ces incidents en somme si mesquins, si secondaires, dont s'emparent volontiers, en France, la presse, le théâtre, le roman, qui leur donnent tant d'importance et qui les représentent comme étant la vie même de la nation... A l'étranger, est-ce que des incidents semblables n'ont pas lieu ? Où ne voit on pas des Gouvernements qui s'effritent, des Ministères qui succombent, des parlements aux prises avec de sérieuses difficultés ? Il en est, au dehors, d'autrement graves que celles que nous subissons en France. Tout cela n'est rien, l'humanité progresse, les bonnes volontés font leur œuvre, la solidarité humaine s'affirme, et je suis convaincu, pour ma part, que l'on approche du jour où chacun comprendra que tout se tient et que tous sont solidaires ; ce jour-là il y aura une telle affirmation de solidarité humaine que toutes les équivoques, tous les malentendus disparaîtront et que la paix rayonnera sur le monde.

Cette évolution, qui s'accomplit simplement et sûrement, en dépit de tous les obstacles, montre combien M. Cheysson avait raison ; et voilà pour l'éloge. Mais, ai-je dit, j'ai une critique à faire, et, à la rumeur d'étonnement qui s'élève, je conçois comme je dois paraître hardi ! Lorsqu'on a entendu M. Cheysson, si quelqu'un ose insinuer qu'une critique serait possible, tout le monde proteste, tant vous avez, mon cher collègue, l'art de séduire votre auditoire. Cependant mon observation est celle-ci :

J'ai peine à concevoir que, dans l'état social où nous sommes, en présence d'une exposition pour laquelle tant de sacrifices financiers ont été faits, où la France n'a pas hésité à prodiguer les millions pour mettre en lumière et en valeur non pas seulement le progrès social français mais le progrès social universel, j'ai peine, dis-je, à croire que l'on en soit réduit à se demander si l'on parviendra à éviter que cette admirable exposition d'économie sociale s'évanouisse et que rien n'en subsiste, à moins que M. Bertrand, dont la générosité inépuisable nous est connue, ou M. Tuleu, dont les caractères sont si beaux, ou quelques autres philanthropes, ne cherchent à empêcher la dispersion, c'est-à-dire la perte, de ces richesses. Comment! toute cette production non point capitaliste mais démocratique, qui atteste quelle fraternité existe dans la masse sociale, quelle conspiration pour le bien s'est produite entre les travailleurs, ouvriers ou patrons, indistinctement, toute cette œuvre d'enseignement, d'éducation, de reconfort, serait anéantie! Nous avons un budget et il ne servirait pas! Nous avons des responsables de la bonne gestion des intérêts publics, et ils ne sentiraient pas leur responsabilité!

Ah! j'ai confiance dans les initiatives libres, je suis un partisan de l'initiative privée, mais enfin il y a des devoirs pour un État, et je me refuse encore à admettre que pas un Gouvernement ne se trouve pour dire : « En 1900, ce ne sont pas seulement les médailles d'or, ce ne sont point les diplômes d'honneur, ce ne sont point les médailles d'argent, dont il faut garder le souvenir : ce qu'il faut conserver et donner en exemple, c'est cette exposition elle-même, c'est l'effort des plus humbles, des plus déshérités, de cette masse qui lève vers la lumière un regard, non point désespéré, mais au contraire plein d'espérance. De cette admirable synthèse sociale qui est là, je conserverai la mémoire : je vais élever un temple à la glorification des efforts individuels. »

Et les Gouvernements se désintéresseraient d'une telle question? Je ne puis me résigner à l'admettre. Je ne veux pas m'associer au doute qui semblait résulter du discours de M. Cheysson. On parle de socialisme, on parle beaucoup d'amour pour les pauvres, de tendresse pour les déshérités! Qu'on en parle moins, qu'on agisse!

Si, pourtant, les craintes qui ont été exprimées venaient à être justifiées, si les gouvernants manquaient à leur devoir, eh bien! nous tâcherions de réparer la faute qu'ils auraient commise. Et peut-être le plus sûr sera-t-il encore de nous préparer à le faire.

Quant au rapporteur, je n'ai pas qualité pour le nommer; je crois que vos applaudissements l'ont désigné tout à l'heure. *(Applaudissements.)*

J'aurais fini s'il ne me restait à vous faire connaître une dépêche qui me parvient à l'instant. M. Fernand Guey m'a adressé le télégramme suivant :

« Une indisposition subite empêche mon père d'assister au banquet de ce soir... »

Vous savez qui est M. Guey. J'avais, ce matin, le plaisir de constater que la participation aux bénéfices va en se développant, ainsi qu'en témoignent, non pas seulement les œuvres qu'elle institue, mais l'attention qu'elle éveille et le mouvement qu'elle provoque dans les esprits. Une des plus grandes associations actuelles, en France tout au moins, l'Union syndicale des employés et représentants de commerce parisiens, a bien voulu s'occuper de cette question. Son président est M. Guey. Sur son initiative, le Congrès international des voyageurs et représentants de commerce a émis un vœu favorable à la participation aux bénéfices. Notre Congrès a décidé, à l'unanimité, de remercier le président de cette grande association qui a si bien compris quelle utilité peut avoir, pour le progrès social, la participation aux bénéfices.

Notre Congrès a, de plus, décidé que des ententes pourraient intervenir entre le président de l'Union syndicale et le président de la Participation aux Bénéfices. Dans quel but? Le voici. Il s'agit d'organiser en France toute une propagande pour laquelle l'Union nous apporte son concours ; je ne saurais trop dire combien nous lui avons été reconnaissants de son adhésion. Je suis désolé d'apprendre que M. Guey, qui m'avait promis sa présence ce soir, est retenu loin de nous par une indisposition que je souhaite passagère; je suis convaincu d'être votre interprète en lui envoyant l'expression de nos vifs remerciements. *(Vive approbation.)*

Mesdames, messieurs, nous allons clôre cette séance. Je voudrais espérer qu'elle ne vous aura pas semblé vaine : vous avez entrevu tout ce qu'il y a d'admirable, de généreux, dans ce pays de France.

Nous sommes devenus plus modestes qu'on ne le croit et moins ambitieux qu'on ne le prétend, mettant désormais nos ambitions, attachés que nous sommes aux choses pratiques, dans la réalisation d'une partie de ce qui fut notre rêve il y a près d'un siècle. A ce moment nous avions pour idéal de conquérir le monde pour faire que tous les hommes fussent frères ; nous avons renoncé à l'idée de conquête, nous n'avons pas renoncé à l'idée que tous les hommes devinssent frères.

Nous vous demandons à vous, femmes, de nous venir en aide, parce que vous êtes la grâce, la bonté, la puissance. Nous voudrions que, dans toutes les familles, il y eût, par votre complicité indulgente, quelqu'un qui veillât au développement de la pacification sociale. La participation aux bénéfices est un des moyens d'assurer cette pacification, mais il n'en est aucun qui ne mérite vos sympathies ; le cœur de la femme est si chaud, il y a tant de générosité en elle, que, dussiez-vous ne pas vous donner exclusivement à notre œuvre, vous l'aurez bien servie si vous daignez seulement l'encourager d'un sourire. Je vous demande votre concours. *(Double salve d'applaudissements.)*

EXPOSITION UNIVERSELLE DE 1900

Classe 102

Rémunération du travail. — Participation aux bénéfices.

LISTE DES RÉCOMPENSES

Liste du jury

MM.

Maruéjouls (Émile), président. — France.
Van Marken (J.-C.), vice-président. — Hollande.
Trombert (Albert), rapporteur. — France.
Hussenot de Senonges (Hubert), secrétaire. — France.
Arnault (Auguste). — France.
Carlier (Édouard). — France.
Deslandres (E.). — France.
Goffinon (Édouard). — France.
David (Léon). — France.
Privat-Deschanel (Georges). — France.

Exposants hors concours.

Imprimerie Chaix. — France.
David (Léon). — France.
Goffinon (Jacques Édouard). — France.
Société pour l'étude pratique de la participation du personnel dans les bénéfices. — France.
Usine à gaz et à eau, Beaumont Persan. — France.
Van Marken. — Pays-Bas.
L'Émancipation. — France.

Grands prix.

Laroche Joubert et Cie. — France.
Colin et Cie (Familistère de Guise). — France.
Ministère du commerce (Office du travail). — France.
Board of Trade. — Grande-Bretagne.
Redouly Valmé et Cie (Maison Leclaire). — France.
Compagnie des cristalleries de Baccarat. — France.
Schneider et Cie. — France.
Tassart, Balas, Barbas et Cie. — France.
Tuleu (Ch.). — France.
Fillot, Ricois, Lucet et Cie (Au Bon Marché). — France.
Compagnie industrielle du canal maritime de Suez. — France.

Médailles d'or.

Baille Lemaire. — France.
Bignon père et fils. — France.
Compagnie d'assurances générales sur la vie. — France.

MM.

La Nationale (Incendie). — France.
La Nationale (Vie). — France.
L'Union (Incendie). — France.
L'Union (Vie). — France.
Musée social. — France.
Stork, frères. — Pays-Bas.
Thuillier, frères. — France.
Piat et ses fils. — France.
Chemins de fer de l'État. — France.
Compagnie houillère de Bessèges. — France.
Delhaize frères et Cie. — Belgique.
Lever brothers limited. — Grande-Bretagne.
Zundel (Émile). — Russie.
Fabrique de cartes à jouer. — Russie.
Harmel frères. — France.
Société anonyme des journaux et imprimeries de la Gironde. — France.
Gilman. — États-Unis.

Médailles d'argent.

Delalonde (E.-L.). — France.
Chambre consultative des associations ouvrières de production. — France.
Soleil et Aigle (Incendie). — France.
Comité départemental du Cher. — France.
G. Masson et Cie. — France.
Ministère de l'industrie et du travail (Direction générale des mines). — Belgique
Muller et Roger. — France.
Société du secteur électrique de la place Clichy. — France.
Boissière (H.). — France.
Monduit (Ph.). — France.
Lebrang et Cie. — France.
Pérignon, Vinet et Cie. — France.
François (L.), Grellou (A.) et Cie. — France.
Buttner Thierry. — France.
Christofle et Cie. — France.
Cazalet et fils. — France.
Husson (François). — France.
Bréguet (Maison). — France.
Comité départemental de la Sarthe. — France.
Établissements économiques de Reims. — France.
Compagnie d'éclairage par le gaz des villes du Mans et de Vendôme. — France.
Grande manufacture de Jaroslaw. — Russie.
Commission royale spéciale pour le groupe XVI. — Pays-Bas.
Société des manufactures B. et A. Yassuminsky. — Russie.

Médailles de bronze.

Banque populaire de Menton. — France.
La Foncière (Incendie). — France.
Ratouis de Limay (H.). — France.
Société anonyme de Vezin-Aulnoye. — France.
Conseil des prud'hommes du Mans. — France.
Badin (A.) et fils. — France.
Comité central de l'union coopérative des sociétés françaises de consommation. — France.

Mentions honorables.

MM.

Caisse d'épargne et de prévoyance de Reims. — France.
Caisse d'épargne et de prévoyance de l'arrondissement de Coulommiers. — France.
Moniteur des syndicats ouvriers. — France.
Dufaure (G.). — France.

COLLABORATEURS

Grands prix.

Van Marken (Mme). — Pays-Bas.
Sabourdin (Anatole). — Laroche-Joubert et Cie. — France.

Médailles d'or.

Merlin (Roger). Comité d'admission de la classe 102.
Mahler. — Tulpu (Ch.). — France.
Knuttel. — Van Marken. — Pays-Bas.
Lapret (Louis). — Schneider et Cie. — France.
Demolon (Léon). Colin et Cie. — France.
Wilson Fox. — Labour (Commission du Board of Trade). — Grande-Bretagne.

Médailles d'argent.

Lambaux (Joseph). — Tassart, Balas, Barbas et Cie. — France.
Maurin. — Tassart, Balas, Barbas et Cie. — France.
Pramondon (Georges). — Chaix. — France.
Brouwer (Mlle Betsy). — Van Marken. — Pays-Bas.
Vincent (Alfred). — Compagnie l'Union (Incendie). — France.
Géant (André). — Compagnie l'Union (Incendie). — France.
Chanson. — Compagnie d'assurances générales. — France.
Oltramare. — Compagnie l'Union (Vie). — France.
Carrol (Théophile). — La Nationale (Incendie). France.
Quiquet (Albert). — La Nationale (Vie). — France.
Chapeau (Antoine). — Société anonyme des journaux et imprimeries de la Gironde. — France.
Mathieu (Eugène). — Thuillier frères. — France.
Létourneau (François). — Domaine de Grésy. — France.
Labbé frères, à Saint-Florent-sur Cher. Comité départemental du Cher. — France.
Demarcq (Menotti). — Usine à gaz et hydraulique de Beaumont. — France.
Chestakoff. — Zundel (Émile), à Moscou. — Russie.
Julliotte (Claude). Schneider et Cie. — France.
Dallet (Mme veuve). — Colin et Cie. — France.
Aulner (Léon). — Harmel frères. — France.
Harlé (Eric). — Laroche-Joubert et Cie. — France.
Renétaud. — Laroche Joubert et Cie. — France.

Médailles de bronze.

Cadix fils. — Laroche-Joubert et Cie. — France.
rré. — Le Soleil et l'Aigle. — France.
midt (Albert). — Secteur électrique de la place Clichy. — France.
uneau. — Caisse d'épargne et de prévoyance de l'arrondissement de Coulommiers. — France.
elten. — Van Marken. — Pays-Bas.

TABLE DES MATIÈRES

ORDRE DE LA DISCUSSION DES QUESTIONS

COMPTE RENDU DES SÉANCES

SÉANCE D'OUVERTURE (dimanche 15 juillet).

DEUXIÈME SÉANCE (lundi matin 16 juillet).

TROISIÈME SÉANCE (lundi après-midi 16 juillet).

QUATRIÈME SÉANCE (mardi matin 17 juillet).

CINQUIÈME SÉANCE (mardi après-midi 17 juillet).

PARIS. — IMPRIMERIE CHAIX. — 32223-12-00. — (Encre Lorilleux).

www.ingramcontent.com/pod-product-compliance
Ingram Content Group UK Ltd.
Pitfield, Milton Keynes, MK11 3LW, UK
UKHW020559230726
13926UKWH00005B/2104